KB138211

대하드라마로 메이지를 보다

〈일러두기〉

1. 연도 표기는 양력으로 따로 표시하지 않은 부분은 기본적으로 음력이다.

2. 인물의 이름은 가장 많이 알려진 것으로 표기하고 괄호 안에 한자를 병기하였다.

3. 지명은 일본 발음으로 표기하고 괄호 안에 한자를 병기하였다.

4. 생소한 용어는 괄호 속에 간단한 설명을 적어 놓았다.

5. 분문의 사진은 www.wikipedia.org를 인용하였다.(P 36, 79, 195, 212, 236 제외)

대하드라마로 메이지를 보다

초판 1쇄 인쇄일	2020년 8월 20일
초판 1쇄 발행일	2020년 8월 27일
지은이	조현제
펴낸이	최길주
펴낸곳	도서출판 BG북갤러리
등록일자	2003년 11월 5일(제318-2003-000130호)
주소	서울시 영등포구 국회대로72길 6, 405호(여의도동, 아크로폴리스)
전화	02)761-7005(代)
팩스	02)761-7995
홈페이지	http://www.bookgallery.co.kr
E-mail	cgjpower@hanmail.net

ⓒ 조현제, 2020

ISBN 978-89-6495-186-6 03910

이 도서의 국립중앙도서관 출판시도서목록(CIP)은 e-CIP홈페이지(http://www.nl.go.kr/ecip)
와 국가자료공동목록시스템(http://www.nl.go.kr/kolisnet)에서 이용하실 수 있습니다.
(CIP제어번호 : CIP2020033919)

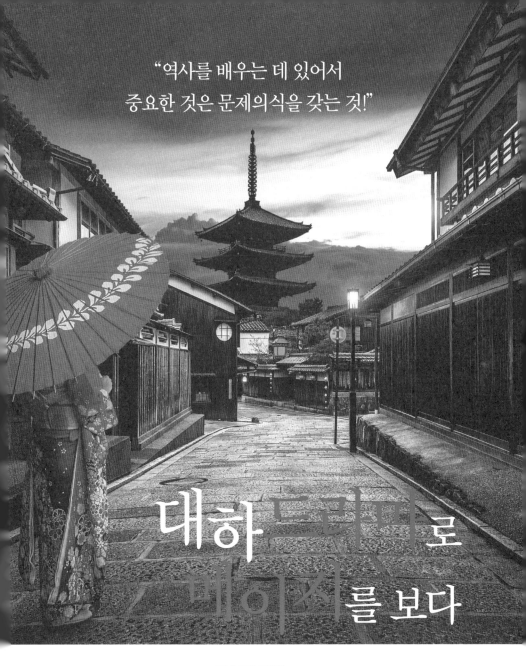

"역사를 배우는 데 있어서
중요한 것은 문제의식을 갖는 것!"

대하드라마로 메이지를 보다

조현제 지음

B
G 북갤러리

"역사를 배우는 데 있어서 중요한 것은
문제의식을 갖는 것"

"한국으로의 수출 관리 규정을 개정해 반도체 등의 제조 과정에서 필요한 3개 품목의 수출 규제를 강화한다."

2019년 7월 1일 일본의 경제산업성은 느닷없이 한일 양국 간에 신뢰관계가 현저히 훼손됐다는 이유를 들어 일방적인 주장을 발표했다.

기존에 역사교과서 왜곡, 독도영유권 주장 등의 도발은 있었지만, 수출을 제한한다는 전대미문의 도발은 우리를 무척 놀라게 하고 참기 힘든 지경으로 몰아갔다.

이러한 사건이 불거질 때마다 어떻게 대응하면 좋을지 깊이 생각하게 된다. 정녕 일본과는 영원히 가깝고도 먼 나라에서 한 치도 벗어날 수 없는 것인지.

여행업에 종사한 지난 20여 년간 100여 차례 일본을 방문하였다. 2004년에 가고시마현에 본사를 둔 이와사키그룹에 입사를 한 뒤로는 메이지 유신에서 주도적인 역할을 한 사쯔마(가고시마현)와 죠슈(하기와 시모노세키)를 자주 방문하게 되었다. 두 지역을 방문하면서 메이지 유신에 관해 자주 듣게 되었고 점차 관심이 커졌다. 이 후 단체를 인솔하면서 그리고 가끔은 혼자서 메이지 유신의 흐름을 짚어가며 현장에 집중했다.

일본은 1868년 에도 막부 체제를 무너뜨리고 왕정복고를 이룩하는 메이지 유신을 단행했다. 일본 근대화의 틀이 만들어졌고 150여 년이 흐른 지금도 당시 시행됐던 제도들은 정치, 경제, 사회, 문화 등 모든 분야에서 여전히 많은 영향을 끼치고 있다.

일본 근대사의 출발점인 메이지 유신의 현장에서 보고 느낀 점을 책으로 펴내서 일본의 현재를 가늠해 볼 수 있도록 하고 싶었다. 그로 인해 일본을 대하는 우리의 자세를 확립할 수 있겠다는 생각이 들었기 때문이다.

하지만 지난 수년간 망설임은 계속되었다. 역사학자도, 역사 전공자도 아닌 여행업 종사자가 일본 역사의 중요한 '한 토막'인 메이지 유신을 다룬다는 건 쉬운 일이 아니었다. 그러던 중 용기를 얻는 일이 생겼다. 메이지 유신의 자료를 뒤적이다가 어느 역사학자의 말을 접하면서다.

"역사를 배우는 데 있어서 중요한 것은 연대를 암기하는 것도 아니고 역사상의 인물을 기억하는 것도 아니다. 문제의식을 갖는 것이다. 현대에 살고 있는 우리가 안고 있는 여러 가지 문제를 해결할 수 있는 실마리를 발견하는 것이 역사를 배우는 의미이다."

이 말이 무척 반가웠다. '그래, 실행으로 옮겨보자'고 마음을 다잡았다.

내용의 틀과 방향에 대하여 고민하던 차에, NHK TV의 대하드라마(大河 DRAMA)가 떠올랐다. 많은 사람들이 흥미를 가지고 있는 '대하드라마'라는 도구를 사용하여 메이지 유신을 들여다보면 좋겠다는 생각이 들었다.

일본인들의 '역사 드라마' 사랑은 대단하다. 특히 공영방송 NHK(NIP-PON HOSO KYOKAI : 일본방송협회)를 통해 방송되는 대하드라마의 인기는 세월이 흘러도 변함이 없다. 자세한 이야기는 뒷장에서 언급하겠지만 〈NHK〉는 매년 수많은 드라마를 제작하는데, 이중 대표적인 것이 대하드라마다. 방송 분량은 1년 정도. 〈NHK〉 대하드라마의 시작은 1963년으로 거슬러 올라간다. 그해 제1화가 첫 방송을 탔고, 2020년인 올해는 59번째 드라마가 방송되고 있다. 놀라운 건 지금까지 한 번도 방송이 중단된 적이 없다는 사실이다.

대하드라마의 스토리는 일본 역사 속 주요 인물의 생애를 다룬 일대기가 대부분이다. 물론 가끔 가상의 인물이 주인공이나 주요 인물로 그려지기도 한다. 눈여겨 볼 것은 역사적인 배경이다. 에도 막부 말기에서 메이지시대까지를 배경으로 방송된 횟수가 14회나 된다. 전체 59회 중 4분의 1에 해당한다. 특히 최근 20년간만 놓고 보면 3년에 한 번 꼴로 메이지 유신을 배경으로 하고 있다.

〈NHK〉가 최근 들어 메이지 유신을 조명하는 드라마를 자주 방영하는 데는 그 이유가 있다는 평가가 나온다. 아베 신조(安倍晋三) 총리의 행보와 무관하지 않다는 것이다. 아베 총리는 2019년 10월에 가츠라 다로(桂太郎) 전 총리를 제치고 헌정사상 최장기간 재임한 총리가 되었다. 아베 총리의 지역구는 메이지 유신의 전 과정에 주도적으로 참여한 죠슈번(長州藩), 지금의 야마구치현(山口県)이다. 야마구치현은 가츠라 다로를 비롯해 모두 8명의 총리를 배출했다. 전국 최다이다.

메이지 유신에서 야마구치현의 역할은 특별나다. 대표적인 인물이 요시다 쇼인(吉田松陰)이다. 그는 아베 총리가 가장 존경하는 인물로 꼽고 있는 죠슈번의 무사이자 사상가다. 그가 세운 쇼카손쥬쿠(松下村塾)라는 학교는 메이지 유신에서 주도적인 역할을 했던 인물들을 상당히 많이 키워냈다. 다카스기 신사쿠, 이토 히로부미, 야마가타 아리토모 등이다.

메이지 유신 이후는 어떨까. 태평양전쟁이 끝난 후 야마구치현 출신으로 첫 총리가 된 사람이 기시 노부스케(岸信介)다. 바로 아베 총리의 외할아버지다. 친척 집안의 양자가 된 기시에게는 성이 다른 친동생이 있었는데, 그 역시 총리를 지냈다. 이름은 사토 에이사쿠(佐藤栄作). 노벨 평화상(비핵삼원칙 제창, 오키나와 반환 실현 공로)을 받기도 했던 사토는 아베 총리에게는 '작은 외할아버지'가 된다. 간단히 정리를 해보자면, 메이지 유신에서 근대로 넘어오면서 중요한 인물들(요시다 쇼인, 기시 노부스케, 사토 에이사쿠)이 아베 총리와 직·간접적으로 인연을 맺고 있다는 걸 알 수 있다.

이 책의 서술 방식은 이러하다. 메이지 유신의 전체 과정에 대한 이해를 돕기 위해 39개의 메이지 유신 관련 중요사건을 시간 순으로 나열했다. 인물 중심으로 사건 연도를 옮겨 다니는 기존 책과는 다르게 접근해 보고 싶었다. 하지만 시대적 배경이 막부 말기와 메이지 유신이라는 같은 시기를 다루다 보니, 드라마의 사건이 일부 겹치는 경우가 있다는 점은 양해를 구하는 바이다.

많은 학생들이 일본으로 수학여행을 가던 시절이 있었다. 그 중의 많은 학생들이 오사카, 나라, 교토 지역으로 집중되었다. 1,400년 전 불교와 한자 등 우리의 우수한 문화를 일본에 전해 주었다는 자긍심을 느끼게 해 주기 위한 일정이었던 것 같다.

과거의 우월감도 필요하지만 현재의 정확한 모습을 파악하는 것도 필요할 것이다.

자유여행과 수학여행의 목적지가 다양해지기를 기대해 본다.

차례

5장

료마전(竜馬伝) : 료마를 벤치마킹하다   117

14장

사자의 시대(獅子の時代) : 파리의 상투 튼 무사들   267

일본 전도

하코다테(箱館)

센다이
(仙台)

아이즈(会津)

미토
(水戸)

후쿠이(福井)

히코네(彦根)   슨푸
              (駿府)

에도(江戸)   사쿠라(佐倉)

교토
(京都)   구와나(桑名)

효고(兵庫)   시모다
                        (下田)

히로시마   후쿠야마(福山)
(広島)   오사카
                  (大坂)

하기(萩)   고치(高知)

사가(佐賀)   우와지마
              (宗和島)

나가사키
(長崎)

가고시마
(鹿児島)

1화부터 59화까지 한 번도 중단된 적 없이 계속 이어져 오고 있는 'NHK 대하드라마'

〈NHK〉가 TV 방송을 시작한 건 1953년이다. 당시 TV 드라마는 영화의 인기를 따라잡지 못하고 있었다. 방송국 내부에서는 영화를 능가하는 드라마를 만들기 위해 필사의 노력을 기울였고, 마침내 1963년 〈NHK〉는 대하드라마를 탄생시켰다. 그런데 큰 고민이 있었다. 스타 배우가 없었던 것이다. 영화와 경쟁하기 위해서는 당대의 스타를 드라마에 출연시켜야 했는데, 당시에는 5개의 주요 영화사가 '소속 배우들을 기본적으로 TV에 출연시키지 않는다'는 협정을 맺고 있었다. 이에 〈NHK〉는 가부키(歌舞伎 : 일본 고유의 연극으로 전통예능의 일종)로 눈을 돌렸다. 당대 유명 가부키 배우인 오노에 쇼오로쿠(尾上松緑)를 섭외하는 데 성공했던 것이다.

제1화 당시 타이틀은 대하드라마가 아닌 '대형 오락 시대극'이라고 불렸다. 대하드라마라는 명칭은 제2화 '아코로우시'(赤穂浪士)부터 사용되었다. 이 명칭은 〈NHK〉가 붙인 것이 아니라 제2화 방송 직전인 1964년 1월 5일 〈요미우리신문〉이 지어주었다. '하나노 쇼우가이'(1화)와 '아코로우시'(2화)를 인간의 생애를 묘사하는 대하소설에 빗대어 대하드라마라고 표현했던 것이다. 그 이후 드라마 명칭으로 정착하게 되었다.

그렇게 1963년 제1화 '하나노 쇼우가이'가 첫 방송을 탔는데, 지금 방송 중인 제59화까지 한 번도 중단된 적 없이 계속 이어져 오고 있다. 59화의 제목은 '기린이 온다'(麒麟が来). 주인공은 전국시대(戦国時代)의 명장 아케치 미츠히데(明智光秀)로, 그는 오다 노부나가의 부하이면서 혼노지의 변(本能寺の変)을 일으켜 주군을 죽음에 빠뜨렸던 인물이다.

대하드라마의 방송 사이클은 원칙적으로는 1년에 1편, 1월에 첫 회를 시작하여 12월에 최종회로 마무리했다. 편성 시간은 시청자들이 안방에 모이는 황금시간대. 매주 일요일 밤 8시, 45분간 방송되었다. 전체 횟수는 약간씩 조정되었다. 초기에는 1년 내내 꽉 찬 52회 방송이었지만 시간이 지나면서 신년 연휴 3일간과 12월 하순은 특별 프로그램에 시간을 양보하면서 50회 방송으로 굳어졌다(연말연시 2주간은 쉰다). 그러다 2018년 이후에는 연간 47회 방송 체제를 유지하고 있다.

〈NHK〉의 공신력을 등에 업은 이런 대하드라마는 '시대의 거울'이라는 평을 받아 왔다. 예를 들면 토요토미 히데요시에 관한 드라마는 3편이 방송되었는데, 방송 당시의 시대 상황에 따라 다르게 연출되었다. ・구체적으로 1965년에 방송된 제3화 '다이코우키'는 고도경제 성장 속 출세 이야기를 담았고 ・1981년 방송된 제19화 '온나 다이코우키'는 전란 수습을 바라는 안정된 성장 이야기를 다루었으며 ・1996년 방송된 제35화 '히데요시'에서는 버블경제가 붕괴된 이후의 시대를 반영하여 자연인 히데요시의 모습을 중점적으로 묘사했다. 〈NHK〉의 대하드라마가 장기간 유지된 이유는 이런 시대 변화를 잘 담아냈기 때문이다.

세월이 흐르면서 대하드라마의 틀과 구성에도 조금씩 변화가 생겼다. 제4화 이후에도 역사 시대극의 노선을 유지해 오다가 1980년대 중반 무렵 "역사 드라마를 너무 많이 취급한다"는 여론이 증가했다. 그러면서 〈NHK〉는 근・현대에서 소재를 구하기 시작했다. 이런 사례는 다음과 같다. ・1984년 방송된 제22화 '산가 모유(山河燃ゆ)'는 쇼와 초기부터 태평양전쟁을 거치며 살아온 일본계 미국인 2세 형제의 이야기를 다루었다. ・이듬해 방송된 제23화 '하루의 파도(春の波涛)'에서는 메이지시대부터 다이쇼시대까지 해외에서 활약한 일본인 여배우 1호 가와카미 사다야코의 이야기를 그렸다. ・1986년 방송을 탄 제24화 '이노치'는 태평양전쟁 종전 이후 40년간을 살아온 여의사 반다 유키의 생애를 보여줬다.

이후 다시 "대형 시대극을 해달라"는 시청자들의 의견이 강하게 나왔다.

이를 반영해 1987년 제25화에서는 전국시대의 무장 다테 마사무네(伊達政宗)를 주인공으로 '독안룡 마사무네'(独眼竜政宗)가 방송되었다. 이 드라마는 대하드라마 역대 최고인 시청률 39.8%를 기록했는데, 이 기록은 아직까지 깨지지 않고 있다. 콘텐츠 변화는 계속 이어졌다. 여성들이 사회에서 중추적인 지위를 차지하면서 최근에는 여성 주인공이 많아졌다. 제45화 '공명이 츠지'(2006년), 제47화 '아츠히메'(2008년), 제50화 고우~ 히메다치의 센고쿠(2011년), 제52화 '야에노 사쿠라'(2013년), 제54화 '하나 모유'(2015년) 등이다.

아쉬움이 남는 부분도 있다. 인물 묘사 스타일이 다소 작위적인 면이 없잖아 있다는 것. 초기에는 일반적으로 역사상 부정적인 이미지를 가진 인물을 주인공으로 잡고, 새로운 해석에 의해 그 인물의 인간적인 측면을 파고들어 매력적으로 그리는 수법이 종종 채택되었다. 주인공을 영웅으로 혹은 현대적인 감각을 가진 인물로 그리려고 했기 때문에, 그 인물의 어두운 측면에 관한 묘사가 애매하거나 역사학상의 정설과 거리가 있는 연출이 더해지기도 했다. 이에 대해 〈NHK〉 측은 "대하드라마는 다큐멘터리가 아니라 어디까지나 드라마이므로 연출도 필요하다"고 말하고 있다.

1975년 이전 드라마 원본이 그다지 남아 있지 않은 점도 아쉬움을 더한다. 당시 방송용 테이프는 수입품이라서 상당히 비쌌다. 방송이 종료된 후에는 해당 내용을 지우고 재활용하는 경우가 대부분이었다고 한다. 당시 가격으로

1개당 100만 엔 정도였으니 지금의 고급 승용차 한 대 가격에 해당하는 금액이다. 1980년대에 들어 가정용 비디오가 보급되면서 방송국용 테이프도 비용이 저렴해져 원본을 보존하게 되었다. '부자 나라' 일본 방송국의 상황이라고는 믿기지 않는 내용이다. 하지만 분명한 사실이다.

촬영지나 로케이션은 대하드라마를 보는 큰 재미다. 1년에 걸쳐서 드라마가 진행되다보니 주인공의 성장 지역이나 성년 후의 활동 지역이 되는 지방자치단체의 관심이 클 수밖에 없다. 비즈니스 단체나 지자체가 촬영지 유치를 위해 활발하게 움직이고 있고, 그만큼 지역홍보 효과도 대단하다. 해당 단체는 〈NHK〉에 편의 시설을 제공하고, 반대로 〈NHK〉는 드라마 의상이나 출연진들을 초청해 지역 이벤트에 협조하고 있다. 상생협력을 〈NHK〉는 지금으로부터 57년 전(1963년 제1화 방송)부터 해오고 있는 것이다.

지성을 다 하면 마음이 움직이지 않는 사람이 없다.

(至誠にして動かざる者は未だこれ有らざるなり。)

— 요시다 쇼인(吉田松陰)

하나모유(花燃ゆ) : 불꽃처럼 살다간 여자
- 제54화 2015년 방송 -

　군함도(軍艦島, 하시마탄광)가 유네스코 세계문화유산에 등재됐다. 쇼카손 쥬쿠(松下村塾)도 세계문화유산으로 등재됐다. 2015년 7월, '메이지 일본의 산업혁명유산' 23곳이 세계문화유산에 등재됐는데 거기에 포함된 것이다. 전쟁범죄에 대한 면제부가 주어질까봐 군함도에만 관심을 쏟고 있었다. 그때까지 우리는 쇼카손쥬쿠에 대해 잘 알지 못했다. 야마구치현 하기(萩)시에 있는 쇼카손쥬쿠(松下村塾)는 아베 신조 총리가 가장 존경하는 인물 요시다 쇼인(吉田松陰 : 1830~1859)이 운영했던 사설 교육기관이다. 아베 총리의 고향은 요시다 쇼인과 같은 야마구치현이다. 아베 총리는 2012년 총리로 당선되자 '일본의 근대 산업화 유산'이라는 명분을 내세워 쇼카손쥬쿠의 유네스코 세계문화유산 등재를 추진했다. 공교롭게 그 6개월 전인 2015년 1월, 요

시다 쇼인과 그의 여동생 이야기를 다룬 〈NHK〉 대하드라마 '하나모유'(花燃ゆ)가 첫 방송을 탔다. 우연이라고 하기에는 무리가 있어 보이고 필연적인 의도가 엿보인다.

요시다 쇼인은 한국에겐 달갑지 않은 인물이다. 가장 알기 쉽게 요약하자면, 이토 히로부미의 스승이다. 한반도를 정벌하자는 정한론(征韓論)이 그로부터 비롯되었다. 요시다 쇼인은 쇼카손쥬쿠에서 문하생들에게 이 정한론과 존왕양이론(尊王攘夷論)[1]을 일본이 나아가야 할 길이라고 가르쳤다. 그의 제자들 중엔 메이지 유신을 성공적으로 이끌고 한국 침략에서 주역을 맡았던 인물들이 많다(주요 인물편에 소개). 더 나아가 문하생 대부분이 막부 말기와 메이지시대를 거치면서 일본의 근대화 및 산업화 과정에서 중요한 역할을 했다. 그런 까닭에 쇼카손쥬쿠를 일본 근대화의 출발점으로 보는 시각도 있다.

쇼인은 원래 양이론자(攘夷論者)였다. 하지만 개국을 강요하기 위해 1853년 도쿄만의 우라가항(浦賀港)에 내항한 미국의 쿠로후네(黑船 : 방수를 위해 선체에 수지를 검게 칠한 데에서 유래)를 목격하고 나서는 마음이 바뀌었

---

1) 존왕양이론(尊王攘夷論) : 군주를 존중하는 '존왕론'과 외세를 배척하자는 '양이론'이 결합된 사상이다. 막부 말기에 학문으로 확립되어 각 번에서 교육이 이루어져 존왕양이파라는 사상집단을 형성하게 된다. 외국이 하고 싶은 대로 일본에 물품을 팔게 하는 일방적인 막부의 외교를 파기하고 천황을 중심으로 한 정치를 실행해야 한다고 주장했다.

다. 서구의 신문물을 직접 체험하지 못하면 구미 열강에 대항할 수 없다고 깨달은 것이다. 다음 해 그는 화친조약을 맺기 위해 다시 방문한 페리 제독의 배를 타고 미국으로 밀항을 시도하지만 거절당하고 훗날 감옥에 수감, 죽음을 맞는다. 많은 사람들이 1853년 페리 제독의 우라가항 방문이 메이지 유신이 시작되는 계기가 되었다고 말한다.

1. 줄거리

제목 '하나모유(花燃ゆ)'는 '정열과 사랑의 불꽃을 태운다'는 의미다. 드라마는 4부로 구성되어 있다. 주인공 스기 후미는 죠슈번 무사의 집안에서 태어나 친오빠 요시다 쇼인이 운영하는 쇼카손쥬쿠에서 문하생들의 수업을 도와주고 있었다. 결혼 적령기가 되자 쇼카손쥬쿠의 문하생 중 한 명인 구사카 겐즈이(久坂玄瑞)와 결혼한다. 존왕양이 사상에 깊이 빠져 있던 오빠 요시다 쇼인은 막부에 의해 미일수호통상조약이 체결되자 막부 비판에 더욱 열을 올린다. 그러던 중 오빠는 감옥에서 막부의 고위 관리인 로쥬(老中) 마나베 아키카츠(間部詮勝)의 암살 계획을 자백해 참수형에 처해진다.

요시다 쇼인의 유지를 계승한 후미의 남편 구사카 겐즈이는 양이(攘夷) 결행을 위해 교토에서 활동하고, 후미는 하기(萩)에서 남편을 대신해 집안을 돌본다. 양이를 둘러싸고 죠슈번과 막부의 대립이 격화되자 겐즈이는 병사들을 이끌고 교토의 황궁으로 향한다. 하지만 아이즈번(会津藩)과 사쯔마번(薩摩

藩)이 연합한 방어선을 뚫지 못하고 패퇴한다. 그 과정에서 궁지에 몰린 겐즈이는 결국 자결하여 생을 마감한다. 이후 그의 가문은 멸문의 처분을 받는다.

졸지에 남편을 잃고 홀몸이 된 그녀는 죠슈번청으로 들어가게 되고 이름을 미와(美和)로 바꾼다. 미와는 죠슈번주의 상속자인 모리 모토노리(毛利元德)의 정실인 모리 야스코의 눈에 들어 장남의 보모가 된다. 이윽고 시대는 대정봉환(大政奉還)[2]과 보신전쟁(戊辰戦争)을 거쳐 메이지시대가 되었다. 판적봉환(版籍奉還)[3] 및 폐번치현(廃藩置県)[4]에 의해 죠슈번이 소멸되고, 죠슈번주 모리 가문은 도쿄로 옮겨가고, 미와도 근무하던 번청에서 물러난다. 이후 미와의 인생에 새로운 변화가 다가온다. 형부의 아내가 되는 얄궂은 운명이다.

그의 형부는 죠슈번(長州藩)에서 중책을 맡고 있던 카도리 모토히코(楫取素彦). 옛 동지인 기도 다카요시(가츠라 고고로 : 유신 3걸 중 한 명)의 요청에 따라 군마현의 현령직을 맡게 된다. 그러던 중 아내는 병세가 악화되어 사망한다. 하지만 그의 아내는 생전에 남편 카도리 모토히코에게 '내가 죽으면 여동생 미와를 아내로 삼으라'는 부탁의 편지를 남겨 놓았다. 미와는 언니의

---

2) 대정봉환(大政奉還) : 1867년 에도 막부가 천황에게 국가 통치권을 돌려준 사건(6장 중요사건 참고).

3) 판적봉환(版籍奉還) : 다이묘들이 토지와 백성을 천황(메이지 천황)에게 반환한 것을 말한다(9장 중요사건 참고).

4) 폐번치현(廃藩置県) : 번(藩)을 폐하고 현(県)을 설치한 조치(9장 중요사건 참고).

뜻을 알고 나서도 재혼을 망설인다. 그러다 친정어머니의 권유로 마침내 형부와 재혼을 결심한다. 그 후 후미는 야마구치현 호오후(防府)라는 마을에서 만년을 보내다 1921년 78세로 세상을 떠난다.

2. 중요사건

1) 1853년 흑선내항(黑船來航)

잠잠하던 일본에 공포스러운 서양 배가 출몰했다. 1853년 2척의 증기선을 포함한 4척의 군함이 에도만 입구 우라가항(浦賀港)에 입항한 것이다. 대장은 페리 제독. 정식 이름은 미국 해군 동인도함대 사령관 메튜 칼브레이드 페리(Matthew Calbraith Perry). 일본

요코하마의 흑선내항

에 증기선이 출몰한 것은 페리 제독의 선단이 처음이었다. 방수를 위해 선체가 검정색 수지로 칠해져 있었기 때문에 에도 사람들은 흑선(黑船)이라고 불렀다. 이런 페리 제독의 갑작스런 방문을 일본 역사는 '흑선내항'이라 기록하고 있다. 일본에서는 주로 이 사건부터 메이지 정부가 수립되기 전까지를 막부 말기 시대라고 부른다.

#

당시 막부는 지방 세력을 견제하기 위해 '대함건조금지령'을 시행하고 있었다. 막부에 위협이 되는 큰 배를 만들어서는 안 된다는 얘기다. 반면 흑선은 일본 배와는 비교할 수 없을 정도로 컸다. 일본인에게 큰 충격과 공포를 안겨준 건 너무도 당연했다. 페리 제독이 인솔하는 함선은 에도만 측량과 신호교환을 구실로 겁을 주며 공포탄을 마구 쏘아댔다. 에도 시내는 대혼란에 빠졌다. 하지만 살상용 포탄이 아니라는 걸 알게 된 에도 사람들은 흑선을 구경하기 위해 몰려들었다. 그 행렬엔 요시다 쇼인과 그의 스승 사쿠마 쇼잔도 있었다. 사실, 막부도 페리 제독의 흑선내항을 미리 알고 있었다. 그 1년 전, 나가사키 네덜란드 상관장이 나가사키 봉행소(長崎奉行所)[5]에 제출한 보고서를 통해서다. 보고서엔 '이듬해 6월 내항할 것'이라고 적혀 있었다. 막부는 불안감을 느끼면서도 흑선내항에 대비할 구체적인 대책을 수립하지 못했다.

---

5) 봉행소(奉行所) : 행정을 책임지는 관공서

페리 제독, 그는 무슨 목적으로 일본을 방문했을까? 크게 2가지 이유가 있었다. 첫째는 고래를 잡기 위한 기항지가 필요했다. 당시는 산업혁명으로 인해 공장 가동시간이 늘어나서 야간작업을 위한 등잔의 연료나 윤활유의 원료로 향유고래기름 수요가 증대하고 있었기 때문이다. 미국은 일본 연안 등 세계 각지에서 고래잡이를 하고 있었으며 1년 이상 긴 항해를 하는 것이 보통이었다. 또 포경선은 선상에서 고래 기름을 추출하였기 때문에 대량의 장작과 물이 필요했는데, 이런 물자 보급 요충지로 일본이라는 장소가 최적이었다. 둘째는 중국 대륙으로 진출하기 위한 기항지가 필요했다. 산업혁명 덕에 많은 공산품을 생산할 수 있게 된 미국은 제품을 수출하기 위해 인도뿐만 아니라 중국으로도 시장 확대를 서두르고 있었다. 당시 인구는 일본이 약 2천 8백만 명인데 비해 중국(청나라)은 약 4억 명으로 초거대 시장이었기 때문이다. 그런 탓에 미국으로선 중간기항지로 일본이 매우 중요한 장소일 수밖에 없었다.

페리 제독의 방문은 오랜 세월 계속된 에도의 쇄국 빗장을 벗겼다. 도막(막부 타도)에서 메이지 유신으로 시대의 흐름을 크게 바꾼 중요한 전환점이 됐던 것이다. 당시 에도 막부는 기본적으로 쇄국 정책을 취하고 있어서 네덜란드, 중국, 조선 등 일부 나라와만 교역을 하고 있었다. 나가사키 이외의 장소에서는 외국선을 포격으로 쫓아내는 '외국선 우치하라이레이'(外国船打払令) 정책을 취하고 있었다. 그런 이유로 1837년에는 표류한 일본인을 송환하러 온 미국 상선 모리슨호를 포격하는 일도 발생했다. 이런 정책은 비판을 불러왔는데, 그 이후에는 '신수급여령'(薪水給与令) 정책으로 전환했다. 포를 쏘는 대신 식수와 연료만 주고 돌려보냈던 것이다.

#

페리 제독의 방문은 단순 위협에 그쳤을까? 지금까지 쇄국을 지켜온 일본이었지만 페리 제독의 흑선에서 쏘아대는 함포의 위협에 눌려 협상의 자리에 임하게 되었다. 페리 제독은 필모어 대통령의 친서를 전하기 위해 내항했다는 뜻을 전했다. "국서를 수령하기에 걸맞은 고위급의 관리에게 전달하고 싶다. 그렇지 않으면 군사를 데리고 상륙하여 쇼군에게 직접 친서를 전달하겠다." 실로 큰 위협이었다. 당시 12대 쇼군 도쿠가와 이에요시(德川家慶)는 병상에 누워 있어서 국사를 결정할 수 있는 상태가 아니었다. 그를 대신해 로쥬 수좌(老中首座) 아베 마사히로(阿部正弘)는 페리의 상륙을 허용했다.

그러곤 "쇼군이 병환이라 개국을 당장 결정할 수 없으니 답변에 1년을 기다려달라"고 전했다. 페리 제독은 이를 받아들였고, 1년 후에 다시 방문하겠다고 통고했다. 페리 제독이 돌아간 뒤 불과 10일 후, 병석에 있던 쇼군 이에요시가 사망했다. 때를 맞춰 외국세력을 배척하자는 양이론(攘夷論)이 고조되자 아베 마사히로는 전국의 다이묘(大名)를 포함한 일반 서민들에게까지 개국에 대한 의견을 구했다. 하지만 묘안은 나오지 않았고 막부의 권위만 실추되는 결과를 가져 왔다.

2) 1854년 미일화친조약(美日和親条約)

약속대로 페리 제독은 일본을 다시 방문했을까? 그랬다. 1차 흑선내항 다음 해인 1854년, 약속보다 6개월 이른 2월(양력) 에도만에 입항했다. 그런데 군함 위력은 더 커졌다. 5척이 더 늘어난 9척 함대가 에도만에 집결했다. 에도 시내는 다시 한 번 동요했다.

재차 내항한 페리 제독의 강한 태도에 눌려 일본은 결국 미일화친조약을 체결하게 된다. 이 과정에서 죠슈번 사상가 요시다 쇼인은 흑선에 올라 미국 밀항을 시도했다. 하지만 뜻을 이루지 못하고 붙잡혀 감옥에 수감된다. 페리 제독이 쓴《일본 원정기(日本遠征記)》에는 당시 쇼인에 대한 내용이 기록되어 있다.

페리 제독 등 3인의 사절

미일화친조약 체결 당사자로 미국은 페리 제독이 나섰고, 일본은 하야시 후쿠사이(林復齋)가 전권을 맡았다. 지금의 가나가와현 요코하마시에서 1854년 3월 4일(양력)부터 협상을 개시했다. 갑작스런 내항에 매우 당황한 막부였지만 1개월 간 협의 후, 전체 12개조로 구성된 미일화친조약을 체결하고 조인했다. 존왕양이 사상을 가지고 있던 고메이 천황(孝明天皇) 등은 개국을 맹렬하게 반대했지만 이를 막을 별다른 방안이 없었다.

미일화친조약은 어떤 내용을 담았을까? 주요 사항으로 •미국 선박에 대해 연료와 식량 등 부족분을 공급할 것 •시모다(下田), 하코다테(函館) 두 항구를 개항하고 시모다에 영사 주재를 허용할 것 •미국에 일방적인 최혜국 대우를 해줄 것 등이다. 무역에 관한 사항은 포함되지 않았기 때문에 항해에 필요한 물, 식량, 장작, 석탄 등은 막부가 보급하기로 합의했다.

또 당초 페리 제독은 우라가를 포함하여 5개 항구의 개항을 요구했지만, 우라가는 쇼군이 있는 에도에서 가까웠기 때문에 이를 두려워한 막부는 간신히 시모다와 하코다테 2군데만 개항하는 것으로 설득했다. 개국 소식은 곧 다른 나라에도 알려졌고, 일본은 다음해 내항한 러시아, 영국, 네덜란드와 차례차례 조약을 맺게 되었다. 일본이 세계를 향해 문호를 활짝 개방한 것이다.

3. 주요 인물

• 요시다 쇼인(吉田松陰)

생몰연도 : 1830~1859년

출신 : 죠슈번의 무사 집안

직업 : 사상가, 교육자

다른 이름 : 어릴 적 이름 스기 토라지로. 이후 양자

입적으로 이름이 바뀜.

사망 원인 : 참수형

사망 당시 나이 : 만 29세

　흔히 부르는 이름 요시다 쇼인에서 쇼인(松陰)은 호다. 이 외에 '이십일회맹사'(二十一回孟士)라는 호도 있다. 이십일회맹사의 유래는 다음과 같다. "원래 성씨인 스기(杉)의 나무 목(木)자를 분해하면, '十'과 '八'이 되어 숫자 18이고, 三이 숫자 3이므로 합해서 21이 된다. 양자로 가서 얻은 성씨인 요시다(吉田)는 士와 十으로 숫자 21이 되고, 口와 口로써 回가 된다. 이름에 寅자가 들어가는데, 寅은 호랑이의 의미이고 호랑이의 특징은 용맹함에 있다."(요시다 쇼인이 제자들에게 남긴 유언서인 '유혼록' 중에서)

　#

　요시다 쇼인은 1830년 8월(양력) 죠슈번 하기(萩)에서 스기 유리노스케의

쇼카손쥬쿠(松下村塾)

차남으로 태어났다. 어린 시절의 성은 스기(杉), 이름은 토라지로(寅次郎).
1834년엔 병학(군사학) 사범인 작은아버지 요시다 다이스케(吉田大助)의 양
자가 되었다. 1835년 작은아버지이자 양부인 다이스케가 사망하자 또 다른
숙부인 다마키 분노신(玉木文之進)이 개설한 사설학교 쇼카손쥬쿠(松下村塾)
에서 지도를 받았다. 9살 땐 명륜관(明倫館)[6]의 병학 사범이 되었다. 11세가
되자 영주인 모리 다카치카(毛利敬親) 앞에서 뛰어난 강의를 펼쳐 능력을 인

---

6) 명륜관(明倫館) : 각 번에는 공립학교인 번교(藩校)를 세웠는데 죠슈번(야마구치현) 하기시에는 명
   륜관이 그 역할을 했다.

정받았다. 13세 때에는 죠슈군을 이끌고 서양함대 격멸 훈련을 진행하기도 했으며, 15세엔 당대의 병학을 두루 섭렵하게 된다.

쇼인은 가문의 격이 낮아 봉록이 부족했기 때문에 경작으로 생계를 이어가야 했다. 어린 시절 아버지, 형과 함께 밭일을 나가 제초나 경작을 하면서도 사서오경을 읽고 집으로 돌아와서도 밤늦게까지 책을 읽었다. 그러다 아편전쟁으로 청나라가 서양 열강에 대패한 것을 알고 당시의 병법이 시대에 뒤쳐진 것을 통감한다. 그러곤 서양 병학을 배우기 위해 1850년 큐슈로 유학을 떠난다. 이어 에도로 나가 당대의 석학인 스승 사쿠마 쇼잔(佐久間象山)을 만나 배움을 익힌다.

#

대범한 걸까? 무모한 걸까? 쇼인은 탈번(脫藩)까지 감행했다. 1852년 동북지방 여행 계획을 세우면서 일정을 맞추기 위해 죠슈번의 허가를 받지 않고 출발했다. 당시 탈번(脫藩)은 중죄에 해당됐다. 동북지방 유학에서는 존왕양이론을 체계적으로 정리하여 《신론(新論)》을 저술한 아이자와 세이시사이(会沢正志斎)와 면담하는 기회도 가졌다. 광산을 견학하기도 했던 쇼인은 에도로 돌아와서는 탈번의 죄로 무사 신분을 박탈당했다.

1853년 페리 제독이 우라가항에 내항하자 스승인 사쿠마 쇼잔과 함께 미국 함선을 둘러보고는 서양의 선진 문명에 충격을 받았다. 무엇보다 처음 본 증기선이 대단했다. 그때까지 나가사키, 히라도 등에서 네덜란드선에 오르거나 러시아선 출몰 지역을 맴돌고 있던 쇼인의 눈에 증기선은 전혀 다른 모습으로 다가왔다. 크게 느낀 쇼인은 외국 유학을 결심한다. 그 후 나가사키에 기항하고 있던 러시아 군함에 태워줄 것을 요청하지만 당시 크림전쟁이 발발하여 러시아 군함이 예정보다 서둘러 출항하는 바람에 뜻을 이루지 못했다.

1854년, 쇼인은 페리 제독이 미일화친조약 체결에 성공하고 시모다항에 들어오자 어부의 작은 배를 훔쳐 타고 페리 제독의 함선에 몰래 올라탔다. 그러나 가까스로 관계를 맺은 막부와의 마찰을 우려한 미국 측에 의해 승선을 거부당했다. 타고 온 배가 떠내려가 버리자 쇼인은 시모다 봉행소에 자수했고, 덴마초의 감옥에 투옥됐다.

막부 일각에서는 사쿠마 쇼잔과 요시다 쇼인 두 명을 중죄로 다스리자는 움직임도 있었지만, 로쥬수좌(老中首座) 아베 마사히로가 반대한 덕분에 쇼인은 목숨을 건진다. 그 후 죠슈번으로 이송되어 노야마 감옥에 수감됐다. 쇼인은 옥중에서 밀항 동기와 그 사상적 배경을 '유수록'(幽囚錄)에 적어 남겨놓았다. 1855년 출옥되지만 본가 유폐처분이 내려졌다.

\#

쇼인은 왜 막부 타도를 외쳤을까? 1857년 막내 삼촌이 세운 쇼카손쥬쿠의 이름을 이어받아 다시 학교를 개설하면서 이런 뜻을 굳혔다. 이 쇼카손쥬쿠에서는 메이지 유신의 핵심 인물들을 상당수 배출했다. 대표 인물은 다음과 같다.

이름	이력
구사카 겐즈이(久坂玄瑞)	쇼카손쥬쿠의 4대천왕
다카스기 신사쿠(高杉晉作)	쇼카손쥬쿠의 4대천왕
요시다 토시마로(吉田稔麿)	쇼카손쥬쿠의 4대천왕
이리에 구이치(入江九一)	쇼카손쥬쿠의 4대천왕
마에바라 잇세이(前原一誠)	훗날 병부대보(국방차관)
이토 히로부미(伊藤博文)	훗날 총리(1, 5, 7, 10대 내각총리), 한국 초대통감
야마가타 아리토모(山縣有朋)	훗날 총리(3, 9대 내각총리)
시나가와 야지로(品川弥二郎)	훗날 내무대신
야마다 아키요시(山田顕義)	훗날 육사교장, 초대 사법대신(법무장관)
노무라 야스시(野村靖)	훗날 내무대신
와타나베 코우조우(渡辺蒿蔵)	훗날 미쓰비시중공업 나가사키 조선소장

　쇼인이 강의한 기간은 불과 2년 남짓에 불과하다. 쇼인의 쇼카손쥬쿠는 일방적으로 스승이 제자에게 지도하는 것이 아니라, 함께 의견을 나누기도 하고 문학뿐 아니라 등산이나 수영까지 가르쳤다. 쇼인은 28세 무렵인 1858년, 막부가 천황의 칙허도 받지 않고 미일수호통상조약을 체결했다는 사실을 듣고는 화가 치밀어 로쥬수좌인 마나베 아키카츠(間部詮勝)의 암살을 모의한다. 계획을 실행하기 위해 죠슈번에 대포 등 무기와 탄약을 빌려줄 것을 신청했지만 거절당한다. 이에 죠슈번 정부를 불신하게 되어 '초망굴기론'(草莽崛起論)[7]을 제창하게 된다.

---

7) 초망굴기(草莽崛起) : 草莽(초망)은 《맹자(孟子)》에 나오는 말로, 초목 사이에 숨어 있는 은자를 가리킨다. 즉, 일반 대중을 의미한다. '崛起'(굴기)는 일제히 일어서는 것을 가리키는 말이므로 간단히 말하면, "백성들이여 일어나라"는 뜻이다. 열강의 외압에 노출된 막부 말기의 일본인에 대해 쇼인이 쏘아올린 강렬한 격문이자 메시지였다. 초망굴기는 쇼인이 '안세이 대옥'에 엮여 에도로 호송되기 직전인 1859년 4월, 친구 기타야마 야스요(北山安世)에게 보낸 편지글에 나와 있다. 내용은 이렇다.

이어 "막부가 일본 최대의 장애물"이라고 비판하면서 막부 타도를 주장한다. 그 결과 죠슈번에 위험인물로 찍혀 다시 노야마 감옥에 수감되고 말았다.

#

쇼인에게 죽음이 들이닥친 건 1859년. 양이운동의 선봉에서 막부를 비판하던 우메다 운빙(梅田雲浜)이 체포되자 쇼인은 연좌죄로 걸려들어 에도로 이송, 투옥됐다. 막부는 운빙과의 관계만을 추궁했다. 그런데 쇼인은 로쥬 마나베를 암살하려던 계획을 스스로 고백해 버렸다. 그 결과, 참수형이 선고되어 그해 11월 덴마초의 감옥에서 형이 집행됐다. 서른도 안 된 만 29세였다.

시신을 수습해 몰래 이장한 이는 훗날 총리대신이 되는 제자 이토 히로부미와 문하생들이었다. 현재 도쿄의 세타가야에 있는 쇼인신사가 그 이장지이며, 지금도 경내에는 쇼인의 무덤이 남아 있다. 쇼인신사는 '뜻을 성취하는 데 효험이 있는 신사'로 여겨지면서 사람들의 발길이 꾸준하게 이어지고 있다고 한다.

29세에 처형을 당한 쇼인을 비롯하여 학원생 대부분이 에도 막부 말기의 혼란기에 젊은 나이에 죽었다. 동란기에 살아남은 문하생들은 메이지 신정부에서 많은 역할을 한다. 유신 후에는 많은 문하생이 하기의 난(萩の乱)에 참

"지금의 막부와 제후는 이미 술에 취해서 어떻게 할 수가 없다. 초망굴기의 인물 외에는 의지할 곳이 없다. 그러나 번의 은혜와 조정의 덕을 어떻게 잊겠는가. 초망굴기의 힘으로써 가까이는 번을 유지하고, 멀리는 조정의 중흥을 보좌하면 국가에 큰 공을 세운 사람이라 할 것이다."

가해 처형당하자 쇼카손주쿠 창설자인 다마키 분노신도 책임을 지는 형태로 할복, 생을 마감했다. 이에 학원의 명맥도 끊어졌으나 1889년 문하생들에 의해 다시 재건되어 현재까지 쇼인신사 내에 보존되어 있다.

• 구사카 겐즈이(久坂玄瑞)

생몰연도 : 1840~1864년

출신 : 죠슈번의 의사 집안

직업 : 무사

다른 이름 : 어릴 적 이름 히데자부로(秀三郎). 이후
　　　　　　 겐즈이로 개명

사망 원인 : 자결

사망 당시 나이 : 25세

　메이지 유신 과정에서 죠슈번 출신 무사들 중에는 극단적인 과격주의자가 많았다. 특히 여러 정변들과 사건 중심에는 쇼카손주쿠의 구사카 겐즈이가 있었다. 요시다 쇼인의 여동생 후미의 첫 남편인 그는 '금문의 변'에서 자결을 택했다.

　#

　구사카 겐즈이는 1840년 죠슈번 하기에서 의사의 집안에서 태어났다. 어릴 적 이름 히데자부로(秀三郎). 어머니, 형, 아버지가 잇달아 사망하면서 15

세에 고아가 됐다. 그 이후 이름을 겐즈이(玄瑞)로 개명했다. 1856년 큐슈 지방으로 유학을 떠나는데 구마모토에서 요시다 쇼인의 친구인 미야베 테이조우(宮部鼎蔵)를 만나게 된다. 미야베는 "요시다 쇼인에게 가서 공부를 배우라"고 권유했다. 그 후 겐즈이는 1857년 쇼카손쥬쿠에 입학했다. 어릴 적 친구였던 다카스기 신사쿠도 입학해 둘은 쇼카손쥬쿠에서 쌍벽을 이루었고 요시다 토시마로, 이리에 구이치와 함께 '4천왕'이라 불렸다.

#

겐즈이가 스승의 여동생과 결혼한 이유는 '명석함' 때문이다. 그는 쇼카손쥬쿠 내에서 두각을 나타내 요시다 쇼인으로부터 상당한 신뢰를 받았다. 쇼인은 겐즈이를 일러 "죠슈번 제일의 인물"이라며 쌍벽으로 불리던 다카스기 신사쿠와 경쟁을 시켜서 재능을 발휘하도록 했다. 겐즈이의 재능을 높게 평가한 쇼인은 그의 여동생 후미에게 겐즈이와의 결혼을 권한다. 하지만 겐즈이는 후미의 외모가 마음에 들지 않아 결혼을 주저했다. "너는 외모를 보고 아내를 선택할 것이냐?"라는 주위의 설교를 듣고 나서야 혼담을 받아들였다고 한다.

1857년 12월 5일, 18세의 겐즈이와 15세의 후미는 결혼식을 올렸다. 하지만, 두 사람은 신혼 초부터 따로 떨어져 살아야 했다. 결혼하고 얼마 지나지 않아 겐즈이가 교토, 에도로 유학하면서 정력적으로 존왕양이 지사들과 교류를 했기 때문이다. 1859년 이이 나오스케가 주도한 안세이의 대옥에 연좌되어 스승 요시다 쇼인이 처형되자 스승의 유지를 잇기 위하여 강경한 양이론자가 되어 존왕양이(尊王攘夷) 운동의 선두에 서게 된다. 1863년 하기로 돌아와서는 관문해협을 지나는 외국선을 포격하기로 하고, 50명의 동지들을 모아 광명사를 본진으로 해서 광명사당을 결성한다. 광명사당은 뒷날 창설되는 기병대의 전신이 된다.

#

1863년 8월, 교토의 상황은 급박하게 돌아갔다. 아이즈번과 사쯔마번이 교토의 황궁을 경비하고 있던 죠슈번의 병사들을 쫓아내고 교토에서 추방하는 조치를 단행한 것이다. 게다가 산조 사네토미(三条実美) 등 조정 내의 양이파 공경들도 축출되어 죠슈번으로 추방됐다. 이 결과 궁중 내에서 양이파는 일소되었고 교토에서 죠슈번은 최악의 상태가 되어 버렸다. 상황 타개를 위해 죠슈번에선 '진발론'이 대두됐다. 고메이 천황의 오해를 풀기 위해 죠슈번주가 직접 군사를 이끌고 거병하여 무력을 행사해야 한다는 목소리였다.

하지만 이 진발론은 더 많은 적을 만들고 오해를 살 위험이 있었다. 그럼에도 죠슈번 내에서는 교토로 진격할 준비가 착착 진행되어 갔고, 번주의 아들 모리 사다히로(毛利定広)가 인솔하기로 하였다. 이런 상황에서 구사카 겐즈이는 죠슈번의 병력만으로는 상황을 타개하기 어렵다고 판단해 조정에 탄원서를 제출하고 관대한 처분을 요청했다. 하지만 탄원은 받아들여지지 않았고, 죠슈번의 과격파는 교토로 진군을 감행했다. 그러자 막부는 이에 맞서 전국의 모든 번에 교토로 출병할 것을 명했다.

#

이윽고 사이고 다카모리[8]가 정예 강군으로 알려진 사쯔마번 군사들을 이끌고 교토로 진입하자 죠슈번 세력은 고립무원의 상태가 되었다. 급기야 궁성의 서쪽인 하마구리고몬(蛤御門) 부근에서 죠슈번과 아이즈번이 충돌하여 금문의 변(禁門の変)이 발발했다. 죠슈번에 맞서기 위해 모여든 번의 병력은 그 수가 2만 명 이상에 달했다. 이에 비해 죠슈번은 2천명에 불과했다.

이미 전세가 기울었지만 구사카 겐즈이는 재차 조정에 탄원을 요청하기 위해 전 관백인 다카츠카사(鷹司輔熙)의 저택으로 향했다. 어렵게 수비병을 물리치고 다카츠카사의 저택 내로 들어간 겐즈이는 탄원을 요청했지만 소용이 없었다. 저택이 불에 휩싸이고 수비병이 몰려오자 더 이상 물러날 곳이 없게 된 구사카 겐즈이는 쇼카손쥬쿠의 동문인 테라시마 츄우사부로(寺島忠三郎)와 서로 칼을 찔러 자결했다. 그 역시 서른도 안 된 25세에 불과했다.

---

8) 사이고 다카모리(西郷隆盛) : 사쯔마번 출신의 무사. 에도 막부를 타도하고 메이지 유신을 성공으로 이끈 '유신삼걸'(사이고 다카모리, 오쿠보 도시미치, 기도 다카요시) 중 한 사람. 세고동이라는 애칭으로 불린 그는 〈NHK〉 대하드라마 57화 '세고동'(せごどん)의 주인공이다(11장 참고).

일본 전도

하코다테(箱館)

센다이
(仙台)

아이즈(会津)

미토
(水戸)

후쿠이(福井)

히코네(彦根)   슨푸
교토   구와나(桑名)   (駿府)
(京都)

에도(江戸)   사쿠라(佐倉)

시모다
(下田)

히로시마   후쿠야마(福山)   효고(兵庫)
(広島)
                    오사카
하기(萩)   고치(高知)   (大坂)

사가(佐賀)   우와지마
                    (宇和島)
나가사키
(長崎)

가고시마
(鹿児島)

인간은 신분에 관계없이 모두 능력에 따라 쓰여야 한다.

（人間は全て能力で用いられるべきだ。）

ㅡ존 만지로(ジョン万次郎)

2장

하나노 쇼우가이(花の生涯) : 역적이냐 충신이냐
－ 제1화 1963년 방송 －

정권을 누가 잡느냐에 따라 한 인물에 대한 평가는 갈리기 마련이다. 역적이든, 충신이든 그 평가는 정권을 쥔 자들의 몫이다. 막부 역사에서 여기에 딱 들어맞는 이를 꼽자면 다이로(大老)[9] 이이 나오스케(井伊直弼)가 그런 인물이다. 막부를 타도하고 근대 정부를 연 유신 세력들의 입장에서 보면, 이이 나오스케는 분명 비판의 대상이며 악인에 해당한다.

이이 나오스케는 막부 말기 다이로라는 중요한 역할을 맡은 인물이었지만 그 업적은 지금까지 선악의 양극단으로 평가되어 왔다. 일반적으로는 강권

---

9) 다이로(大老) : 정무를 총괄하는 막부의 최고위직. 그 밑에 4~5명의 로쥬(老中)를 두어 다이로를 보좌하도록 했다.

정치로 반대파에 의해 암살당했다는 부정적인 이미지가 강하다. 반면, 고향인 히코네번(彦根藩 : 현재의 시가현)에서는 쇄국 상태의 일본을 개국으로 이끈 위인으로 높이 평가받고 있다. 히코네는 원래 세키가하라 전투에서 패한 서군의 대장 이시다 미츠나리(石田三成)[10]가 다스리던 땅이었다.

〈NHK〉는 1963년 4월, 첫 대하드라마를 방송하면서 첫 주인공으로 이이 나오스케를 선택했다. 제목은 '하나노 쇼우가이'(花の生涯). 소설가 후나바시 세이이치(舟橋聖一)가 〈마이니치신문〉에 연재한 역사소설을 드라마화했다. 가부키계 명배우인 오노에 쇼우로쿠(尾上松緑)가 배역의 행운을 따냈다. 그는 그때까지 TV 연속극에 나온 적이 없었다. '가부키 무대에 절대 빠지지 않는다'는 조건으로 배역을 맡았지만, 낮에는 가부키에 출연하고 밤에는 드라마를 촬영하는 강행군이 계속되었다. 그러자 이를 보다 못한 아내가 "제발 그만두게 해달라"고 제작진에게 부탁했다고도 한다.

이이 나오스케의 심복인 나가노 슈젠(長野主膳) 역은 영화계의 톱스타 사타 케이지(佐田啓二)에게 돌아갔다. 그의 배역 결정엔 우여곡절이 많았다. 당시에는 '5사협정(五社協定)'이라는 제도가 있어서 영화사 전속배우는 타사의 작품에도, TV에도 출연할 수가 없었다. 당시 사타는 영화사 쇼치쿠(松竹)의 전속이었다. 끈질긴 협상 끝에 사타가 출연을 승낙했고, 이후 5사 협정 자체

---

10) 이시다 미츠나리(石田三成) : 도요토미 히데요시의 오른팔로, 일본 전국시대의 운명을 가르는 세키가하라 전투(1600년)를 일으켰다. 도쿠가와 이에야스가 이끄는 동군 10만 명과 이시다 미츠나리가 이끄는 서군 8만 명이 결전을 치렀는데, 이시다 미츠나리가 패했다.

도 무너지게 됐다.

젊은 이이 나오스케가 생활을 하던 곳은 현재의 시가현 히코네시다. 여기에 세워진 히코네성이 나오스케의 거성이었다. '사쿠라다문 밖의 변' 살해 장면은 영화사 도에이(東映)의 교토 촬영소 오픈세트에서 이뤄졌는데, 사정사정하여 빌려서 겨우 찍을 수 있었다고 한다. 트럭 4대분의 흰색 포목을 바닥에 깔고 그 위에 흰 모래와 소금을 뿌려 쌓인 눈을 재현했다. 성의 지붕은 흰색 페인트로 칠을 했는데, 그 후 한 달간 비가 오는 날이면 흰색 비가 내렸다고 한다. 히코네성의 천수각은 일본에서도 드물게 오래된 성곽의 모습을 간직하고 있으며, 국보로 지정되어 있다.

1. 줄거리

히코네(彦根藩) 번주의 14번째 아들로 태어난 이이 나오스케는 번의 후계자가 될 가능성이 전혀 없었다. 다른 다이묘로부터 양자의 요청이 들어오지 않는 한 평범한 신분으로 생을 마감할 수밖에 없는 신분이었다. 소년기의 이이 나오스케는 스스로의 처지를 알고 '우모레기노야'(埋木舍)라는 이름의 거주지에서 살았다. 우모레기노야는 '꽃이 피지 않는 나무'라는 의미인데, 후계자가 될 수 없는 자신의 처지를 빗대어 붙인 이름이다. 이이 나오스케는 그렇게 소란스러운 바깥세상을 멀리한 채 다도 삼매경에 빠져 시간을 보내고 있었다.

그러던 그에게 뜻밖의 일이 벌어졌다. 후계자로 정해져 있던 형이 사망하면서 번주가 된 것이다. 1850년, 나이 서른두 살 때였다. 외국과의 개항 문제가 세상을 떠들썩하게 하는 가운데, 일본의 개국을 주장하는 나오스케는 양이파의 표적이 되고 위험을 안고 살게 된다. 이후 1858년 페리 제독의 흑선 내항으로 인해 혼란을 겪는 막부의 다이로(大老)에 오른다.

이이 나오스케

그런데 다이로 취임은 그의 생명을 앞당기는 결정적인 원인이 되었다. 그가 다이로 역할을 하던 시기에는 • 미일수호통상조약(1858년) • 무오의 밀칙(戊午の密勅 : 1858년) • 안세이의 대옥(安政の大獄 : 1859년) • 사쿠라다문 밖의 변(桜田門外の変 : 1860년) 같은 굵직굵직한 사건들이 연이어 발생했다. 이이 나오스케는 다이로에 오른 지 2년 만에 에도성의 사쿠라다문(桜田門) 밖에서 미토 무사(水戸浪士)들의 습격을 받아 생애를 마감한다. 그의 심복이었던 나가노 슈젠도 보호막을 잃고 히코네번에 의해 참수형에 처해진다.

2. 중요사건

1) 1858년 이이 나오스케와 미일수호통상조약(美日修好通商条約)

이이 나오스케가 다이로에 취임한 건 1858년 4월이다. 당시 막부에서는 개국과 쇄국을 둘러싼 대립과 더불어 차기 쇼군(将軍) 후계 문제로 어려움을 겪고 있었다. 여기에 두 중심 세력이 등장하는데, 기슈(紀州) 혹은 기이(紀伊) 가문과 히도츠바시(一橋) 가문이다. 이 두 세력을 이해하기 위해선 에도 막부를 연 도쿠가와 이에야스의 가계도를 알아둘 필요가 있다.

\#

이에야스는 열한 명의 아들에게 각각 다른 성을 물려줬다. •후계자(2대 쇼군)가 되는 3남 도쿠가와 히데타다(德川秀忠)는 도쿠가와 성을, •4남, 6남, 7남은 이에야스의 예전 성인 마쓰다이라(松平) 성을, •9남, 10남, 11남은 도쿠가와 성을 각각 받았다. 이후 9남은 오와리가(尾張家), 10남은 기슈(紀州) 혹은 기이가(紀伊家), 11남은 미토가(水戶家)를 새롭게 열게 되었다. 이 세 가문을 고산케(御三家)[11]라고 부른다. 정통가문인 3남 도쿠가와 히데타다의 집안에 대를 이을 사람이 없을 경우, 이 고산케에서 양자를 들여 쇼군직을 승계하도록 했다.

예를 들면 8대 쇼군인 도쿠가와 요시무네(德川吉宗)는 기이가 출신으로 7

---

11) 고산케(御三家) : 도쿠가와 이에야스의 세 아들(9남, 10남, 11남) 가문을 가리키는 말인데, 현대에 와서는 어느 분야에서 가장 뛰어난 세 사람 등을 지칭할 때 쓰인다.

대 쇼군의 양자가 된 인물이다. 이 도쿠가와 요시무네의 아들 대에서 히도츠바시(一橋) 가문이 새로 생겨났다. 이 히도츠바시가에서 11대 쇼군 도쿠가와 이에나리(德川家齊)와 마지막 15대 쇼군인 도쿠가와 요시노부(德川慶喜)를 배출했다.

자, 그럼 이이 나오스케로 되돌아 가보자. 당시 나오스케는 기이파(紀伊派)에 속했다. 그는 차기 쇼군으로 기슈번주(紀州藩主)인 도쿠가와 요시토미(德川慶福, 훗날의 14대 쇼군 도쿠가와 이에모치)를 지지하여 히도츠바시 요시노부(一橋慶喜, 훗날의 15대 쇼군 도쿠가와 요시노부)를 옹립하려는 히도츠바시파를 배척했다. 이이 나오스케는 히도츠바시파였던 미토번(水戶藩)의 도쿠가와 나리아키(德川齊昭)와 마쯔다이라 요시나가(松平慶永) 등을 칩거(蟄居) 처분하고, 존양양이를 외치는 다수의 지사와 공경(公卿 : 고위 관료)들을 숙청하기에 이른다.

#

다시 때는 1856년 7월. 1854년에 체결한 미일화친조약에 따라 타운젠드 해리스(Townsend Harris)[12]가 초대 주일영사로 부임했다. 영사관으로 시모다에 있는 옥천사(下田玉泉寺)가 지정됐다. 10개월 후인 1857년 5월에는 미일화친조약의 세부사항을 보충하는 목적으로 시모다협정이 체결됐다. 해리

---

12) 타운젠드 해리스(Townsend Harris) : 뉴욕 상인 출신의 정치가. 일본에 최초로 영사관을 개설한 외교관이다. 존 휴스턴 감독이 1958년 영화로 만든 '바바리안과 게이샤'(The Barbarian and the Geisha)에서 명배우 존 웨인이 해리스 역을 맡았었다.

스는 미국 대통령의 국서를 막부에
제출하기 위해 에도로 갈 것을 수
차례 요구했지만 도쿠가와 나리아
키 등 양이파의 반대로 에도 입성
은 허락되지 않았다. 하지만 두 달
후인 1857년 7월, 미국 전함이 시
모다항에 입항하자 직접 에도로 들
어갈 것을 우려한 막부는 해리스의
에도 입성을 허락했다.

1857년 10월 21일 해리스는 에
도성에 들어가 13대 쇼군 도쿠가

타운젠드 해리스

와 이에사다(德川家定)를 알현하고 미국 대통령의 친서를 전달했다. 로쥬(老
中)인 홋타 마사요시는 통상조약을 체결할 수 있도록 고메이 천황에게 요청
했지만 허락을 얻지 못했다. 하지만 1858년 6월 들어서 청나라와 영국, 프랑
스간의 전쟁이 휴전상태가 되자 미국 총영사 해리스는 군함으로 가나가와(神
奈川) 앞바다까지 들어와 "이제 곧 영국과 프랑스군이 몰려올 것"이라고 위
협하면서 서둘러 조약 체결을 압박했다.

홋타를 대신해 외교 협상을 맡은 이이 나오스케는 고메이 천황의 허가를
얻지 않은 채 14개조의 미일수호통상조약을 체결한다. 이로써 해리스는 진
정한 초대 주일공사가 되어 옥천사의 영사관을 폐쇄하고 에도의 선복사(善福
寺)에 공사관을 개설했다. 조약체결 후 자유무역이 개시되자 일본 섬유산업

은 수출에 따른 생사(生糸) 부족으로 큰 타격을 입었다. 국내 유통 시스템은 무너지고 쌀과 간장 등이 품귀 현상을 빚어 물가는 급등했다. 금 유출 등도 발생해 일본 경제는 상당히 혼란스러웠다. 그 후 막부는 네덜란드, 러시아, 영국, 프랑스와도 수호통상조약을 맺었다.

2) 1858년 무오의 밀칙(戊午の密勅)

에도 막부 말기 1858년(무오년) 8월 8일 고메이 천황이 미토번(水戶藩)에 조칙을 내려 보냈다. 미토번은 이이 나오스케의 반대편에 섰던 히도츠바시파에 속했다. 천황(조정)이 막부를 거치지 않고 직접 미토번에 칙서를 내리는 건 전례가 없던 일이다. 그래서 '밀칙(密勅)'이라고 불린다.

고메이 천황은 막부의 쇼군 후계 결정과 미일수호통상조약이 칙허 없이 조인된 것을 못마땅하게 여겼다. 그 배후에는 다이로 이이 나오스케가 있다고 생각했다. 반대로 이이 나오스케는 천황의 밀칙이 막부의 권위를 손상시켰다고 여겼고, 그대로 두고만 보지 않았다. 무오의 밀칙은 천황이 막부와 모든 번에 대해 처음으로 정치적 소신을 표명하고 적극적으로 정치에 관여했다는 점이 특징이다.

칙서가 내려지던 그날을 좀 더 살펴보겠다. 8월 7일 심야, 좌대신 고노에 다다히로(近衛忠熙)가 칙서를 미토번에 내려 보냈다. 칙서의 내용은 조약 조인을 둘러싼 막부의 대처를 비판하고 미토번에 양이의 추진을 재촉하는 것이었다. 아울러 "모든 번에게 이 칙서를 전달하라"는 내용이 첨부되어 있었다. 이 사실을 알게 된 막부는 미토번에게 "다른 번에 전달하지 말 것"을 명령했다. 그러자 미토번에서는 칙서 전달을 둘러싸고 의견이 갈렸다. 급기야 화들짝 놀란 조정은 다음해 막부의 요구에 응해 칙서 반납을 지시했다. '없던 일'로 하겠다는 것이었다. 하지만 이 칙서는 이이 나오스케가 안세이의 대옥을 일으키는 중요한 요인으로 작용하고 말았다.

3) 1859년 안세이의 대옥(安政の大獄)

무오의 밀칙 사건에 이를 갈고 있던 이이 나오스케가 마침내 칼을 빼들었다. 1858년 존왕양이 세력 등 반대파를 체포하기 시작해 이듬해인 1859년까지 100여 명 넘는 사람들이 숙청됐다. 막부시대 최대의 정변이었다. 당시 일본 연호가 안세이(安政)라서 '안세이의 대옥'이라고 부른다. 히도츠바시파와 존왕양이파를 숙청한 과정을 잠시 보도록 하자.

이이 나오스케는 존왕양이파에 대한 탄압을 시작한다. 먼저 교토에서 조약 칙허를 방해하는 공작을 펼친 우메다 운빙(梅田雲浜)[13]을 포함한 양이지사들의 체포를 시작으로, 조정 내의 공경들에게도 손을 뻗쳤다. 도쿠가와 나리아키, 마쯔다이라 슌가쿠 등 양이파 다이묘들에게 칩거, 근신 등의 처분이 내려졌고 막부 내에서는 외교담당 부교 이와세 타다나리(岩瀬忠震) 등이 처벌

---

13) 우메다 운빙(梅田雲浜) : 막부 말기의 유학자로, 존왕양이를 추구하던 지사들의 사상적 지주였다. 막부를 비판하다가 참수당했다.

을 받았다. 특히 에도에 호송된 양이지사들에 대해서는 전례 없는 가혹한 형벌이 내려졌다. 요시다 쇼인, 하시모토 사나이 등 8명이 참수형에 처해졌다. 탄압은 또 다른 불상사를 부르는 법. 안세이의 대옥은 이이 나오스케의 생명을 재촉했다.

4) 1860년 사쿠라다문 밖의 변(桜田門外の変)

에도성엔 정문 외에 몇 개의 외곽문이 있었다. 그중 하나가 사쿠라다문(桜田門)이다. 1860년 3월 3일, 이 사쿠라다문 근처에서 또 한 차례 변란이 발생했다. 안세이 대옥으로 이이 나오스케에 대한 반감이 절정에 달했던 히도츠바시파와 존왕양이 세력이 폭발한 것이다. 이날 히도츠바시파에 속해있던 미토번의 무사들이 히코네번 행렬을 습격하여 이이 나오스케를 암살했다. 그날의 행적은 이렇다.

3월 3일은 모든 다이묘가 에도성에 등성(登城 : 성에 들어감)해 히나마쯔

1860년 3월 사쿠라다문 밖의 변

리(雛祭り : 여아의 건강한 성장을 기원하는 명절) 축하연을 여는 날이었다. 이이 나오스케는 사전에 습격 정보를 알고 있었다는 이야기도 있지만, 다이로(大老) 입장에서 에도성에 들어가지 않을 수 없었다. 예정대로 출발했고, 날씨는 철 지난 눈이 내리고 있었다. 사쿠라다문 밖에선 미토번 무사 17명과 사쯔마번 무사 1명이 나오스케를 기다리고 있었다. 이윽고 습격이 이뤄졌고 백주대낮에 최고 관료인 다이로가 암살됐다.

'사쿠라다문 밖의 변'은 도막(倒幕 : 타도 막부)의 단초를 제공한 사건이었으며, 이후 막부 말기의 정국은 대혼란에 빠져들게 된다.

3. 주요 인물

• 나카하마 만지로(中浜 万次郎)

생몰연도 : 1827~1898년

출신 : 도사번의 어부 집안

직업 : 어부, 관료

다른 이름 : 존 만지로

사망 원인 : 병사

사망 당시 나이 : 71세

미국과의 조약체결 과정에서 가장 중요한 인물 가운데 한 명을 들라고 하면 아마 나카하마 만지로(흔히 존 만지로라고 부른다)일 것이다. 조선에 흑산도 홍어장수 문순득[14]이 있었다면, 일본엔 존 만지로가 있었다고 할 만하다.

둘 다 고기잡이(장사)를 나갔다가 표류해 외국을 돌고 돌아 귀국, 조정에서 통역 등 중요한 임무를 수행한 공통점을 갖고 있다. 존 만지로는 일본이 200년 동안 보지 못했던 외부 세계의 지식을 습득하는 등 미국과의 외교 막후에 큰 영향을 미쳤다. 나카하마 만지로(존 만지로)의 인생 대반전은 메이지 유신 과정에서 벌어진 가장 흥미로운 이야기 중의 하나다. 만지로는 일본에서 넥타이를 가장 먼저 맨 인물로 알려져 있다. 또 ABC로 시작하는 영어 노래를 일본에 전했다는 이야기도 있다.

만지로는 1827년, 도사번(土佐藩 : 지금의 고치현)의 나카하마에서 가난한 어부의 차남으로 태어났다. 아홉 살 때 아버지가 사망하면서 돈벌이에 나서야 했다. 어린 그의 삶에 풍랑이 몰아친 건 열네 살(1841년) 때였다. 동료와 함께 고기잡이를 나갔다가 조난을 당해 무인도 도리시마(鳥島)에 표류하게 된다. 만지로와 일행은 혹독한 생활을 보내다가 표류 143일 만에 미국 포경선 존 하울랜드호(John Howland)에 의해 극적으로 구조됐다. 이 만남이 만지로의 인생을 크게 바꾸게 될지는 그 자신도 알지 못했다. 구조가 되긴 했지만, 당시 일본은 쇄국 정책을 펴고 있어서 외국 선박은 쉽게 일본으로 접근

---

14) 문순득 : 조선 최초의 세계 표류인. 전남 신안의 홍어장수로 1801년 류큐(오키나와)에 표류하여 필리핀, 마카오, 중국을 거쳐 3년 2개월 만에 조선으로 돌아왔다. 유배 중이던 정약전은 문순득이 구술한 내용을 바탕으로 《표해시말(漂海始末)》을 썼다.

할 수 있는 상태가 아니었다. 게다가 만지로는 귀국한다고 해도 목숨을 보장
받을 수도 없었다.

#

　존 하울랜드호의 휘트필드[15] 선장은 영리한 만지로가 마음에 들었다. 미국
으로 데려가고 싶었다. 만지로 역시 그랬다. 휘트필드 선장은 만지로를 제외
한 동료 4명을 안전한 하와이에 내려주었고, 만지로는 일본인 최초로 미국
본토에 발을 디디게 됐다. 이때 선장은 만지로에게 배 이름을 따서 존 맨이라
는 애칭을 붙여줬다. 미국 본토로 건너간 만지로는 휘트필드 선장의 양자가
되었고, 매사추세츠주에서 함께 살았다. 학교에서 영어, 수학, 측량, 항해술,
조선기술 등을 배운 만지로는 수석을 차지할 정도로 열심히 학업에 힘썼다.
졸업 후에는 포경선을 타고 몇 년간의 항해를 거쳤고 마침내 일본으로 귀국
할 것을 결심했다. 골드러시 붐이 일어난 캘리포니아 금광에서 일하며 마련
한 자금으로 배를 구입했고, 하와이에 들러 표류했던 동료들을 만난 후 일본
으로 향했다.

　만지로의 첫 도착지는 사쯔마번의 관할인 류큐(琉球 : 현재의 오키나와현),
1851년이었다. 표류된 지 10년 만에 일본 땅을 밟은 것이다. 상륙한 만지로
일행은 관청에서 심문을 받고 나서 사쯔마 본토로 보내졌다. 이어 사쯔마번

---

15) 윌리엄 휘트필드(William H. Whitfield) : 미국 매사추세츠주 페어헤이븐(Fairhaven) 출신의
　　포경선 선장. 후일 매사추세츠주 하원 의원이 되었다. 휘트필드 선장의 고향 페어헤이븐과 존 만
　　지로의 고향인 고치현의 도사시미즈시(土佐淸水市)는 자매결연을 맺고 있다.

과 나가사키봉행소(長崎奉行所) 등에서 장기간 심문을 받았다. 그 2년 후인 1853년, 꿈에 그리던 고향 도사번(土佐藩)으로 돌아갈 수 있었다. 도사번에서는 만지로의 체험기를 공식 기록으로 작성하기 시작했고, 15대 번주 야마우치 요도(山内容堂)의 명으로 난학(蘭学)에 정통한 화가 가와다 쇼료[16]가 만지로의 이야기를 받아 적었다. 이를 바탕으로 가와다 쇼료가《표손기략(漂巽紀略)》을 저술했다. 쇼료가 화가인 덕분에 삽화가 많은 것이 이 책의 특징이다. 책은 도사 번주 야마우치 요도에게 바쳐졌고, 많은 다이묘들과 지사들이 읽어 보았다고 전해진다.

#

만지로에겐 벼슬도 내려졌다. 도사번의 교수관(教授館) 교수에 임명되었고, 고토 쇼지로(後藤象二郎 : 훗날 메이지 정부의 고위 관료), 이와사키 야타로(岩崎弥太郎 : 미쯔비시 재벌 창립자) 등이 만지로의 지도를 받았다. 이후 막부에 초빙돼 막부의 직속 신하가 되면서 출세 인생에 꽃이 피었다. 페리 제독의 내항으로 막부가 미국 정보를 필요로 했기 때문에 가능한 일이었다. 그때부터 고향인 나카하마의 성을 따서 나카하마 만지로(中浜万次郎)라고 불리게 되었다. 만지로는 번역과 통역, 조선술 지휘, 인재 육성에 정력적으로 힘을 쏟았다. 아쉽게도 스파이 의혹을 받아 페리의 통역을 비롯한 중요

---

16) 가와다 쇼료(河田小龍) : 막부 말기~메이지시대에 걸쳐 활약한 화가. 존 만지로에게 들은 외국의 사정과 사상을 사카모토 료마에게 전해주었는데, 료마의 삶에 큰 영향을 주었다고 전해진다.

한 통·번역 업무에서 제외되기도 했다. 그렇지만 그는 미일화친조약의 평화적인 체결을 위해 보이지 않는 곳에서 조언을 아끼지 않았다. 만지로의 지식을 필요로 하는 유신 지사는 많았다. 영어나 항해술을 배우러 오는 사람들도 상당수였다.

1860년 다시 기회가 찾아왔다. 만지로는 미일수호통상조약의 비준서 교환을 위해 미국으로 가는 사절단을 태운 포해탄호의 수행함 '칸린마루'(咸臨丸)에 통역, 기술지도원으로 동승하게 되었다. 이 군함 칸린마루에는 함장 가츠 카이슈(勝海舟)와 후쿠자와 유키치(福沢諭吉) 등 일본의 역사에 중요한 역할을 한 인물들도 타고 있었다. 만지로는 고래잡이, 오가사와라(小笠原) 개척에 관여하는가 하면, 1870년에는 보불전쟁 시찰단으로 유럽에 파견되기도 했다.

극적인 만남도 있었다. 뉴욕에 체류하는 동안 매사추세츠를 방문하여 약 20년 만에 은인인 휘트필드 선장과 상봉했다. 귀국 후 만지로는 병으로 쓰러졌고 1898년 71세로 생을 마감했다.

좋은 계획이라도 시기상조일 경우가 있으므로 기다릴 수 있는 것도 중요한 능력이다.

(善行とても前後をよく考えなければ難を呼ぶ、時が熟すのを待たねばならない。)

─시마즈 나리아키라(島津斉彬)

3장

아쯔히메(篤姬) : 고향 사쿠라지마가 그립구나
- 제47화 2008년 방송 -

"사쿠라지마[17]는 기분이 좋은 날에는 담배 한 개비를 아주 기분 좋게 피우 듯이 똑바로 연기를 내뿜을 뿐이지만, 조금 언짢을 때에는 비스듬히 피어 오 르고, 그리고 화를 내면 눈앞이 뿌옇게 될 정도로 재를 뿌리는데, 나는 지금 그 모습을 그리워하고 있다."

큐슈 최남단 가고시마현 사람들의 수구초심이 잘 묻어나는 소설의 한 대

---

17) 사쿠라지마(桜島) : 가고시마현 가고시마만 내에 있는 화산섬. 1914년 대분화하여 가고시마 건 너편의 오스미 반도와 육지로 연결됐다. 사쿠라지마의 최고봉은 1,117m로, 정상엔 직경 약 500m의 분화구가 있다. 평소에도 분화구에서 연기를 뿜어내는 활화산이며, 가고시마현민들이 가장 사랑하는 '가고시마의 상징'과도 같다.

목이다. 소설의 제목은 《텐쇼인 아쯔히메(天璋院 篤姫)》, 작가는 미야오 토미코(宮尾登美子)이다. 지금으로부터 170년 전, 수만 리 떨어진 에도로 시집간 가고시마현(예전 사쯔마번) 처녀의 파란만장한 삶을 다루고 있다. 이 여인은 보통 신분이 아니었다. 흔히 아쯔히메(篤姫)로 불린 이 여인은 사쯔마번의 최고 권력자 시마즈 나리아키라(島津斉彬)의 수양딸로, 훗날 도쿠가와 막부 13대 쇼군인 도쿠가와 이에사다의 정실부인이 된다. 텐쇼인(天璋院)은 훗날 얻은 존칭이다.

작가 미야오 토미코는 아쯔히메의 고향을 향한 절절한 마음을 소설《텐쇼인 아쯔히메》에 담아냈다. 미야오 작가는 일본의 풍토와 전통문화 속에서 열심히 살아가는 여성의 모습을 그리는 역사소설로 유명하다. 작가의 아버지는 요정이나 유곽에 여성을 알선하는 소개업으로 생계를 이어 갔는데, 미야오는 그런 아버지에 대한 반발심이 컸다고 한다. 18세에 고교를 중퇴하고 도망치듯 농촌 소학교의 임시 교원이 되었다. 그 후 •아버지와의 갈등과 고난의 시절을 이겨낸 자전적인 스토리 •여성의 자립과 삶을 그린 스토리로 큰 인기를 끌었다.

소설《텐쇼인 아쯔히메》에는 사쯔마의 이마이즈미가(今和泉家 : 아쯔히메의 태생 가문) 저택이 있던 이와모토촌(岩本村 : 지금의 이브스키시 이와모토) 풍경이 종종 나온다. 이와모토촌에서 바라본 사쿠라지마의 풍경이 위의 첫 구절이다. 가고시마에서는 시내 어디에서든 사쿠라지마의 웅대한 모습이

한눈에 들어온다. 그래서 가고시마 사람들이 타향에서 고향을 떠올릴 때면 사쿠라지마의 모습이 가장 먼저 눈에 아른거린다고 한다. 2008년 가고시마와 연고가 있는 아쯔히메를 주인공으로 내세운 동명의 드라마 방영이 결정되자, 당시 지역신문엔 연일 관련 기사가 쏟아지기도 했다.

1. 줄거리

지금의 가고시마현인 사쯔마번(薩摩藩)은 대대로 시마즈(島津) 가문이 다스리고 있었다. 때는 1836년, 시마즈 가문의 분가인 이마이즈미가(今和泉家)에 한 여자아이가 태어났다. 이름을 아쯔히메라고 지었다. 불행이라면 불행이요, 행운이라면 행운이었다. 불행은 정략결혼의 대상이라는 것이고, 행운은 쇼군의 정실부인이 된다는 것이다.

에도에서 12대 쇼군 도쿠가와 이에요시(德川家慶 : 1837~1853)가 급사하자 아들인 도쿠가와 이에사다(德川家定)가 쇼군직을 계승했다. 그 후 쇼군가는 도쿠가와 이에사다의 부인들이 연달아 단명한 바람에 시마즈가에서 쇼군의 부인 후보를 추천하게 된다. 당시 사쯔마번의 권력자 시마즈 나리아키라(島津斉彬)는 막부에 영향력을 행사하기 위해 수양딸 아쯔히메를 쇼군 도쿠가와 이에사다에게 시집보내기로 결심한다. 에도로 향하는 날 아침, 아쯔히메는 사쿠라지마(桜島)를 바라보며 고향에 이별을 고한다. 평생 사쿠라지마를 볼 수 없게 된다는 사실을 그때는 알지 못했다.

에도의 사쯔마번 저택에서 결혼할 때를 기다리던 아쯔히메에게 마침내 혼인 날짜가 정해졌다. 혼인 전날 밤 시마즈 나리아키라는 아쯔히메에게 밀명을 내렸다. "에도성에 들어가서 할 일을 알려주마. 차기 쇼군의 후계자로 히도츠바시 요시노부가 지명이 되도록 남편인 쇼군 이에사다를 설득해야 한다. 나라를 위해 꼭 임무를 완수해 다오."

당시 에도성 내에서는 쇼군의 후계자리를 놓고 히도츠바시 요시노부를 지지하는 히도츠바시파(一橋派)와 기슈번주의 장남 도쿠가와 요시토미(이에모치)를 지지하는 기슈파(紀州派)가 대립하고 있었다(2장 이이 나오스케 편 참고). 이런 상황에서 기슈파는 히도츠바시파인 사쯔마번의 아쯔히메가 쇼군과 결혼하는 것에 난색을 표한다.

다이로에 임명된 이이 나오스케는 오오쿠(大奧 : 에도성 내의 여성들의 공간)의 정치 개입을 싫어하여 아쯔히메와 대립하게 된다. 쇼군 이에사다는 기슈파가 지지하는 도쿠가와 요시토미(이에모치)를 후계자로 결정하고 아쯔히메에게 나이 어린 요시토미를 도와 달라고 부탁한다. 이후 이에사다가 병으로 쓰러지고 양부 시마즈 나리아키라도 곧이어 사망한다. 미망인이 된 아쯔히메는 텐쇼인(天璋院)이라는 계명을 받고 호칭이 바뀐다. 요시토미는 제14대 쇼군 도쿠가와 이에모치(德川家茂)가 되고 텐쇼인은 이에모치의 후견인역(後見役)이 된다.

그 후 막부가 공무합체(公武合體)[18] 정책을 추진함에 따라 고메이 천황(孝明天皇)의 여동생인 카즈노미야(和宮)가 도쿠가와 이에모치와 결혼을 하게 된다. 이후 에도성 내전에서는 에도 출신과 교토 출신의 대립이 시작되고 텐쇼인과 카즈노미야는 복잡한 정치정세가 반영된 며느리와 시어머니로서 냉전을 펼치게 된다.

그러는 사이 정국은 대정봉환(大政奉還)과 도바·후시미(鳥羽·伏見) 싸움[19]으로 얼어붙게 된다. 그 싸움에서 막부군은 완전히 붕괴되어 요시노부는 에도로 도망쳐 돌아온다. 시대는 친정인 사쯔마번의 시마즈가와 막부의 쇼군이 적대관계에 놓이고 마침내 막부(幕府)가 붕괴된다. 아쯔히메에게는 에도성의 식솔들을 데리고 피신해야 되는 최대의 위기가 찾아온다.

2. 중요사건

1) 1862년 나마무기사건(生麦事件)

1862년, 에도에서 교토로 돌아가던 사쯔마번의 최고 실력자 시마즈 히사미쯔(島津久光)의 행렬을 누군가 방해했다. 요코하마 근처의 나마무기 마을(가나가와현 요코하마시

---

18) 공무합체(公武合體) : 조정과 막부가 힘을 합쳐 막번체제를 강화하자는 징치운동. 조정(公)의 전통적인 권위와 막부 및 제번(武)의 결합을 의미한다.

19) 도바·후시미(鳥羽·伏見) 싸움 : 1868년 1월 3일, 신정부를 지지하는 막부 타도파(사쯔마-죠슈번)와 막부 지지파가 교토 부근의 도바·후시미에서 벌인 전쟁. 이는 보신전쟁(戊辰戰爭)의 시발점이 됐다.

쓰루미구)을 지날 무렵이었다. 행렬을 어지럽힌 이는 4명의 영국인들이었다. 호위 중이던 사쯔마번 무사들은 이 영국인들의 일부를 죽이게 되는데, 이 일을 나마무기 사건이라고 한다. 사건이 일어난 배경은 다음과 같다.

사쯔마번의 시마즈 히사미츠는 조정과 막부가 어우러져 정치를 하는 '공무합체'를 적극적으로 추진하고 있었다. 그 일환으로 시마즈 히사미츠는 칙사를 동반, 700명이 넘는 군사를 거느리고 에도로 들어가 막부에 개혁을 요구했다(이를 '분큐 개혁'이라고 한다). 이에 권위가 실추된 막부는 거절하지 못하고 히도츠바시 요시노부를 쇼군 후견직으로 임명하는 인사 개혁과 참

시마즈 히사미츠

근교대(参勤交代)[20]의 내용을 완화하는 제도개혁을 받아들였다.

목적을 달성한 시마즈 히사미츠는 에도를 떠나 교토로 돌아가는 길에 나마무기 마을을 지나가고 있었다. 그때 반대편에서 행렬을 향해 말을 타고 다

---

20) 참근교대(参勤交代 : 산킨코다이) : 막부가 각 지방의 세력을 약화시키고 반란을 방지하기 위해 실시한 제도. 다이묘를 1년마다 에도와 영지를 오가게 했으며, 아내와 자식은 에도의 저택에 머물게 했다.

가오는 4명의 영국인들과 만나게 됐다. 그들은 요코하마에서 상업에 종사하는 사람과 그 일행이었다. 다이묘의 행렬이 지나갈 때는 선도자가 소리를 지르며 행렬이 지나가는 것을 알려주는데, 상대방은 영국인들이어서 말이 통하지 않았다. 그러자 선도하는 가신들은 손짓으로 말에서 내려 길을 양보하도록 명령했다. 하지만 4명의 영국인은 행렬을 역행하여 시마즈 히사미츠가 타고 있는 가마 쪽으로 점점 다가갔다. 이를 보고 있던 사쯔마번 무사들이 격분하여 4명의 영국인 중 1명을 죽이고 2명에게 중상을 입혔다.

당시에는 다이묘의 행렬 앞을 가로지르는 것은 매우 무례한 행위로 여겨졌다. 다이묘의 행렬을 가로질러도 되는 것은 비각(飛脚 : 서신, 금전, 화물 등

1862년 8월 나마무기 사건 당시의 나마무기마을 모습

을 수송하는 직업)과 산파(조산사)뿐이고, 그 외의 사람들은 길을 양보하는 것이 규칙이었다. 만약 이를 어길 경우에는 '부레이우치'(無礼討ち : 무례 토벌)라고 하여 그 자리에서 칼로 베어도 하소연할 수 없는 시절이었다. 존왕양이 운동이 고조되고 있던 당시 벌어진 이 사건은 커다란 정치문제로 비화됐다. 결국 사쯔마번과 영국의 관계가 악화돼 영국 함대가 사쯔마번의 배를 나포하면서 가고시마만에서 사쯔에이전쟁이 벌어졌다.

2) 1863년 사쯔에이전쟁(薩英戦争)

사쯔마번은 배짱이 두둑했다. 막부도 함부로 제지하지 못할 정도였다. 나마무기 사건에서 영국 상인을 살상했지만 버티고 물러서지 않았다. 군사력을 자랑하던 영국이 이를

1863년 7월 사쯔에이전쟁

두고만 보고 있었을까. 사쯔마번의 배짱이 어느 정도인지 사쯔에이전쟁으로 들어가 보자.

나마무기 사건 이후 영국은 막부와 사쯔마번에게 당사자의 사형, 직접 사죄, 배상을 요구했다. 이에 대해 막부는 사죄와 배상을 했지만, 사쯔마번은 그 어떤 사과도 배상도 하지 않았다. 영국은 막부로부터 10만 파운드의 배상금을 받고 나서 사쯔마와의 배상금 교섭을 유리하게 진행하기 위해 7척의 전함을 이끌고 가고시마만으로 들어왔다.

영국은 사쯔마번에 범인의 처벌 및 유가족의 양육비로 2만 5천파운드를 요구했다. 이에 불복하자 영국은 사쯔마 선박 3척을 나포했다. 사쯔마번은 이에 격분해 포격으로 대응했고 대영제국과 사쯔마번 사이에 이른바 '사쯔에이전쟁'이 시작됐다. 전투는 3일(7월 2일~7월 4일)간 벌어졌으며 영국의 7척 함대는 사쯔마번의 텐포잔포대(天保山砲台)를 비롯한 각 포대를 차례차례 포격했다.

사쯔마번도 만만치 않았다. 악천후를 계기로 반격에 나섰다. 기함 유리알라스호에서는 함장, 부함장이 사망했고 다른 전함도 피해를 입는 등 영국 측에선 63명의 사상자가 나왔다. 영국 함대도 큰 타격을 입었지만 사쯔마번은 피해가 훨씬 심했다. 시가지의 10분의 1이 불타는 대참사를 겪었다.

전쟁이 끝나고 9월, 요코하마의 영국공사관에서 강화회담이 개최됐다. 회담은 몇 번 결렬됐다. 결국 영국 군함을 구입하는 조건으로 사쯔마가 배상금을 지불하기로 마무리 지었다. 사쯔마번의 배짱이 드러나는 대목은 여기다.

막부로부터 2만 5천파운드를 빌려 영국에 지불했지만, 나중에 갚지는 않았다. 또 강화조건 중의 하나인 범인에 대해서도 도망 중이라고 둘러대며 처벌하지 않았다.

이 전투를 통해 양쪽이 피해만 본 건 아니다. 영국은 사쯔마를 다시 평가하게 되었고, 깊은 관계를 맺게 되는 기회를 얻었다. 사쯔마번은 영국의 강력한 군사력을 실감하고 근대적인 군비 증강에 힘쓰는 계기가 됐다. 전쟁 2년 후, 16명의 젊은이들을 영국에 유학시키는 등 일본은 개국으로 내달렸고, 막부는 서서히 기울기 시작했다.

3) 1863년 8월 18일의 정변(八月十八日の政変)

남쪽 가고시마만에서 사쯔에이전쟁이 벌어진 직후, 교토에서는 '8월 18일의 정변'이 발생했다. 온건 존왕양이파인 고메이 천황과 아이즈번, 사쯔마번 등이 과격 존왕양이파의 중심인물인 산죠 사네토미(三条実美)[21] 등 공경(公卿)과 죠슈번을 교토의 조정에서 몰아낸 쿠데타를 말한다. 사건은 미일수호통상조약 파기와 개방 항구 폐쇄를 둘러싼 양이(攘夷) 실행을 두고 죠슈번이 반기를 들면서 시작됐다. 그 동조 세력의 중심에 산죠 사네토미가 있었던 것이다. 사건의 개요는 다음과 같다.

---

21) 산죠 사네토미(三条実美) : 죠슈번의 후원을 등에 업고 조정의 실권을 장악했던 존왕양이파의 중심인물. '8월 18일의 정변'으로 실각하여 죠슈번 등으로 탈출하지만 이후 메이지 신정부에 등용, 고위관직을 맡았다.

#

1860년 3월 다이로(大老) 이이 나오스케가 사쿠라다문 밖에서 암살당하자 막부는 조정과의 관계회복을 위해 1862년 2월 고메이 천황의 여동생 카즈노미야를 쇼군 이에모치의 정실로 맞이하고, 대신에 양이 실행(수호통상조약을 파기하고 개방한 항구를 폐쇄함)을 약속했다.

천황의 칙서 없이 임의대로 미일수호통상조약을 맺었던 막부였다. 그런 막부는 양이 실행까지 7년에서 10년의 유예기간을 뒀다. 하지만 막부의 이런 속내는 시간벌기용이었다. 양이가 돌이킬 수 없다는 걸 천황이 인식하고 개국으로 전환하기를 기대했던 것이다.

그런데 여기에 반발 세력이 있었다. 죠슈번이었다. "10년을 기다릴 수 없으니 당장 양이를 실행하라"는 주장이었다. 죠슈번은 막부의 즉각적인 양이 실행을 압박하기 위해 칙사 파견을 결정했다. 1862년 12월에 칙사를 대면한 쇼군 이에모치는 양이 실행을 약속하고 구체적인 사항은 다음해 교토에 상경해서 협의하기로 했다.

#

마침내 1863년 3월, 쇼군 도쿠가와 이에모치가 3천 명의 병사를 인솔하여 교토에 도착했다. 쇼군의 교토 입성은 3대 쇼군 도쿠가와 이에미츠(德川家光) 이래 229년 만의 사건이었다. 구체적으로 3월 11일, 양이 실행의 성공을 기원하는 고메이 천황의 카모신사 참배에 쇼군 이에모치와 다이묘들이 도보로 수행했다. 에도시대의 천황은 쇼군의 위에 있었지만, 실제로는 막부의 지배를 받고 있었다. 그 관계가 역전된 것을 가시화하고 양이 실행을 기원하는 천황에게 쇼군이 따르는 모습을 천하에 드러내 보였다.

양이 실행의 기한을 두고 압력을 받던 이에모치는 마침내 5월 10일 양이 결행을 약속했다. 막부는 양이 실행방안으로 우선 요코하마 쇄항(横浜鎮港) 교섭을 시작하기로 하고 모든 번에게 외국 함선에 대한 공격을 금지시켰다. 하지만 죠슈번이 말썽을 일으켰다. 5월 10일이 되자 관문해협(関門海峡)의 미국 상선에 통고도 없이 포격을 가했던 것이다. 이어서 23일에는 프랑스 함선을, 26일에는 네덜란드 함선에 포격을 가했다. 하지만 다른 번들은 전혀 움직일 기미를 보이지 않았다. 6월 들어 죠슈번이 미국과 프랑스로부터 보복 공격을 받는데도 인근의 다른 번들은 방관만할 뿐, 죠슈번을 돕는 움직임은 없었다. 한마디로 동상이몽이었다.

#

그 후 양이 결행을 약속한 쇼군 이에모치도 6월이 되자 교토를 떠나 에도로 돌아가 버렸다. 그러자 죠슈번은 '낙동강 오리알' 신세가 됐다. 막부는 당초 양이 결행을 약속했을 때부터 요코하마를 쇄항하는 온건한 양이 방침을 제시했고, 여기에 모든 번들이 동조했다.

반면 죠슈번은 천황이 먼저 나서고, 일본 전국이 양이전쟁으로 하나가 되어야 한다고 생각했다. 그러나 고메이 천황은 양이 사상을 가지고는 있었지만, 폭주하는 죠슈번과 그에 동조하는 조정의 공경들과는 다른 생각을 가지고 있었다. 이런 이유로 천황은 '죠슈번과 가까이 지내는 공경 산조 사네토미를 배제하라'는 비밀 칙명을 사쯔마번에 내려 보냈다. 하지만 사쯔마번의 시마즈 히사미츠는 아직 때가 무르익지 않았다고 판단해 교토로 상경하지 않았다.

마침내 죠슈번은 8월 13일 계책을 꾸민다. 죠슈번은 천황이 진무 천황능을 참배한 후에 양이전쟁을 선포하도록 공작을 폈다. 상황이 급박해지자 교토 사쯔마 저택의 다카사키 마사카제(高崎正風)는 사쯔마번의 출병을 기다리지 않고 아이즈번(会津藩)에 죠슈번을 쓰러뜨리기 위한 협조를 구했다. 사쯔마와 아이즈번은 동맹을 맺고 죠슈번을 이끌고 있는 급진 양이파를 저지하기 위한 실행을 기획했다.

\#

닷새 뒤인 8월 18일 새벽 사쯔마번 외에 아이즈(会津), 비젠(備前, 현재의 오카야마), 아와(阿波, 현재 도쿠시마지역), 요네자와(米沢, 현재 야마가타), 요도(淀) 등의 여러 번의 병사들이 고쇼(御所 : 천황의 거처)의 9개 문을 봉쇄해 버렸다. 그러면서 산조 사네토미 등 급진 양이파 공경들의 외출이 금지되고 조정의 보직 일부가 폐지됐다. 또, 죠슈번에 대해서는 황궁 경비 임무를 배제하고 교토로부터 퇴거 권고를 결정했다. 이를 '8월 18일의 정변'이라고도 부른다.

정변 다음날, 실각한 산조 사네토미는 후퇴하는 죠슈번의 군사 1천 명과 함께 죠슈번으로 내려갔다. '8월 18일의 정변'으로 교토에서 활동 거점을 완전히 잃은 죠슈번은 권력 회복을 위한 기회를 엿보고 있었다. 설상가상, 교토 이케다야에서 죠슈번의 존왕양이파 지사들이 신센구미(新選組)에게 습격당하는 이케다야(池田屋) 사건까지 일어나고 말았다. 이를 빌미로 죠슈번은 다음해 7월, 교토에 군사를 이끌고 진군하여 황궁의 하마구리문 주변에서 '금문의 변'(禁門の変)[22]을 일으켰다.

4) 1863년 12월 참예회의(参預会議)

'8월 18일의 정변' 이후 실권을 쥐고 있던 산조 사네토미가 실각하고 공무합체파들이 세력을 잡았다. 이로써 조정에 의해 임명된 소수 유력 다이묘로 구성된 합의제 회의, 즉 참예회의(参預會議)가 성립되었다.

조정은 '8월 18일 정변'으로 과격 양이파를 몰아내는 데는 성공했지만 정국을 주도할 능력이 없었고 인재도 부족했다. 그래서 혼미한 정국의 안정을 꾀하기 위해 에도에 있던 도쿠가와 요시노부(徳川慶喜)를 비롯해 사쯔마의 시마즈 히사미츠(島津久光) 등 몇몇 웅번들을 교토로 불러 올렸다. 이는 시마즈 히사미츠의 주도로 이뤄졌다. 그전부터 웅번연합에 의한 공무합체를 주창하던 시마즈 히사미츠는 '쇼군을 교토로 상경시켜 유력 제후들의 합의에 의한 자문기관을 설치하자'고 제안했다. 12월 5일 요시노부의 숙소에서 참예회의의 기본방침이 결정됐다.

---

22) 금문의 변(禁門の変) : 일본 교토에서 죠슈번의 무사들이 일으킨 변란으로, 아이즈번, 사쯔마번 병력들과 충돌했다. 하마구리고몬 사건 또는 금문의 변이라고 부른다(4장 중요사건 참고).

그 결과 1863년 12월 그믐날 교토에서 ·도쿠가와 요시노부 ·마쯔다이라 가타모리 ·마쯔다이라 요시나가 ·야마우치 토요시게 ·다테 무네나리 등 5명이 참예(参預)로 임명되었고, 이듬해 정월 시마즈 히사미츠도 구성원으로 추가됐다. 곧이어 쇼군 도쿠가와 이에모치(德川家茂)도 교토에 도착해 우대신에 임명됐다.

#

참예들은 자주 모임을 갖고 크고 작은 국정 문제를 논의했다. 하지만 교토에서 추방된 산조 사네토미 등을 받아준 죠슈번의 처분과 요코하마 쇄항(横浜鎖港)의 가부를 둘러싸고 참예제후들과 조정 공경들의 의견이 대립했다. 아울러 열성적인 양이론자인 고메이 천황 탓에 참예회의에서는 수호통상조약의 파기, 해외 무역을 허가한 여러 항구의 폐쇄(쇄항)도 의제로 다뤄졌다. 그러나 참예제후들은 본래 개국 의견이 강했고 애초 양이는 불가능하다는 것을 인식하고 있었기 때문에 쇄항에는 반대했다. 이 시기에는 일부 양이파를 제외하면 여러 나라와의 조약 파기는 비현실적으로 간주됐다.

급기야 1864년 2월 개최된 회의에서 요시노부와 히사미츠가 격렬하게 충돌하자 마쯔다이라 요시나가는 사의를 표명했고, 야마우치 토요시게마저 사직하고 돌아가 버렸다. 국정의 실질적인 주도권을 놓고 이에모치, 요시노부의 막부 세력과 요시나가, 히사미츠, 무네나리의 웅번 세력의 대립이 격화되면서 그해 3월 참예 전원이 사임했고 천황의 승낙을 얻어 해체됐다. 참예회의는 이렇게 의견 불일치로 4개월 만에 중지하고 말았다.

5) 1865년 사쯔마 스튜던트(薩摩 Student)

1863년 사쯔에이전쟁을 계기로 사쯔마번에서는 해외를 통한 인재양성의 기운이 높아졌다. 사쯔에이전쟁에서 영국군에 포로가 된 고다이 도모아쯔(五代友厚)는 이듬해인 1864년에 유럽으로의 유학생 파견을 상신했다. 사쯔마번 양식학교인 개성소에서 선발된 학생들은 고다이 도모아츠 등 인솔자와 함께 1865년 1월 18일에 가고시마성을 출발했다. 현재의 가고시마현 이치키구시키노시 하시마의 항구에서 타고 갈 배가 지연되어 2개월 정도 대기했다. 3월 22일, 토마스 글로버 소유의 오스타라이엔호를 타고 밀항 출국했다.

큐슈신칸센의 종점인 가고시마 중앙역에 도착하면 '젊은 사쯔마의 군상'이라는 조형물이 제일 먼저 눈에 들어온다. 가고시마 중앙역 동쪽 출구에 서 있는 이 조형물은 사쯔마번(薩摩藩, 가고시마의 옛 지명)이 1865년에 영국에 파견한 유학생을 기념하여 조성한 것이다.

기념비의 하부에 새겨져 있는 유래를 읽어 보면 사쯔마 사람들의 이들에 대한 존경과 애정을 엿볼 수 있다. 전문을 소개하면 다음과 같다.

〈기념비의 유래〉

1863년 사쯔마번은 영국과의 전쟁으로 유럽문화의 위대함을 알게 되어 전 번주 시마즈 나리아키라의 유지를 받들어 영국에 니이노 히사노부(新納久修) 이하 유학생과 외교사절단을 파견하였다. 당시 막부는 일본인의 해외 출국을 금지하고 있었기 때문에 코시키지마(甑島)에 출장을 간다는 핑계를 대고 전원이 가명을 사용했다. 일행은 1865년 4월 17일(양력) 쿠시키노(串木野) 하

시마항(羽島港)을 출발하여 도중에
놀라운 광경을 목도하면서 66일째
인 6월 21일 런던에 도착하여 런던
대학에서 유학하였다.

유학생과 함께 출국한 니이노 히
사노부(新納久修), 고다이 도모아
쯔(五代友厚) 등은 영국에서 방적
기계를 도입해서 1867년 5월 가고
시마시 이소(磯)지역에 일본 최초
의 기계방적공장인 가고시마방적

젊은 사쯔마의 군상

소를 건설했다. 기계의 설치와 조업지도를 위해 일본에 온 영국인 기사들의
숙소가 이소(磯)에 현존하는 이인관(異人館)이다. 더욱이 마쯔키 코우안(松木
弘安)은 과거에 2년간 영국에서 체재(滯在)한 경험을 활용하여 영국의 외무
당국에 대하여 천황을 중심으로 통일국가 일본을 만들 필요성을 역설하여 영
국당국의 이해를 얻어냈다. 이후 영국의 대일방침은 일변, 프랑스가 막부를
지원하는 데 반하여 영국은 막부 타도파를 지원하게끔 되어 막부 타도 운동
의 진전에 중대한 영향을 끼쳤다. 또 사쯔마번이 1867년에 파리만국박람회
에 막부와 대등한 입장에서 출품하게 된 것도 그들의 노력의 결과이다.

일본 국내에서는 삿쵸동맹(薩長同盟)의 성립 이후 막부와 막부 타도파 간의 대립이 격화되어 국내 정국은 크게 요동쳤지만, 막부 타도파의 정점에 있던 사쯔마 당국은 파견단으로부터 유럽의 정보에 대해 큰 도움을 얻어 정세를 유리하게 전개하였다. 유학생은 그 후 대부분이 미국과 프랑스로 건너가 유학생활을 계속하고 귀국 후에는 메이지 정부에 진출하여 유학의 성과를 크게 발휘했다.

　사메시마 나오노부(鮫島尚信), 요시다 키요나리(吉田清成), 나카무라 하쿠아이(中村博愛)는 다 같이 공사가 되어 외교계에서 활약하고, 다나카 모리아키(田中盛明)는 이쿠노은광 개발에 진력하고, 하타케야마 요시나리(畠山義成)는 동경개성학교 교장(현재의 도쿄대학), 모리 아리노리(森有礼)는 초대 문교부장관이 되어 일본 문교부의 발전에 힘을 쏟았다. 마츠무라는 미국의 해군학교를 졸업하고 일본 해군 건설에 힘을 쏟아 해군 중장이 되었다. 유학 당시 13세의 최연소인 나가사와(長沢鼎)는 생애를 아메리카에서 보냈는데 광대한 포도농장을 경영하며 포도주 제조의 새로운 분야를 개척하여 '포도왕'이라고 불리었다.

　또 사절단의 니이노히사노부는 뒤에 사법관이 되었고, 마치다히사나리는 내무성에 진출하였다. 고다이 도모아츠는 오사카상공회의소를 설립하여 초대회장에 취임했으며, 마쯔키 코우안은 외무부장관이 되어 활약하였다. 이와 같이 사쯔마 당국의 용기 있는 결단과 젊은 사쯔마 청년들의 적극적인 열의가 일본의 역사를 크게 전환시켜, 신생 일본을 건설하는 원동력이 되었다.

3. 주요 인물

• 시마즈 나리아키라(島津斉彬)

생몰연도 : 1809~1858년

출신 : 사쯔마번의 번주 집안

직업 : 사쯔마번주

사망 원인 : 병사

사망 당시 나이 : 49세

사쯔마의 시마즈 가문은 규모와 세력 면에서 웅번(雄藩)이었다. 1600년 세키가하라 전
투에서 도쿠가와 이에야스의 반대편에 섰다가 곤욕을 치르기도 했지만 막부 시절 동안 웅
번의 면모를 잃지 않았다. 그러던 중 11대 번주 시마즈 나리아키라 집권기에 이르러 대대
적인 부국강병을 이루었다. 사이고 다카모리 같은 인재를 발탁한 것도 나리아키라였다.
시마즈 나리아키라는 지금도 가고시마현에서는 명군으로 평가받고 있다.

#

시마즈 나리아키라는 1809년 3월 제10대 번주 시마즈 나리오키(島津斉興)
의 맏아들로 에도의 사쯔마번 저택에서 태어났다. 소년기의 나리아키라는 증조할아버지 시마즈 시게히데(島津重豪)로부터 큰 영향을 받으며 성장했다. 시게히데는 네덜란드어를 구사했는데 '난벽박사'(蘭癖博士 : 네덜란드 문물에 빠져 있는 사람)라고 불릴 정도로 네덜란드의 학문이나 기술을 잘 아는 인물이었다. 상당히 영리했던 나리아키라는 증조부 시게히데로부터 재능을 인정받아 고작 4세 때 상속자로 지명을 받았다. 이후 나리아키라도 서서히 난학(蘭学)에 관심을 가지게 됐다. 하지만 이는 훗날 사쓰마가 둘로 갈라지는 분열의 씨앗이 됐다.

어떻게 된 일인지 4세에 일찌감치 상속자가 되고도 나리아키라는 40세가 될 때까지 번주에 취임하지 못했다. 이유는 이랬다. '번주가 되면 할아버지 시게히데처럼 공금을 물 쓰듯이 사용해 번의 재정을 곤궁에 빠뜨릴 것'이라고 우려하는 사람들이 많았던 탓이다.

급기야 권력 암투도 터져 나왔다. 아버지의 측실인 오유라의 아들인 히사미츠를 차기 번주로 옹립하려는 움직임이 일어나자 나리아키라 지지 세력은 오유라와 히사미츠를 살해하려는 계획을 세운다. 하지만 이 계획은 사전에 누설돼 주모자는 할복하고 연좌된 사람들은 섬으로 유배를 가게 된다. 다행히 인연이 깊은 막부의 로쥬(老中) 아베 마사히로(阿部正弘)가 사태를 수습해 주었다. 그 덕에 나리아키라는 1851년 2월, 마침내 번주로 취임했다. 당시 마흔 둘이었다.

\#

번주에 취임하자마자 나리아키라는 가장 먼저 부국강병으로 눈을 돌렸다. 아시아 최초의 근대 양식 산업인 집성관사업(集成館事業)을 시작한 것이다. 집성관사업을 통해 서양식 조선술 등을 포함한 다양한 기술을 습득했다. 특히 존 만지로의 서양식 조선술을 도입, 관리들이 터득하도록 했다. 이외에 •소총 제조 •제철을 위한 용광로 건설 •대포 제조를 위한 반사로(反射炉, 용광로의 일종) 설치 •가스등 제조 •사쯔마 기리코(薩摩切子 : 유리 제조) 사업 등을 펼쳐 나갔다.

취임 3년 후엔 서양식 범선 '이로하마루'를 건조했고, 배의 돛으로 사용할 천을 만들기 위해 면방적 사업도 전개했다. 또 다른 배 호우오우마루(鳳凰丸)에 이어 일본에서 두 번째로 만들어진 서양식 군함 '쇼헤이마루'를 건조하기도 했다. 쇼헤이마루는 완성된 후 막부에 헌상되는데, 이때 일본에서 처음으로 '히노마루'라는 일본의 국기가 게양됐다. 훗날 쇼헤이마루는 칸린마루(咸臨丸)와 함께 북해도 개척의 수송선으로 활용됐다.

나리아키라는 흑선내항 이후에는 당시의 최신 기술인 증기기관에 흥미를 가졌다. 네덜란드의 기술서와 막부에 처음으로 기증된 간코우마루(観光丸)호를 바탕으로 증기기관선 '운코우마루'(雲行丸)를 독학으로 완성했다. 이 배는 순수하게 일본의 힘으로 만들어진 '첫 일식 양식 절충' 증기기관선이었다.

나리아키라의 힘은 인재 발굴에서도 빛났다. 메이지 유신에서 크게 활약한 사이고 다카모리(西郷隆盛)와 오쿠보 토시미치(大久保利通)[23] 등의 인재를 등용했다. 준비된 등용이었다. 나리아키라는 어느 날 번의 정치 방향에 대해 자문을 구하는 포고를 냈다. 유용한 인재를 찾아내 육성하기 위한 포고였는데, 이때 사이고 다카모리가 제출한 의견서가 나리아키라의 눈에 띄었다. 단박에 재능을 알아 본 그는 사이고를 에도로 데려갔다.

또 다른 인재 오쿠보 토시미치는 어떻게 등용됐을까. 그는 '오유라 소동'(お由羅騒動 : 사쯔마번주 후계 다툼)에 연루되어 아버지와 함께 근신처분을 받으며 매우 가난한 삶을 살고 있었다. 나리아키라는 번주가 되자마자 그런 오쿠보 집안의 근신처분을 풀어주고, 오쿠보를 사이고와 함께 부하로 임명했다. 페리 제독의 흑선내항으로 어수선한 그 시기, 조정은 지방의 다이묘들을 에도로 불러올려 개국에 관한 의견을 요청했다. 나리아키라는 젊은 인재 사이고 다카모리와 오쿠보 도시미치를 통해 아이디어를 얻을 수 있었다.

#

나리아키라의 말년은 쇼군 승계를 둘러싼 대혼란기였다. 당시 막부는 개국을 요구하는 여러 나라로부터 궁지에 몰려 있었다. 이에 막부의 로쥬(老中)

---

23) 오쿠보 도시미치(大久保利通) : 사쯔마 출신인 사이고 다카모리(西郷隆盛), 죠슈번 출신인 기도 다카요시(木戸孝允)와 함께 유신 3걸로 불린다. 메이지 신정부에서 내무경을 지냈다(9장 주요 인물 참고).

아베 마사히로(阿部正弘)는 개국에 대한 대응책을 나리아키라에게 부탁했다. 그 와중에 아베 마사히로가 사망하고 나리아키라는 차기 쇼군 승계문제로 아베 마사히로의 후임인 이이 나오스케(井伊直弼)와 대립했다.

13대 쇼군 도쿠가와 이에사다는(德川家定)는 병약했다. 따라서 죽기 전에 다음 후계자를 결정해야 했다. 나리아키라도 이런 쇼군 승계 다툼에 깊숙이 관여했다. 그는 히도츠바시 요시노부(一橋慶喜)를 제14대 쇼군으로 옹립하려 했다. 수양딸 아쯔히메를 시집보내 이를 관철시키려 했지만 뜻대로 되지 않았다. 대립하고 있던 이이 나오스케가 도쿠가와 요시토미(德川慶福)를 쇼군으로 추천하면서다. 이 과정에서 이이 나오스케는 나리아키라 등 히도츠바시파를 '안세이의 대옥'으로 탄압했다.

쇼군 승계 다툼에서 나리아키라가 패하면서 도쿠가와 요시토미(德川慶福, 후의 이에모치)가 제14대 쇼군에 올랐다. 이에 반발한 나리아키라는 항의의 표시로 5천 명의 사쯔마번 무사를 이끌고 상경할 계획을 세웠다. 하지만 준비 단계에서 급사(49세)하여 실행에 옮기지는 못했다.

아무 뜻도 없는 곳에서, 우물쭈물 하루를 보내는 것은 참으로 큰 바보다.

(何の志も無きところに、ぐずぐずして日を送るは、実に大馬鹿者なり。)

一사카모토 료마(坂本龍馬)

4장

료마가 간다(竜馬がゆく) : 태어난 날과 죽은 날이 같은 사내

－ 제6화 1968년 방송 －

2003년 11월 15일, 고치현(옛 도사번)의 관문인 고치공항은 이례적으로 간판을 바꿔 달았다. 고치료마공항(高知龍馬空港)으로 명칭을 바꾼 것이다. 공항 명에 들어간 료마는 고치현 출신으로 메이지 유신의 길을 연 풍운아 사카모토 료마(坂本龍馬(1836~1867))를 말한다. 공항에 사람 이름이 붙은 것은 일본 최초의 사례다.

사카모토 료마는 일본인들이 '역사상 가장 존경하는 인물' 중 하나로 꼽는 이다. 원수지간이던 사쯔마번과 죠슈번이 손을 잡는 삿쵸동맹을 주선한 사람이 사카모토 료마였다. 삿쵸동맹은 막부가 막을 내리는 단초가 된 사건이었다. 삿쵸동맹을 주선한 대가는 혹독했다. 사카모토 료마는 막부 세력에 의해 암살당하고 말았다.

　그런데 고치공항은 왜 11월 15일이라는 특정한 날에 공항 명칭을 바꾼 걸까. 여기엔 특별한 이유가 있다. 사카모토 료마의 태어난 날과 죽은 날이 공교롭게 모두 11월 15일(음력)이었다. 그날을 기념하고, 료마의 고향이라는 점을 알리기 위해 고치공항은 과감하게 명칭을 변경한 것이다.

　사카모토 료마가 일본 국민들에게 본격적으로 알려지기 시작한 것은 1968년 〈NHK〉에서 대하드라마 '료마가 간다'(竜馬がゆく)를 방송하면서다. 1968년은 메이지 유신 100년을 맞는 해였다. 〈NHK〉가 그해에 사카모토 료마의 삶을 드라마로 내보낸 건 그가 메이지 유신에서 차지하는 비중이 그만큼 컸기 때문이다. '료마가 간다'는 역사 소설가 시바 료타로(司馬遼太郎)[24]가 1963~1966년 발표한 동명의 장편소설(전 5권)이 원작이다. 이 소설은 "료마라는 인물에 대한 이미지를 결정적으로 구축했다"는 평을 듣고 있다.

　1968년은 일본에겐 의미가 큰 해였다. 전후 부흥을 상징하는 도쿄올림픽(1964년)과 과학기술을 대내외적으로 과시한 오사카만국박람회(1970년)의 중간에 위치한 중요한 시점이었다. 그해 일본 전역에서는 메이지 유신 100년을 기념하는 다양한 이벤트가 열렸다. 당시의 건설부(현 국토교통성)는 전년

---

24) 시바 료타로(司馬遼太郎) : 오사카 태생의 역사 소설가. 시바료타로(司馬遼太郎)는 필명이다. 《사기(史記)》를 쓴 중국의 역사가 사마천(司馬遷)을 존경해서 본명(福田定一)을 버리고 시바료타로라는 이름을 택했다.

6월, 전국 10개 지역에 '메이지백년기념 삼림공원'을 선정했다. 그 중에 9곳은 해당 지역의 지명이 공원의 이름으로 사용되었는데, 야마구치현(山口県 : 죠슈번)만은 달랐다.

'메이지 유신 태동의 땅'이라고 자칭하는 야마구치현은 '유신백년기념공원'(維新百年記念公園)으로 이름을 정했다. 야마구치현이 메이지 유신을 그만큼 비중 있게 생각한다는 반증이다. 일본의 연호가 메이지로 바뀐 날인 10월 23일 사토 에이사쿠 내각은 도쿄의 무도관(武道館)에서 정부 주최로 대대적인 '메이지백년 기념식' 행사를 열기도 했다. 사토 에이사쿠 전 총리는 아베 총리의 '작은 외할아버지'다.

1. 줄거리

때는 1853년 3월. 고향 도사번(지금의 고치현)을 떠난 사카모토 료마는 에도의 삼대 도장 중 하나인 북진일도류(北辰一刀流)의 치바도장(千葉道場)에 입문한다. 이는 도사번에서 손꼽히는 거상 집안이기에 가능했다. 료마가 원하던 에도 유학이 이뤄진 데는 누나인 오토메(乙女)의 도움이 컸다. 오토메는 어려서 엄마를 잃은 료마에게 그 자리를 대신해 주었고 검술과 말 타는 법도 가르쳐 주었다. 료마는 도사에서 에도까지 300리의 긴 여행에 나선다. 이 여행 도중 료마는 인생에서 깊은 인연을 맺게 되는 세 사람을 만나게 된다.

한 사람은 도사번에서 가로직(家老職)을 맡고 있는 후쿠오카 집안의 딸인 오다쓰루이다. 그녀는 신분의 차이를 넘어 료마를 사랑한다. 두 번째는 원래 도둑이었던 후지베에(藤兵衛). 그는 마음을 고쳐먹고 료마의 부하가 되고, 특기를 살려 료마를 위해 첩보 활동을 한다. 세 번째는 교토의 식당 이케다야(池田屋)의 여주인장 오토세. 잔정이 많은 그녀는 여러모로 료마를 보살펴 준다.

에도에 도착한 료마는 치바도장에 입문하고 검술 실력은 날로 늘어간다. 마침내 북진일도류의 최고위 자격을 얻어 오케마치(桶町) 치바도장의 사범이 된다. 료마가 검술 수업을 받던 1853년은 미국 페리 제독이 에도만의 우라가 항에 내항하여 막부에 개국을 강요하던 때다. 일본은 양이(攘夷)와 개국으로 국론이 양분되어 큰 소동이 벌어진다. 이즈음 료마에게 가장 큰 영향을 미치고 있던 사람은 같은 도사번 출신의 다케치 한페이타(武市半平太)였다. 도사로 돌아간 료마는 다케치가 결성한 도사근왕당(土佐勤王党)[25]에 가담한다.

료마는 유신 지사로 활약하기 위해 탈번을 결심하지만 형 곤페에(権平)는 이를 허락하지 않는다. 당시 탈번은 큰 죄에 해당됐다. 형은 그 영향이 가족에게까지 미칠까 싶어서 우려했다. 료마가 탈번을 생각하게 된 계기는 도사근왕당의 동지인 요시무라 토라타로(吉村虎太郎)의 권유에서 비롯됐다. 각지를 여행하며 정세를 살피던 요시무라는 사쓰마의 시마즈 히사미츠(島津久

---

25) 도사근왕당(土佐勤王党) : 도사번의 거물인 다케치 한페이타(武市半平太)가 일번근왕(一藩勤王)을 기치로 내걸고 존왕양이를 추종하는 하급무사들을 결집하여 만든 조직. 에도에서 다케치 한페이타가 도사근왕당을 조직하고 도사로 돌아왔을 때 가장 먼저 참가한 이가 사카모토 료마였다고 한다.

光)가 대군을 이끌고 교토로 올라가려고 하는 움직임을 알게 되었고, 지금이야말로 근왕도막(勤王討幕 : 막부를 토벌하고 천황을 국가의 중심에 세움)의 깃발을 올릴 때라고 믿었다.

료마는 누나인 오토메와 상의해 삶의 방향을 잡으려 한다. 망설이는 료마에게 오토메는 의연하게 탈번을 권유한다. 오토메는 "탈번한 후에 편지의 수신처는 내 친정으로 적으라"고 료마에게 말한다. 그녀는 시댁 식구들에게 폐를 끼치지 않기 위해 이혼할 각오까지 하고 있었다.

한편 형 곤페에는 료마가 탈번하기 위해 집안의 명검을 탐낼 것으로 짐작하고 명검을 곳간 속에 숨긴다. 료마에겐 또 다른 누나 에이(栄)가 있었는데, 아이가 생기지 않는다는 이유로 이혼을 당하고 본가에 돌아와 있었다. 에이는 이혼당할 때 남편과의 추억거리로 받아온 명검을 료마에게 건네준다. 마침내 료마는 꽃구경을 가장해 탈번을 단행한다. 그 후 료마는 사쯔마번과 죠슈번의 동맹을 중개하는 등 유신 지사(志士)로서 크게 활약하게 된다.

2. 중요사건

1) 1864년 금문의 변(禁門の変 또는 하마구리고몬의 변 : 蛤御門の変)

'8월 18일의 정변'으로 죠슈번은 교토에서의 정치적 주도권을 잃고 궁지에 몰렸는데, 그 타개책이 필요했다. 이런 상황에서 일어난 것이 하마구리고몬의 변(또는 금문의 변)이다. 겐지 원년(1864년) 7월 19일, 천황의 거처가 있는 교토고쇼(京都御所)에서 존왕양이파인 죠슈번과 공무합체파인 사쯔마번, 아이즈번 연합세력이 충돌했다. 죠슈번이 군대를 이끌고 교토의 황궁으로 쳐들어 간 것이다. 황궁에 발포한 죄로 죠슈번은 조정의 역적이 되는 사태를 맞았다.

당시 죠슈번에서는 '교토로 올라가 무력으로 번주의 무죄를 호소하자'는 진발론(進発論)이 대두되고 있었다. 하지만 현실은 녹록치 않았다. 다카스기 신사쿠(高杉晋作)와 가츠라 고고로(桂小五郎, 훗날 기도 다카요시), 구사카 겐즈이 등은 신중한 자세를 취해야 한다고 주장했다. 신중론에 무게를 둔 죠슈번은 군사 파견을 연기하고 강경파인 기지마 마타베에(来島又兵衛)를 시찰 명목으로 교토에 보냈다.

1864년 7월 금문의 변

교토의 상황은 어땠을까. 공무합체파의 참예회의(参預会議 : 합의제 정치제도)가 합의를 보지 못하면서 대부분의 번주들은 교토를 떠났다. 정치적 공백이 생긴 것이다. 이를 틈타 시내에 불을 질러 교토수호직인 마쓰다이라 가타모리(松平容保)를 암살하고, 고메이 천황을 죠슈번으로 옮겨 온다는 양이파 지사들의 계획이 모의됐다. 하지만 이를 미리 알아차린 신센구미(新撰組)는 양이파 무사들이 모여 있던 이케다야(池田屋)를 습격, 9명을 살해하고 4명을 체포했다. 계속되는 검거 활동으로 20여 명의 양이파 지사들이 체포됐다(이케다야 사건).

이 소식을 들은 죠슈번에서는 '진발론'을 주장한 강경파가 힘을 얻었다. 이들은 '천황에 번주의 사면을 호소한다'는 명목으로 거병을 결의했다(6월 5일). 후쿠하라 에치고(福原越後), 마스다 치카노부(益田親施), 쿠니시 치카스케(国司親相) 등 세 명의 가로(家老)가 인솔하는 군대가 교토로 향했다. 부대는 야마자키텐노산(山崎天王山), 텐류사(天龍寺), 후시미죠슈번저(伏見長州屋敷)에 집결해 궁성을 멀리서 포위했다. 이어 죠슈번의 구사카 겐즈이는 명예회복 탄원서를 조정에 제출하고 죠슈 군대의 교토 입성을 요청했다. 하지만 거절당하고 퇴거명령을 받았다(6월 24일). 오히려 고메이 천황은 일관되게 아이즈번을 옹호하고 죠슈번 토벌을 명했다.

구사카 겐즈이는 당초 퇴거명령에 따르려고 했지만, 기지마 마타베(来島又兵衛) 등 항전파에 밀려 마침내 칼을 들었다. 궁성 서쪽에 있는 하마구리고몬

부근에서 죠슈번과 아이즈, 구와나번 병사가 격돌해 전투가 발발했고 죠슈번의 군대는 궁성 내로 돌입했다. 그런데 사쯔마번의 군사들이 원군으로 달려오면서 전세는 단번에 역전됐다. 저격을 당해 총상을 입은 기지마 마타베는 자결했다. 얼마 지나지 않아 구사카 겐즈이도 현장에서 자결했다. 아이즈번과 구와나번, 두 번의 군대와 죠슈군이 최초로 충돌한 곳이 하마구리고몬(蛤御門)이었기 때문에 '하마구리고몬의 변' 또는 '금문의 변'(禁門の変)이라고 불린다. 1864년 7월 19일의 일이다.

2) 1864년 4개국 함대 시모노세키 포격사건

죠슈번은 1863년 5월 10일 양이를 실행하여 미국, 프랑스, 네덜란드의 선박을 포격했다. 1864년 8월, 이에 대한 보복으로 영국, 미국, 프랑스, 네덜란드의 4개국 연합함대가 시모노세키를 포격했다. 관문해협통행의 안전을 확보하기 위해 육전대를 상륙시켜 시모노세키 포대를 점령했다. 이후 죠슈번은 양이의 불가함을 깨닫게 된다.

고메이 천황의 강력한 요망에 따라 쇼군 도쿠가와 이에모치는 1863년 5월 10일을 기해 양이의 실행을 하겠다고 약속해 버린다. 5월 10일이 되자 죠슈번은 칸몬해협을 봉쇄하고 항행중인 미국·프랑스·네덜란드 함선에 대해 무통고 포격을 가했다. 약 보름 후에는 미국·프랑스 군함이 칸몬해협 내에 정박 중인 죠슈번 군함을 포격하여 죠슈 해군에 괴멸적인 타격을 입혔다. 그러나 죠슈는 포대를 복원한 뒤 건너편 고쿠라번 일부도 점령해 새로운 포대를 마련하고 해협 봉쇄를 계속했다.

겐지 원년(1864년) 7월, 전년부터의 해협 봉쇄로 막대한 경제적인 손실을 입은 영국은 죠슈에 대해 징계적 보복 조치를 취할 것을 결정한다. 프랑스, 네덜란드, 미국의 3개국에도 참여를 요청하여 도합 17척으로 연합함대를 편성했다. 연합함대는 8월 5일부터 8월 7일에 걸쳐 시모노세키시 중심부와 히코시마의 포대를 철저하게 포격한 후 각국의 육전대가 점거하고 파괴했다.

전후, 죠슈번은 막부의 명에 따랐을 뿐이라고 주장하여 4개국에 대한 손해배상 책임은 도쿠가와 막부가 지게 되었다.

칸몬해협의 포대가 연합함대에 의해 무력화되어 버린 죠슈번은 이후 열강에 대한 무력 양이를 포기하고, 해외에서 신지식과 기술을 적극 도입하여 군비군제를 근대화한다.

당시 영국에 유학 중이던 죠슈번사 이토 히로부미와 이노우에 가오루는 4개국에 의한 시모노세키 공격이 임박했다는 소식을 듣고 전쟁을 멈추게 하기 위해 서둘러 귀국길에 올랐다. 영국의 국력과 기계기술이 일본보다 훨씬 뛰어나다는 사실을 현지에서 알게 된 두 사람은 절대 이길 수 없다는 것을 실감하고 있었기 때문이다.

이토와 이노우에는 3개월이 걸려 겐지 원년 6월 10일(1864년 7월 13일) 요코하마에 도착했다. 올콕 영국대사를 면회하여 번주를 설득할 것을 약속했다. 올콕도 이를 양해하여 두 사람을 군함에 태우고 통역 어니스트 사토우를 동반해 죠슈번으로 돌려보냈다. 두 사람은 번청에 들어가 번주 모리 모토치카와 번의 수뇌부에 전쟁을 중지하도록 설득했다. 하지만 죠슈번 내에서 강경론이 꺾이지 않아 포격을 막아내지 못했다.

3) 1864년 제1차 죠슈 정벌

'금문의 변'으로 죠슈번은 또 한 번 위기를 맞았다. 조정은 금문의 변을 일으킨 책임을 묻기 위해 막부에 죠슈번을 정벌하라는 칙명을 내렸다. 1864년 7월 23일이다. 오와리번, 에치젠번 등 무려 35개 번 15만 명으로 정벌군이 편성됐다. 하지만 각 번들은 막부와는 달리 각자의 실익을 생각하고 있었다. 일부 번들은 막부가 죠슈 정벌을 계기로 다시 권위를 되찾아 자신들을 압박할 것이라고 우려했다. 또 다른 번들은 죠슈번을 공격하기보다는 항복을 받아서 현상유지만 하기를 바랐다.

정벌 명령은 내려졌다. 막부군 총독에는 오와리의 전 번주 도쿠가와 요시카츠(德川義勝)가, 부총독에는 에치젠 번주 마츠다이라 모찌아키(松平茂昭)가 임명됐다. 요시카츠는 처음엔 혼미한 정국에 발을 들여놓고 싶지 않아서 완강히 고사했다. 하지만 막부로부터 계속해서 요청을 받자 전권을 부여받는 조건으로 지휘권을 수락했다.

10월 22일 오사카에서 군사회의가 열렸고 11월 11일까지 각자의 공격지점에 집결, 1주일 후 공격을 개시하기로 결정했다. 각 번들의 공격 지점은 하기성이 아닌 번주인 모리 타카치카(毛利慶親)와 그 아들이 있는 야마구치로 정해졌다. 이때 사쯔마번에서는 사이고 다카모리(西鄕隆盛)가 유배에서 풀려나 정벌군에 참가하게 되었다. 사이고는 오사카성에서 군함부교(軍艦奉行)

가츠 카이슈(勝海舟)[26]를 만나 "번을 넘어서 국가 전체를 생각하지 않으면 서구열강에 대적할 수 없다"는 이야기를 들었다.

가츠의 이야기에 감명받은 사이고는 죠슈번과 싸우지 않고 정벌전을 끝내야 한다고 생각했다. 독자적으로 항복 교섭 계획을 수립한 사이고는 총독 요시카츠로부터 전권을 위임받고 참모로 지명됐다. 항복 제안을 받은 죠슈번은 이를 따르자는 공순파(恭順派, 또는 속론파)와 철저한 응전을 주장하는 정의파로 갈렸다. 두 파의 격론이 진행되는 도중 정의파인 이노우에 가오루가 습격을 받아 중상을 입게 된다. 공순파의 이런 공세에 밀려 죠슈번은 막부에 고개를 숙이기로 한다. 싸움 없이 일단 조정에 무릎을 꿇은 것이다.

죠슈번에 대한 처벌은 어떻게 내려졌을까. 사이고 다카모리 등은 죠슈번과의 협상장에서 •번주의 사과 •금문의 변에서 교토로 상경한 가로 3명의 할복 •산조 사네토미 등 공경들의 추방 •야마구치성의 파기를 항복조건으로 제시했다. 총독부의 항복조건이 너무 관대하다는 번들의 불만이 터져 나왔지만 사이고가 설득에 나섰다. 죠슈번은 정벌군의 항복안을 받아들이지 않을 수 없었다. 번의 존속이 우선이었기 때문이다. 죠슈군 정벌 칙명이 내려진 5개월 후인 12월 27일, 막부군 총독 요시카츠가 정벌군 해산을 명하면서 1차

---

26) 가츠 카이슈(勝海舟) : 막부 해군의 요직인 군함봉행을 역임한 인물로, 사카모토 료마에게 항해술과 근대사상을 전한 스승이기도 하다(8장 주인공 참고).

죠슈 정벌은 막을 내렸다.

4) 1866년 삿쵸동맹(薩長同盟)

1차 죠슈 정벌 전쟁으로 손발이 묶인 죠슈번은 고립무원의 상태에 빠졌다. 그러던 중 사카모토 료마로부터 제안이 들어왔다. 웅번 사쯔마번을 끌어들여 동맹을 맺어서 막부를 견제하자는 것이었다. 이른바 삿쵸동맹(薩長同盟). 사쯔마번과 죠슈번의 앞 글자를 따서 삿쵸동맹이라고 한다. 삿쵸동맹은 당사자인 사쯔마번과 죠슈번, 주선한 사카모토 료마(도 사번)의 합작품이라 할 수 있다. 삿쵸동맹 과정에는 메이지 유신 3걸이 모두 등장한다.

\#

막부 말기 웅번이자 라이벌 관계였던 사쯔마번과 죠슈번은 서로 다른 노선을 걷고 있었다. 사쯔마번은 공무합체(公武合体)의 입장에서 막부의 개국 노선을 지지하면서 막부 개혁을 추구하고 있었던 반면, 죠슈번은 급진적인 파약양이론(破約攘夷論)을 신봉하면서 반발적인 자세를 취했다.

사쯔마번은 죠슈번보다 힘의 우위에 있었다. '8월 18일의 정변'(1863년), '금문의 변'(1864년 7월 19일)으로 죠슈번을 교토에서 완전히 몰아냈다. 이후 사쯔마번에선 기본 방침인 공무합체(公武合体) 정책을 추진하려는 움직임이 강했다. 하지만 일시적으로 손을 잡은 아이즈번(会津藩), 구와나번(桑名藩) 그리고 히도츠바시 요시노부(一橋慶喜)가 막부를 중심으로 한 체제를 이어 가려고 했기 때문에 사쯔마번의 공무합체 정책은 전망이 불투명했다. 이런 상황을 타파하기 위해 사쯔마번의 사이고 다카모리와 오쿠보 도시미치(大

久保利通)를 중심으로 강경론이 점점 힘을 얻어 갔다.

#

한편 죠슈번은 '금문의 변' 이후 조정의 역적이 되면서 막부의 1차 죠슈 정벌에 이어 2차 죠슈 정벌 대상이 됐다. 그런 분위기가 감지되자 죠슈번으로선 손을 놓고 있을 수만은 없었다. 현실적으론 무기를 구입할 수 없는 처지에다 막부군에 대항할 수 있는 군비가 갖추어지지 않아 심각한 위기감을 느끼고 있던 상황이었다. 사쯔마와 죠슈 양 번은 각자가 놓인 상황에서 서로의 필요성에 공감했다. 후쿠오카번 양이파지사 가토 시쇼우(加藤司書)의 소개로 죠슈번의 다카스기 신사쿠와 사쯔마번의 사이고 다카모리가 회담을 가졌다. 영국 공사 해리 파크스가 중재를 하면서 양쪽 번은 서서히 사이가 가까워져 갔다.

원래 사쯔마번과 죠슈번, 도사번 등으로 구성된 웅번연합의 필요성을 느끼고 있던 사카모토 료마는 도사번을 탈번한 무사 나카오카 신타로(中岡慎太郎)와 함께 삿쵸동맹 체결을 목표로 활동을 시작했다. 이를 계기로 사이고 다카모리는 사카모토 료마로부터 강력한 권유를 받고 삿쵸동맹의 체결을 결행하게 된다. 삿쵸동맹에서 각자의 역할을 표로 살펴보면 다음과 같다.

이름	삿쵸동맹에서의 역할
사카모토 료마	사쯔마번과 죠슈번 간의 삿쵸동맹의 주선자
나카오카 신타로	사카모토 료마와 같은 번(도사번) 출신의 조력자
사이고 다카모리	사쯔마번의 협상 실무자
오쿠보 토시미치	사쯔마번의 막후 조력자
가츠라 고고로	죠슈번의 협상 실무자
고마츠 다테와키	사쯔마번 가로(家老), 협상 장소 제공

사이고 다카모리는 나카오카 신타로를 통해 시모노세키(下関)에서 가츠라 고고로(桂小五郎)와의 회담을 승낙했지만, 시모노세키로 향하는 도중에 오쿠보 도시미치로부터 교토의 정세가 불안하다는 소식을 듣고 시모노세키를 그냥 지나쳐 버린다. 이에 가츠라 고고로가 격분하여 회담이 결렬될 위기에 놓이게 된다. 하지만 가메야마샤츄에 의한 무기와 탄약 구입 등에 사쯔마번이 협력하면서 다시 교토에서의 회담이 성사됐다. 2차 회담 장소는 교토에 있는 사쯔마번 가로 고마츠 다테와키(小松帯刀)의 저택이었다.

#

죠슈번은 무기를 구입하는 데 명의를 빌려준 사쯔마번에게 죠슈의 풍부한 쌀을 수출하기로 계약을 맺었다. 군사적 동맹 이전에 경제적 우호라는 방책을 취한 것이다. 하지만 회담은 지지부진했다. 1866년 1월 8일 협상이 시작됐지만, 시모노세키에서 사카모토 료마가 상경한 1월 20일이 되어서도 동맹은 체결되지 않았다. 막부의 압박을 받고 있는 죠슈번의 가츠라 고고로가 사쯔마번에 머리를 숙여 동맹체결을 할 수 없다고 생각하고 있었기 때문이었다. 이를 눈치 챈 사카모토 료마는 사쯔마번이 먼저 동맹을 신청할 것을 사이고 다카모리에게 타진했다. 사이고 다카모리는 이를 승낙했다. 이어서 6개 조로 이루어진 삿쵸동맹 조문이 제안되었으며, 이를 가츠라 고고로가 받아들여 1866년 1월 21일 동맹이 최종적으로 성사됐다.

회담의 내용은 6가지 조항으로 되어 있는데, •죠슈에서 전쟁이 시작되었을 경우 사쯔마가 교토와 오사카에 출병하여 막부에 압력을 가할 것 •죠슈가 승리하면 사쯔마가 조정에 죠슈의 면죄를 청할 것 •죠슈가 열세에 놓이면 사쯔마가 지원해 줄 것 •전쟁이 끝나면 죠슈의 명예회복을 위해 힘쓸 것 등이다.

5) 1866년 제2차 죠슈 정벌

삿쵸동맹으로 죠슈번은 기사회생했다. 사쯔마번으로부터 최신식 무기를 도입할 수 있었기 때문이다. 막부가 다시 죠슈번을 제압하기 위해 군사를 일으켰지만 죠슈번은 이번엔 호락호락하지 않았다. 무엇보다 사쯔마번이 발을 빼면서 죠슈번 입장에서는 전쟁을 치르기가 훨씬 수월했다. 죠슈번은 신무기와 놀라운 책략으로 막부를 몰아붙였고 끝내 막부는 두 손을 들고 물러갔다. 제2차 죠슈 정벌의 진행 과정은 이러하다.

#

1864년의 제1차 죠슈 정벌이 죠슈의 항복으로 마무리되자 죠슈번의 양이파는 세력을 잃고 막부에 순종하는 속론파(俗論派 : 공순파)가 주류가 되었

1865년 서양식으로 무장한 막부군

다. 도막을 추진하던 세력들은 점점 배제되었고, 양이파의 리더였던 다카스기 신사쿠(高杉晉作)도 신변에 위협을 느끼고 후쿠오카의 히라오 산장에 피신해 있었다. 1864년 12월 때가 무르익었다고 판단한 다카스기는 시모노세키로 돌아와서 공산사 거병(功山寺 擧兵)을 일으켰다. 약 두 달간에 걸친 싸움 끝에 속론파를 몰아내고 양이파인 정의파(正義派)가 다시 번정(藩政)을 장악하게 되었다.

그럴 무렵 막부는 1차 죠슈 정벌의 항복조건이 너무 관대하다고 여기고 죠슈번주 모리 다카치카 부자를 에도로 보내라고 요구한다. 1865년 4월 '죠슈번이 이를 거부하면 쇼군이 직접 다시 죠슈 정벌에 나서겠다'고 모든 번에 전달했다. 하지만 여러 사정으로 전쟁 준비는 좀처럼 진전되지 않았다.

전쟁을 시작하기 전 막부 내에서도 죠슈번의 영지를 감봉하고 전쟁을 피하
자는 의견이 나왔지만 죠슈번은 이런 제안을 완강히 거부했다. 여러 번들도
죠슈 정벌이 그다지 내키지 않았지만 쇼군이 포고한 이상 되돌릴 수는 없었
다. 이러는 사이 사카모토 료마의 중재로 삿쵸동맹(薩長同盟)이 체결되었다.
동맹이 체결되자 죠슈번은 사쯔마번의 도움으로 최신식 무기를 다수 입수할
수 있었다.

\#

1866년 6월 마침내 제2차 죠슈 정벌이 시작됐다. 막부군은 숫자상으로는
죠슈번을 압도했지만 주력인 사쯔마번이 전쟁에 불참하면서 병사들의 사기
는 낮았다. 고전을 면치 못했다. 게다가 막부군의 장비는 구식 화승총에 창,
칼 그리고 무거운 갑옷을 입었다. 반면 죠슈군은 모두 가벼운 옷차림으로 손
엔 최신식 괴벨총을 들었다. 또 서양 전술로 훈련받았기 때문에 효율 좋은 전
투를 전개했다.

막부는 •관문해협(関門海峡) 근처의 고쿠라(小倉) 방면 •세토내해(瀬戸
内海)에 있는 오시마(大島) 방면 •히로시마에 접해 있는 게이슈(芸州) 방면
•시마네와 접해 있는 세키슈(石州) 방면에서 전선을 형성했다. 4개 방면에
서 동시에 전쟁이 시작된 까닭에 제2차 죠슈 정벌을 '4경전쟁'(四境戦争)이라
고도 부른다.

싸움은 오시마 전선에서 먼저 시작됐다. 6월 7일 막부군은 군함으로 오시마 연안에 포격을 가했다. 다음날 새벽부터 오시마에 상륙, 허술한 죠슈번 군사를 오시마에서 쉽게 쫓아내 승리했다. 죠슈번은 오시마의 수비를 도민에게 맡긴 탓에 막부군이 쉽게 점령할 수 있었다. 하지만 12일 밤 죠슈군이 반격의 발판을 마련했다. 다카스기 신사쿠가 이끄는 헤이인마루(丙寅丸)를 타고 야음을 틈타 막부 함대에 격렬하게 포격을 가했다. 15일 죠슈번의 기병대가 오시마에 상륙, 치열한 전투를 벌인 끝에 17일 오시마 탈환에 성공했다.

게이슈(芸州) 방면 전투에서는 근대 장비와 서양식 훈련을 받은 막부군 주력 부대 5만 명이 동원됐다. 막부군 주력 정예부대에 대항하여 죠슈군은 1천 명으로 방어선을 치고 막부군의 진격을 저지했다. 그런데 막상 전투가 시작되자 죠슈군의 강력한 저항에 밀려 전선은 교착상태에 빠졌다. 막부군 내부의 보조가 흐트러지고 동요하는 가운데, 동정적인 자세를 보이던 히로시마번(広島藩)과 죠슈번은 휴전 협정을 맺고 방위선을 강화하여 막부군을 막아냈다.

세키슈(石州) 방면 싸움에서는 막부군은 3만의 병력을 투입했다. 여기에 죠슈군은 군략의 천재라고 불리는 무라타 소우로쿠[27](村田蔵六)가 1천 명의 병력을 지휘하고 있었다. 16일 새벽, 죠슈군은 바다와 육지 두 경로에서 단

---

27) 무라타 소우로쿠(村田蔵六) : 죠슈번의 군사교관을 거쳐 메이지 정부 군대 창건 주역이다. 훗날 오무라 마스지로(大村益次郎)란 이름을 얻고 '일본 육군의 아버지'로 불린다(10장 주인공 참고).

숨에 하마다번(浜田藩, 현재 시마네현) 영내로 몰려 들어왔다. 하지만 막부군의 소총 사정거리는 죠슈번의 소총에 비해 성능이 떨어졌다. 여기에 착안한 군략가 무라타 소우로쿠는 막부군의 총탄이 도달하지 않는 위치에 진을 치고 막부군을 궤멸 상태에 빠뜨렸다. 7월 들어서는 태세를 갖춘 죠슈군이 하마다번의 성하마을까지 쫓아갔다. 하마다번은 성에 불을 지르고 영주 이하 군사들이 모두 함께 마쓰에번(松江藩, 현재 오카야마)으로 도망쳤다. 하마다성과 막부 소유의 이와미광산(石見銀山 : 일본 최대의 은광)까지 제압, 세키슈 방면 전투는 죠슈번의 압도적인 승리로 끝났다.

큐슈 고쿠라(小倉) 방면의 전황은 어땠을까. 죠슈번은 이곳을 최대의 요충지로 판단하고 다카스기 신사쿠가 인솔하는 기병대(奇兵隊)를 투입했다. 군감(軍監)에는 야마가타 아리토모(山県有朋) 등 군략에 능한 인재를 배치했다. 고쿠라 방면을 생명선으로 생각했던 것이다. 이에 대해 막부군도 고쿠라에 본진을 두고 큐슈의 여러 번들을 포진시켰다. 이 전투에서는 가메야마샤츄[28]의 사카모토 료마가 함대를 이끌고 죠슈군을 도왔다.

전쟁의 절반은 지휘관의 몫이다. 그럴만한 상황이 안 된다면 승패는 뻔하다. 당시 막부측의 고쿠라 방면 선봉대인 고쿠라번(小倉藩) 병사들의 사기는 높았다. 문제는 막부 보병과 큐슈의 여러 번들이었다. 이들 병사들은 전투에

---

28) 가메야마샤츄(亀山社中) : 사카모토 료마가 나가사키에 세운 해운회사. 해군, 항해술 수련기관 등의 역할을 수행하기도 했던 특이한 조직이다. 훗날 해원대(海援隊)로 이어진다.

소극적이었다. 더군다나 총독 오가사와라 나가미치(小笠原長行)는 이들을 한데 묶어 지휘하는 능력이 부족했다. 우수한 해군력을 보유하고 있음에도 해협 건너 죠슈번을 공격하는 데 주저했다.

그러는 사이 막부측은 6월 17일과 7월 2일 죠슈번의 상륙 공격을 받고 전투의 주도권을 잃었다. 7월 27일 구마모토번이 참전하면서 일시적으로 우세를 점했다. 그 덕에 일시적으로 죠슈군을 압도했다. 하지만 오가사와라 총독이 여전히 소극적인 모습을 보이자 구마모토번은 실망하여 고향으로 돌아가 버렸다.

#

이런 와중에 막부군에 급보가 날아들었다. 쇼군 이에모치(将軍 家茂)가 급사했다는 부고였다. 열악한 전황 속에서 보고를 받은 총독 오가사와라(小笠原総督)는 전의 상실을 실감하고 본영에서 탈출해 오사카로 향했다. 총독이 사라진 막부군은 구심점을 잃었고 나머지 번들도 차례로 고향으로 돌아갔다. 그러나 영토의 일부가 죠슈번에 점거되어 있던 고쿠라번만은 완강히 죠슈번과 대치했다.

8월 1일 더 이상 전투가 불가능하다고 판단한 고쿠라번은 스스로 고쿠라 성에 불을 지르고 후퇴했다. 이로써 제2차 죠슈 정벌은 막부군의 패배로 끝났다. 쇼군가를 계승한 도쿠가와 요시노부(德川慶喜)는 조정에 휴전칙명을 내려줄 것을 요청하고 가츠 카이슈(勝海舟)에게 죠슈번과의 강화를 맺도록 했다.

막부는 제2차 죠슈 정벌에서 15만 명의 병사를 동원했지만 1만 명도 되지 않는 죠슈번에 무참하게 패했다. 이로써 막부의 권위는 땅에 떨어졌고 더 이상 죠슈번과 사쯔마번을 억제할 수 없게 됐다. 그 결과 여러 다이묘들은 점점 에도 막부를 신용하지 않았고, 승리한 죠슈번은 점점 힘을 얻어 갔다. 이후 대정봉환, 왕정복고의 대호령(王政復古の大号令), 보신전쟁(戊辰戦争)을 거치면서 도쿠가와 막부는 멸망의 길로 내몰렸다.

3. 주요 인물

• 사카모토 료마(坂本竜馬)

생몰연도 : 1835~1867년

출신 : 도사번의 상인 집안

직업 : 무사

사망 원인 : 암살

사망 당시 나이 : 33세

행복한 남자이면서도 불행했던 사내. 일본 최초로 신혼여행을 다녀온 행복한 남자 사카모토 료마. 그는 동시에 서른셋 나이에 막부의 명령을 받은 무리들에게 암살당한 불행한 사내이기도 했다. 그의 주도로 만들어진 가메야마샤츄(亀山社中 : 해원대의 전신)는 오늘날 일본 주식회사의 토대가 되었다. 해원대는 거대 통신기업인 소프트뱅크의 로고에 도 반영됐다.

#

사카모토 료마는 1835년 고치성(高知城) 근처 마을에서 5남매 중 막내로 태어났다. 18세가 되던 1853년엔 에도로 검술 유학을 떠났다. 유학 동안 페리 제독이 인솔하는 미국 함선 4척이 우라가(浦賀)에 내항했는데, 료마는 시나가와(品川)의 연안 경비에 동원되기도 했다. 그 무렵 아버지에게 보낸 편지엔 "전쟁이 일어나면 오랑캐의 목을 베어 도사(土佐)번으로 돌아가겠습니다"라고 썼는데, 이는 당시의 양이사상(攘夷思想)을 잘 보여주고 있다.

그러나 1년 후 수행을 마치고 돌아온 료마는 외국 사정에 정통한 가와다 쇼료(川田小龍)를 만나면서 생각이 바뀌게 된다. "세계와 대등하게 지내기 위해서는 일본에도 큰 배가 필요하고, 그것을 움직일 수 있는 인재도 필요하다"는 이야기를 들었기 때문이다. 양이가 잘못되었음을 깨달은 것이다.

1861년 26세가 된 료마는 친척이자 친구인 다케치 한페이타의 도사근왕당(土佐勤王党)에 가입한다. 다음 해엔 다케치의 밀서를 가지고 하기(萩)의 구사카 겐즈이(久坂玄瑞)를 찾아간다. 구사카로부터 "다이묘(大名)도 공경(公卿)도 미덥지 못하므로 앞으로는 초망(草莽 : 뜻이 있는 재야의 일반인들)이 일어서야만 한다"는 이야기를 듣고 도사로 돌아와서 탈번(脫藩)을 하기에 이른다. 에도시대에는 번을 벗어날 때 번의 허가가 필요했고, 관문을 통과할 때에는 허가증을 보여줘야 했다. 탈번이란 무허가로 번의 밖으로 나가는 것으로서, 현재로 치면 여권을 가지지 않고 외국으로 나가는 것과 같다.

#

1862년 3월, 27세의 나이로 탈번한 료마는 죠슈번에 들른 후 사쯔마번으로 향한다. 그리고 같은 해 가을 에도로 가서 막부의 군함부교(軍艦奉行)인 가츠 카이슈(勝海舟)의 제자가 된다. 일설에는 개국을 주장하는 가츠 카이슈를 암살하기 위해 찾아갔다가 카이슈의 이야기에 설득당해 제자가 되었다고 하는데, 확실하지는 않다. 그후 가츠는 막부로부터 오사카만 주변의 방어를 명령받고 그 일환으로 고베에 해군조련소(神戸海軍操練所 : 해군사관 양성 기관)를 건설한다. 료마도 그와 동행하여 조련소에 병설된 가츠의 사숙에 입문하고 거기서 가츠를 도와 해군의 수련에 힘을 보탠다.

료마는 1864년 가츠의 사자로 사이고 다카모리와 면담했다. 그러곤 가츠에게 이렇게 보고했다. "사이고라는 놈은 알 수 없는 놈이다. 작게 두드리면 작게 울리고, 크게 두드리면 크게 울린다. 만약 바보라면 큰 바보이고, 똑똑하다면 굉장히 똑똑한 놈이다."

가츠의 제자가 되어 순조롭게 지내던 그때 교토에서 이케다야 사건이 일어났다. 이케다야에 모인 과격파 존왕양이(尊王攘夷) 지사들이 신센구미(新選組)의 습격을 받아 큰 피해를 입었다. 피해자 중엔 해군조련소의 생도가 포함되어 있었다. 이어 7월에는 금문의 변(禁門の変)이 일어났는데 여기에도 훈련소 생도가 연루되어 있었다. 이런 일들 탓에 막부의 노여움을 산 가츠는 에도로 소환되었고, 해군조련소는 폐쇄됐다.

이런 이유로 료마를 비롯한 탈번 무사들은 갈 곳을 잃게 되었는데, 이듬해 료마는 사쯔마번의 비호 아래 나가사키에서 가메야마샤츄(龜山社中)를 만들었다. 1866년 1월 21일 료마는 가메야마샤츄를 활용하여 당시 사이가 나빴던 사쯔마번과 죠슈번 사이를 중재하여 삿쵸동맹(薩長同盟)을 성공시킨다. 이로써 막부에 대항할 수 있는 세력이 탄생하게 되었고, 그것을 획책한 료마는 막부로부터 위험인물로 인식되었다.

#

삿쵸동맹이 성사된 이틀 후, 교토 후시미(伏見)의 데라다야(寺田屋 : 식당을 겸한 숙소)에 묵고 있던 료마는 후시미 부교소(奉行所 : 막부의 행정관청) 관리들의 습격을 받았다. 다행히 데라다야에서 일하고 있던 여직원 오료(お龍)의 재치와 죠슈번 호위무사 미요시 신조(三吉慎蔵)의 도움을 받아 사쯔마 번저(藩邸)로 도망갈 수 있었다. 양손 엄지손가락 등에 중상을 입은 료마는 사쯔마 번저에서 오료의 간호를 받고 그 후 그녀와 결혼한다. 사이고 다카모리와 고마츠 다테와키(小松帶刀)의 추천을 받아 사쯔마의 기리시마 온천으로 상처 요양을 겸한 여행을 떠난다. 이 여행을 료마는 허니문이라고 표현했다. 이후 이 여행은 일본 최초의 신혼여행으로 여겨졌다.

1866년 6월 막부에 의한 제2차 죠슈 정벌이 시작되자, 가메야마샤츄는 죠슈번을 돕기 위하여 사쯔마번 명의로 유니언호라는 군함을 구입하여 참전한다. 당시의 정치무대에서 사쯔마번과 죠슈번에 뒤쳐져 있던 도사번은 왕성한 활동을 전개하는 료마에게 눈길을 돌린다. 번의 실권자인 고토 쇼지로(後藤

象二郞)는 1867년 1월 나가사키에서 료마와 회담을 갖는다. 도막(倒幕)을 계획하고 있던 료마도 도사번을 끌어들이는 것이 유리하다고 생각해 고토와 손을 잡고 도사번에 복귀한다. 이로 인해 가메야마샤츄는 해원대(海援隊)로 이름을 바꿔 도사번의 조직이 되고 료마는 해원대 대장으로 취임한다.

그해 6월경부터 사쯔마번과 죠슈번은 무력으로 막부를 쓰러뜨리려고 생각하기 시작한다. 하지만 도사번은 무력에 의한 막부 토벌을 피하고 싶었기 때문에 그 방안을 료마와 상의한다. 료마는 고토 쇼지로에게 대정봉환(大政奉還)을 포함한 8가지 방책을 제안한다(선중팔책 : 船中八策).[29] 고토는 이 방책을 전 도사 영주 야마우치 요도(山內容堂)에게 보고했고, 요도는 15대 장군 도쿠가와 요시노부(德川慶喜)에게 대정봉환(大政奉還)을 건의한다. 요시노부는 건의를 받아들여 10월 14일 정권을 조정에 봉환함으로써 무력토벌은 잠시 미루어진다. 료마는 대정봉환 1개월 후인 11월 15일, 교토의 오우미야(近江屋)에서 암살당한다. 33세의 나이였다.

---

29) 선중팔책(船中八策) : 사카모토 료마가 1867년 배에서 쓴 8가지 정치 구상. 대정봉환 등 근대국가로 가는 기틀을 그 내용으로 담고 있다(5장 중요사건 참고).

• 가츠라 고고로(桂 小五郎 : 훗날의 기도 다카요시)

생몰연도 : 1833~1877년

출신 : 죠슈번의 의사 집안

직업 : 관료

다른 이름 : 메이지 신정부 이후 기도 다카요시(木戶孝允)

사망 원인 : 병사

사망 당시 나이 : 43세

가츠라 고고로는 당대 최고의 엘리트 관료였다. 오쿠보 도시미치와 메이지 신정부의 국가 체계 틀을 설계한 인물이다. 오쿠보 도시미치와는 서로 비판, 견제하는 라이벌 관계이면서도 죽을 때까지 신뢰를 유지했다. 만약 가츠라 고고로가 좀 더 오래 살았다면 총리 자리까지 올랐을 것이라고 생각하는 사람들이 많다.

\#

1833년 6월 죠슈번 하기에서 의사 가문 와다 마사카게(和田昌景)의 장남으로 태어난 그는 7세 때 무사 가문인 가츠라(桂)가의 양자로 들어가면서 가츠라 고고로(桂 小五郎)라고 불리게 된다. 몸집은 크지 않았지만 학문에 있어서는 번주인 모리 타카치카(毛利敬親)에게 《맹자(孟子)》의 해석으로 상을 받을 만큼 수재였다. 16세에 요시다 쇼인의 쇼카손쥬쿠에 입학하여 병학을 배우고 재능을 인정받게 된다. 검술로 유명한 에도의 연병관(練兵館)에 유학한 후 불과 1년 만에 최고위 자격을 따낸다. 숙생의 우두머리가 되어 에도뿐만 아니라 전국적으로 유명한 검호가 된다.

에도 유학 중에 페리 제독의 흑선이 내항하여 소동이 일어나고 그 과정에서 해외의 학문을 배울 필요성을 통감한다. 서양 병학, 소총술, 포대축조술, 영어 등을 배우며 최첨단 학문을 익혀 나간다. 마침내 죠슈번 정부의 중추로 두각을 나타낸 가츠라 고고로는 스후 마사노스케(周布政之助), 구사카 겐즈이(久坂玄瑞) 등과 번의 사상을 통일하여 양이(攘夷)와 도막(倒幕)으로 나아간다. 1863년 5월 8일 비밀리에 영국으로 떠나는 '죠슈파이브'[30](이노우에 가오루, 이토 히로부미, 야마오 요죠, 이노우에 마사루, 엔도 긴스케)의 유학도 가츠라의 안목이 있었기에 가능했다.

\#

이후 가츠라 고고로는 번의 명령으로 에도에서 교토로 이동하는데, 곧바로 8월 18일의 정변이 발생하여 죠슈번은 교토에서 추방 처분을 받는다. 이후 가츠라 고고로는 가명을 쓰고 숨어 지내면서 교토에서 정보 수집을 하며 죠슈번의 복권을 위한 활동을 계속한다. 1864년 교토에 남은 양이지사들의 모임이 이케다야(池田屋)에서 진행될 때, 예정보다 일찍 도착한 가츠라 고고로

---

30) 죠슈 파이브 : 서구를 배우기 위해 조슈(長州) 5걸(傑)이 영국 유학을 떠난다. 죠슈번의 이 다섯 번사들을 영국에서는 'Chosu Five'(죠슈 파이브)라고 불렀다.

는 시간을 맞추기 위해 대마도 번저(対馬藩邸)를 방문했는데, 그 사이에 신센구미(新選組)가 이케다야에 들이닥쳐 간발의 차이로 목숨을 건진다.

　메이지 신정부 탄생 후, 기도 다카요시로 이름을 바꾼 가츠라 고고로는 우대신 이와쿠라 토모미(岩倉具視)의 신임을 얻어 정무 전반을 책임지는 실질적인 최종결정자가 된다. 태정관 제도의 개혁 이후 참여(参与), 참의(参議), 문부경(文部卿)의 요직을 두루 역임한 그는 판적봉환, 폐번치현, 사민평등 등 신정부의 주요 정책들을 실행에 옮겼다. 또 이와쿠라 사절단(岩倉使節団)의 전권부사(全権副使)로 구미를 시찰하고 귀국한 후 내치 우선의 필요성을 절감하고 헌법 제정, 이원제의회 설치를 적극적으로 호소한다.

　이 시기 각지에서 불평사족(不評士族)의 반란이 일어나고 기도 다카요시의 고향인 죠슈번에서도 하기의 난(萩の乱)이 발생한다. 기도 다카요시는 즉각 이를 진압하고 쇼카손쥬쿠에서 동문수학한 친구이자 주모자인 마에바라 잇세이(前原 一誠)를 참수형에 처한다. 이듬해인 1877년 사이고 다카모리가 세이난전쟁(西南戦争)을 일으켰을 때는 병세가 상당히 악화되었다. 위독한 상태에서도 메이지 정부와 사이고 다카모리 양쪽을 걱정하는 말을 마지막으로 남겼다고 한다. 만 43세로 세상을 떠났다.

일본 전도

하코다테(箱館)

센다이
(仙台)

아이즈(会津)

미토
(水戸)

후쿠이(福井)

히코네(彦根)

에도(江戸) ── 사쿠라(佐倉)

교토
(京都)

구와나(桑名)

슨푸
(駿府)

시모다
(下田)

효고(兵庫)

후쿠야마(福山)

히로시마
(広島)

오사카
(大坂)

하기(萩)

고치(高知)

사가(佐賀)

우와지마
(宗和島)

나가사키
(長崎)

가고시마
(鹿児島)

인재의 재능을 잘 파악해 모름지기 적재적소에 배치해야 한다.

(よく人材技能を鑑別し．すべからく適材を適所に配すべし。)

─이와사키 야타로(岩崎弥太郎)

5장

료마전(竜馬伝) : 료마를 벤치마킹하다

― 제49화 2010년 방송 ―

사카모토 료마(坂本龍馬)와 같은 번에서 태어난 이와사키 야타로(岩崎弥太郎)는 료마의 큰 포부를 닮고 싶어 했다. 그는 또 료마의 해원대(海援隊)를 통해 해운사업의 미래를 보았다. 그렇게 료마를 '벤치마킹'한 정상(政商)[31] 이와사키 야타로는 스코틀랜드 출신 사업가 토마스 글로버와의 인연을 기반으로 대그룹의 초석을 다졌다.

이와사키 야타로는 미쯔비시그룹의 창업자다. 2010년 이런 이와사키 야타로와 사카모토 료마의 관계를 그린 대하드라마 '료마전'(竜馬伝)이 방송됐다.

---

31) 정상(政商) : 정치가와 결탁한 상인. 미쯔비시그룹 창업자 이와사키 야타로는 메이지 유신 과정에서 큰 부를 거머쥔 전형적인 정치거상이었다. 오늘날의 미쯔비시의 성공 배후에는 메이지 신정부의 고관이 되는 고토 쇼지로(後藤象二郎)의 힘이 작용했다고들 말한다.

'료마가 간다' 방송(1968년) 이후 42년 만에 다시 사카모토 료마를 주인공으로 다뤘다. 이와사키 야타로의 시선으로 막부 말기의 풍운아 료마의 생애를 그리고 있는 것이 좀 색다르다. 말년의 이와사키 야타로가 신문기자의 취재에 응하면서 료마의 이야기를 전하는 방식을 택했는데, 야타로의 역할을 맡은 배우 카가와 테루유키(香川照之)의 내레이션으로 드라마가 진행된다. 료마와 더불어 이와사키 야타로도 주연급으로 다뤄졌다.

방영 당시 재미난 에피소드도 있었다. 야타로의 모습이 너무 초라하게 묘사되면서 미쯔비시그룹 산하의 여러 계열사에서 항의 전화가 걸려왔다고 한다.

방영이 되던 해에 필자는 이와사키그룹(いわさきグループ) 서울사무소장으로 근무하고 있었다. 가고시마현 기리시마(霧島)에 그룹산하 기리시마 이와사키호텔이 있었다. 극 중에 테라다야에서 부상을 당한 료마와 부인 오료가 사이고 다카모리의 추천으로 기리시마로 휴양을 가는 장면이 나온다. '제38화 기리시마의 맹서(霧島の誓い)' 시작부분에 료마가 온천을 하는 장면이 나오는데, 호텔 내의 륙케이토엔(緑渓湯苑)이라는 계곡온천에서 촬영이 이루어졌다. 이후 드라마의 영향으로 방문객이 많이 늘어난 기억이 있다. 실제로 료마가 자주 온천을 즐긴 곳은 이와사키호텔에서 조금 떨어진 시오히타시온천(塩浸温泉)이라는 곳이다. 지금은 '료마공원'으로 조성되었으며 자그마한 료마 기념관도 견학할 수 있다.

각본가인 후쿠다 야스시(福田 靖)는 '료마전'을 만드는 데 많은 부담을 느꼈다며 다음과 같이 밝히고 있다.

"료마라고 하면 일본사에 등장하는 인물 중에서도 히어로 중의 히어로입니다. 도대체 얼마나 많은 사람들이 료마를 동경하고, 료마처럼 살고 싶어 했을까요? 저도 대학생 때에 시바 료타로(司馬遼太郎)씨의 소설《료마가 간다》를 골똘히 읽고 '나도 료마가 되고 싶다'고 미래의 모습을 그려 보기도 했습니다. 설마, 장래에 제가 대하드라마의 각본을, 게다가 료마를 쓸 것이라고는 상상도 하지 못했습니다. 하지만 누구나 알고 있는 사카모토 료마를 대하드라마로 만드는 것이기 때문에 반드시 재미가 있어야 한다고 생각했습니다. 소설《료마가 간다》가 발표(1963~1966년)된 지 벌써 46년이 지났습니다. 지금 그려야 할 료마의 모습은 46년 전의 것과 다를지도 모르겠습니다."

1. 줄거리

이와사키 야타로는 하급 무사의 우두머리가 되고 싶었다. 그 목표를 향해 면학에 힘쓰지만, 신분제도의 벽과 아버지 야지로(弥次郎)에게 발목이 잡혀 여러 번 좌절을 겪는다. 그러다 부교소(奉行所 : 지방관청)의 문에 낙서한 죄로 감옥에 수감되는데, 거기서 만난 노인으로부터 '장사의 진수'를 배우게 된다. 야타로의 머리는 비상했다. 감옥에서 낸 의견서가 도사번의 고위직 요시다 도요(吉田東洋)에게 인정받아 향리로 발탁된다. 그러다 사카모토 료마가 탈번하자 고토 쇼지로(後藤象二郞)[32]의 명령으로 료마를 잡기 위해 오사카에 파견된다. 오사카에서 료마를 만나지만 체포하지 못하고 귀국 후 향리를 그만두고 목재 행상을 시작한다.

장사가 궤도에 오르기 시작할 무렵 고토 쇼지로 덕에 다시 향리가 된 야타로는 목재장사를 하는 한편, 고토 쇼지로의 수족으로서 일하게 된다. 이후 밀정으로 교토에 잠입해 료마로부터 삿쵸동맹이 성사됐다는 것을 알게 된다. 사태를 파악한 그는 자신도 도사번과 나라를 위해 일하고자 목재상을 그만둔다. 고토 쇼지로에게 재능을 인정받은 야타로는 나가사키 도사상회(土佐商会)의 주임으로 발탁되고, 이후 료마가 운영하는 해원대(海援隊)의 경리를 담당하게 된다. 하지만 나가사키 부교(長崎奉行)에게 눈엣가시가 된 료마의 존재가 장사에 장애가 된다고 생각해 료마와의 결별을 결심한다.

야타로는 한 걸음 더 나아가 스코틀랜드 출신 사업가 글로버로부터 영국식 비즈니스법을 배운다. 막부와 삿쵸번 사이에 전쟁이 일어날 것으로 예측해 무기를 대량으로 구입한다. 그러다 정국이 대정봉환으로 흐르는 것을 간파하고 무기를 되팔아 큰 이익을 얻는다. 하지만 야타로에겐 트라우마가 있다. 자

---

32) 고토 쇼지로(後藤象二郞) : 도사번의 상급무사 출신으로 번의 참정(최고위직)에 오른다. 번의 참정이었던 요시다 도요(吉田東洋)가 고모부이자 양아버지다. 탈번한 사카모토 료마의 복권을 도와주는가 하면, 미쯔비시그룹 총수가 되는 이와사키 야타로를 발탁하기도 했다. 사마모토 료마의 '선중팔책'을 자신의 서명으로 번주 야마우치 요도에게 올려 대정봉환으로 이어질 수 있도록 했다.

신보다 한 발 앞서가는 료마에 대한 동경과 질투는 항상 그를 괴롭혔다. 나쁜 마음만 품은 건 아니다. 야타로는 료마를 인정하는 동시에 동경심도 품고 있었기에 료마가 살해됐을 때는 "나의 료마를 돌려줘!"라고 울부짖는다. '세계의 해원대를 만들겠다'는 료마의 꿈은 료마가 암살된 후 야타로에게 이어지고, 그런 야타로는 메이지 유신 후 대선단을 거느린 미쯔비시 재벌 회장으로 군림하게 된다.

2. 중요사건

1) 1867년 5월 사후회의(四侯会議)

1863년에 있었던 참예회의(3장 중요사건 참고)와 비슷한 회의기구다. •시마즈 히사미츠 •마츠다리아 슌가쿠 •야마우치 요도 •다테 무네나리 4명의 제후를 멤버로, 교토에 설치된 합의체제이다. 이 회의 역시 제 기능을 못했고 명확한 대책을 내놓지 못했다.

사후회의는 쇼군 도쿠가와 요시노부와 섭정 니죠 나리유키(二条斉敬)에 대한 자문 기관으로 설치됐다. 막부 말기에 유행한 공의정체론(公議政体論)의 흐름 속에서 사쯔마번의 주도 하에 성립됐다. 조정이나 막부의 정식 기구는 아니지만, 그에 준하는 협의체였다. 2차 죠슈 정벌 후 사쯔마번은 삿쵸 동맹에 따라 죠슈번의 명예회복에 힘쓰는 한편, 막부 주도의 정국을 견제하기 위해 제후회의와 조정을 중심으로 한 공무합체(公武合体)를 추진하려 했다. 그러나 15대 쇼군이 된 요시노부는 정국이 사쯔마번 위주로 흘러가는 것을 우려했고, 효고항 개항문제를 우선 처리할 것을 주장하면서 3년 반 전의 참예회의(參預会議) 때와 마찬가지로 사쯔마번의 실력자 시마즈 히사미츠와 대립했다. 이후 사쯔마번은 사후회의로 막부를 견제하는 것은 불가능하다고 판단해 도사번의 토막파(討幕派)와 밀약을 맺고 무력토막(武力討幕)으로 방향을 전환하게 된다.

2) 1867년 선중팔책(船中八策)

사카모토 료마는 삿쵸동맹을 넘어 국가의 큰 미래를 그려 나갔다. 그 미래상은 1867년 배 위에서 완성됐는데, 바로 신정부의 8가지 국가정책을 담은 '선중팔책'이었다. 료마가 도사번 참정 고토 쇼지로에게 제안한 내용을 함께 있던 나가오카 겐기치(長岡謙吉 : 해원대 대원)가 문서로 정리했다.

1867년 6월, 사카모토 료마는 이로하마루(いろは丸 : 사카모토의 해원대가 운항 중이던 배) 침몰 사건을 해결한 후 도사번 선박 유가오마루(夕顔丸)를 타고 나가사키를 출발했다. 교토에 상경해 있던 전 도사 영주인 야마우치 요도(山内容堂)에게 대정봉환(大政奉還)을 진언하기 위해서였다. 유가오마루에서 작성된 선중팔책은 당시로서는 획기적인 내용을 담고 있었다. 8가지 조항으로 구성되어 있는데 ·대정봉환 ·상하 양원의 설치 ·유능한 인재 등용 ·불평등조약 개정 ·헌법 제정 ·해군력 증강 ·천황 군대 설치 ·금은 교환 환율 변경에 관한 것이다.

조문의 내용은 료마와 교류가 있었던 가츠 카이슈(勝海舟), 후쿠이번(현재 후쿠이현)의 정치고문이었던 요코이 쇼난(橫井小楠)[33]의 영향을 받았다고 한다. 특히 '금은 교환 환율 변경'에 관한 의견은 '해원대(海援隊)를 조직하여 무역 활동을 하고 있던 료마였기에 착안할 수 있었다'는 평가를 받고 있다. 선중팔책은 훗날 사쯔도맹약(薩土盟約 : 사쯔마번과 도사번의 맹약)과 대정봉환의 건백서(建白書)[34] 그리고 5개 조의 서문(8장 주요 사건 참고)으로 이어진다.

3) 1867년 도막의 밀칙(倒幕の密勅)

1867년 10월 14일, 조정이 사쯔마와 죠슈번에 은밀하게 '막부를 토벌하라'는 칙서를 내린 것을 말한다. 이보다 앞선 1858년에도 조정이 밀칙을 내린 일이 있는데, 2장에서 언급한 '무오의 밀칙'이다. 무오의 밀칙은 고메이 천황이 미토번에 단독으로 내린 칙서였다.

원수지간에서 삿쵸동맹까지 맺은 사쯔마와 죠슈번은 '우물 안 개구리'에서 벗어나고 싶었다. 죠슈번은 4국 함대의 시모노세키 포격사건(시모노세키전쟁)에서, 사쯔마번은 사쯔에이전쟁에서 각각 엄청난 패배를 경험하면서 양이

---

33) 요코이 쇼난(橫井小楠) : 요시다 쇼인처럼 메이지 유신 과정에서 사숙(私塾)을 세워 인재들을 양성한 사상가 겸 교육가다. 1862년 막부의 정책 변화를 주장하면서《국시칠조(國是七條)》를 썼다. 메이지 신정부에 등용돼 고위 관직에 올랐지만 존왕양이파에 암살됐다.

34) 건백서(建白書) : 정부나 윗사람 등에게 자신의 의견을 제기한 서면을 말한다. 메이지 유신은 건백서의 시대였다. 메이지 정부는 일반인들의 건백서를 인정하기 시작했는데, 이는 1868년에 있었던 '왕정복고의 대호령'에서 비롯됐다.

가 불가능하다는 걸 깨달았다. 양 번은 '외국과 대등한 관계가 되기 위해서는 일본도 구미와 같이 중앙집권국가를 만들어야 한다'고 생각하고 막부 타도를 추진했다. 신정부 수립을 구상하던 와중에 이와쿠라 도모미가 주도했다. 1867년 10월 13일, 사쓰마의 시마즈 히사미츠 부자(父子) 앞으로, 10월 14일엔 죠슈번의 모리 다카치카 부자 앞으로 칙서가 내려갔다. 그런데 밀칙에는 날짜가 없었다. 천황의 직인도, 태정관 주요 구성원의 서명도 없었다. 정식 칙서 형태와 다른 모습이었던 것이다. 이런 탓에 위조된 칙서라는 소문이 제기됐다. 하지만 밀칙은 실행에 이르지 못했다. 같은 날(10월 14일) 쇼군 도쿠가와 요시노부가 대정봉환(大政奉還 : 막부의 정권 반납)을 천황에게 건의했기 때문이다. 다음날 조정에서 대정봉환이 정식으로 받아들여지면서 '막부를 타도하라'는 밀칙은 명분을 잃었다.

3. 주요 인물

• 이와사키 야타로(岩崎弥太郎)

생몰연도 : 1835~1885년

출신 : 도사국(고치현)

직업 : 상인, 기업가

사망 원인 : 병사

사망 당시 나이 : 50세

일본 재벌의 원조인 미쯔비시그룹을 탄생시킨 이와사키 야타로. 그는 정치 거상으로 암약하기는 했지만, 인재를 발탁하는 혜안과 인재를 적재적소에 배치하는 탁월한 능력을 가졌다는 평가를 받는 경영자다. 우리나라 대법원은 2018년 11월 미쯔비시측에 강제징용 피해자에게 위자료를 지급하라고 선고했지만, 미쯔비시중공업은 응하지 않고 있다.

\#

1835년 도사국(土佐国 : 현재의 고치현 아키시)에서 태어난 이와사키 야타로는 어릴 적부터 문재(文才)였다. 14세 때 당시 영주 야마우치 도요테루에게 한시를 선보이면서 재주를 인정받는다. 에도에 유학 갔다가 아버지가 술자리에서 싸움을 해 투옥됐다는 소식을 듣고는 고향으로 돌아온다. 부교소 (奉行所 : 관청)에 아버지의 면죄를 호소하지만 들어주지 않았다. 그러자 벽면에 관청을 비난하는 글을 적어 야타로도 역시 투옥된다.

출옥 후 당시 칩거 중이었던 요시다 도요(吉田東洋)가 열었던 쇼린쥬쿠(少林塾)에 입학해 고토 쇼지로 등과 함께 공부하게 된다. 요시다 도요가 참정 (參政 : 도사번 고위직)이 되자 그 밑에서 일한다. 임무는 나가사키에 파견되어 해외정세를 파악하는 일이었다. 하지만 외국인들과 어울려 방탕한 생활을 즐기다 자금이 바닥나자 허락 없이 돌아왔다. 돌아오자 파면되어 일자리를 잃었다. 그러던 중 요시다 도요가 암살당한다. 야타로는 암살범을 쫓아 오사카로 향하지만 존왕양이파 세력이 날로 강성해 지고 있는 교토와 오사카에서 위험을 느낀다. 임무를 포기하고 또 다시 허락없이 돌아온다.

야타로에게 기회가 찾아온 건 1867년이다. 상사로 모시던 고토 쇼지로가 번의 실력자가 되면서다. 번의 상무조직인 도사상회(土佐商会)의 주임으로 발탁돼 나가사키에서 무역에 종사하게 된다. 그 무렵 사카모토 료마는 탈번의 죄를 용서받는다. 료마가 설립한 가메야마샤츄가 해원대(海援隊)로 이름을 바꾸고 도사번의 외곽기관이 된다. 야타로는 번의 명령으로 해원대의 경리 업무까지 담당하게 된다. 1868년 나가사키의 도사상회가 폐쇄되자 오사카의 도사상회로 이동한다. 이듬해 10월엔 도사상회가 츠쿠모(九十九)상회로 이름을 바꾸는데, 야타로가 본격적으로 해운업에 힘을 쏟는 계기가 된다.

1873년에 또 한 번 엄청난 기회가 찾아온다. 고토 쇼지로의 주선으로 도사번의 빚을 대신 맡는 조건으로 배 2척을 인수해 해운업을 시작했다. 이는 미쓰비시의 시작이었다. 야타로는 츠쿠모(九十九)상회의 이름을 바꾼 후, 도사번 창고에서 미쓰비시상회(三菱商会 : 훗날의 우편기선 미쓰비시 회사)를 설립했다. 미쓰비시상회는 야타로가 경영하는 개인기업으로 탈바꿈했다. 그러면서 도사 번주 야마우치 가문과 이와사키 가문을 합쳐 미쓰비시그룹의 마크(3개의 마름모)를 만들었다.

이와사키 야타로는 메이지시대에 어떤 방법으로 큰 부자가 됐을까. 그가 큰 이익을 얻은 건 화폐제도 시행과 관련이 있다. 야타로는 당시 각 번이 발행한 화폐를 새 정부가 매입할 것이라는 사실을 사전에 포착했다. 그런 그는 십만 냥의 거금을 마련해 번의 화폐를 대량으로 매입했고 그것을 새 정부가 사도록 했다. 막대한 이익이 굴러들어왔다. 그런데 이 정보를 흘린 사람이 있었다. 신정부의 고위관료였던 고토 쇼지로였다. 한마디로 뒷거래였던 셈이다.

야타로가 50세로 세상을 떠나고 회사는 점점 덩치를 키웠다. 미쓰비시상회는 정부 후원으로 치열한 덤핑을 계속해 온 공동운수회사와 합병해 '일본우선'(日本郵船)이라는 회사로 거듭났다. 이 일본우선이 미쓰비시 재벌의 원조이다. 이와사키 야타로 가문은 정치적으로도 큰 '뒷배경'을 갖게 됐다. 야

타로의 사위 가토 타카아키(加藤高明)와 시데하라 기쥬로(幣原喜重郎)가 각

각 총리에 올랐기 때문이다. 재벌 창업자의 사위가 둘이나 총리가 된 사례는

다른 재벌에서는 찾아볼 수 없는 희귀한 일이다. 이렇게 미쯔비시는 정부와

밀접한 관계를 맺으면서 성장했다.

• 토마스 글로버(Thomas Blake Glover)

생몰연도 : 1838~1911년

출신 : 스코틀랜드

직업 : 사업가

사망 원인 : 병사

사망 당시 나이 : 73세

　토마스 글로버는 일본엔 '은인'과도 같은 사람이다. 미쯔비시 창업자 이와사키 야타로

와 깊은 인연을 맺은 그는 막부 말기부터 메이지 초기까지 일본의 산업혁명 과정에 손을

대지 않은 분야가 없었다. 글로버는 게이샤 여성을 아내로 맞아 들였고, 일본에 살다가 죽

은 '재팬 러버'(Japan Lover)였다.

\#

글로버가 나가사키를 방문한 것은 개항 직후인 1859년, 나이 21세 때였다. 스코틀랜드 출신의 무역상이 중국 광저우에 세운 회사의 나가사키 사무소 조수가 되면서다. 1861년엔 이 회사의 대표권을 인수해 23세의 젊은 나이에 무역회사 '글로버상회'를 설립했다. 현재 나가사키 관광 명소인 '글로버가든'(グラバー園)에 보존되어 있는 글로버주택은 글로버가 1863년(당시 25세) 나가사키항이 내려다보이는 미나미야마테 언덕 위에 건축한 건축물이다. 현존하는 일본 최고(最古)의 서양식 목조건축물로, 국가지정 중요문화재이다.

당시에는 일본의 특산품이었던 생사(生糸)와 차(茶)를 주로 수출했지만 1863년 교토에서 발생한 '8월 18일 정변' 이후에는 정치적 혼란기를 틈타 사쯔마, 죠슈, 도사번 등을 상대로 군함, 무기, 탄약을 수입 판매해 막대한 부를 쌓았다. 글로버와 거래를 한 상대는 가메야마샤츄의 사카모토 료마를 비롯해 오무라 마스지로, 이토 히로부미, 이노우에 가오루, 고토 쇼지로 등 당대의 거물이 많았다. 막부 말기의 토막파를 지원하고 있던 글로버는 밀무역뿐 아니라 사쯔마와 죠슈번 무사들의 해외 밀항에도 협력했다.

1863년 요코하마에서 죠슈번 젊은이들(5명)의 영국 밀항을 도와줬는데, 이들은 훗날 정부의 요직에 오른다. 각각 •초대 총리 이토 히로부미(伊藤博文) •초대 외무상 이노우에 가오루(井上馨) •일본 공업의 원조 야마오 요조(山尾庸三) •조폐국장 엔도 킨스케(遠藤謹助) •철도청장 이노우에 마사루(遠藤謹助)이다. 영국에서는 '죠슈 파이브'(長州ファイブ)로 불린다. 글로버

는 1865년엔 훗날 초대 오사카 상공회의소 회장이 되는 고다이 도모아츠(五代友厚)가 인솔하는 사쯔마번 유학생들(19명)의 밀항도 도와준다.

#

글로버가 손을 댄 분야는 다양하다. 1865년, 일본 최초의 증기기관차 시험운행을 실시했다. 1866년엔 대규모 제차공장(製茶工場)을 건설한다. 이어 1867년에는 로이즈보험과 홍콩상하이은행의 대리점이 되면서 상하이와 요코하마에 지점을 두었고, 나가사키 최대의 무역상이 된다. 거기에 머물지 않았다. 1868년 다카시마 탄광을 관리하고 있던 사가번(佐賀藩)과 채굴 계약을 체결했다. 이는 외국 사업소가 일본 국내에서 벌인 최초의 공동 사업이었다. 하지만 다카시마 탄광 경영은 원만하게 이루어지지는 않았다. 1872년 일본 최초의 본격적인 노동쟁의로 불리는 노사분규가 일어나면서다. 이로 인해 글로버는 다카시마 탄광의 인수처를 찾게 된다. 그러다 이와사키 야타로가 사장을 맡고 있던 미쯔비시상회(三菱商会)에 경영권이 넘어간다. 다카시마 탄광은 이후 사업 채산성이 맞지 않아 1986년 폐쇄됐다.

'고스케 선박수리터'(小菅修船場跡)도 기억할 만하다. 글로버와 고다이 도모아츠의 협력으로 만들어진 곳이다. 막부 말기에는 막부와 각 번이 나가사키의 외국계 상사로부터 서양 선박을 구입했다. 하지만 대부분 중국 해역에서 사용된 중고 선박이었기 때문에 고장이 끊이지 않았다. 이로 인해 대규모 선박 수리장 건설이 불가피했다.

글로버는 영국으로부터 필요한 기자재를 수입해 증기기관을 동력으로 하는 권양식 장치를 활용한 도크를 만들어 냈다. 현재도 미쯔비시중공업 나가사키 조선소의 건너편 공업지구 내에 당시의 모습이 남아 있다. 그 후 선박수리 시설은 1869년 정부에 의해 매입되었고, 1887년엔 미쯔비시에 불하, 나가사키 조선소에 흡수됐다.

특히 재밌는 건 맥주산업이다. 기린맥주는 글로버의 손을 거쳐서 세상에 나왔다. 기린맥주의 모태는 '스프링 밸리 브루어리'(Spring Valley Brewery)다. 일본에서 처음으로 맥주를 양조, 판매한 외국인은 노르웨이 태생 미국인 윌리엄 코플랜드(William Copeland : 1834~1902)로 알려져 있는데, 그 회사가 '스프링 밸리 브루어리'다.

경영난에 빠진 이 회사는 1885년 미쯔비시와 외국자본이 참여하면서 '재팬 브루어리'(Japan Brewery)로 변모했다. 이후 1907년 미쯔비시 산하의 기린맥주주식회사가 탄생했다. 기린이라는 브랜드의 유래는 재팬 브루어리 탄생에 참여한 미쯔비시의 거두(巨頭) 쇼다 헤이고로(莊田平五郎 : 1847~1922)와 관련이 깊다. 기린이라는 이름은 쇼다 헤이고로가 아이디어를 내놓았는데, 기린의 도안을 전면에 등장시키자고 제안한 이는 글로버였다고 한다. 글로버는 당시 기린의 전신인 재팬 브루어리의 중역을 맡고 있었다. 이렇게 일본 산업 부흥에 큰 영향을 미친 글로버는 게이샤 출신 여성과 결혼했고, 일본 땅에서 살다가 1911년 사망했다.

앞으로는 너의 길을 가라.
(これからはお前の道を行きなさい。)
— 도쿠가와 요시노부(徳川慶喜)

6장

도쿠가와 요시노부(德川慶喜) : 막부의 마지막 남자

– 제37화 1998년 방송 –

도쿠가와 이에야스(德川家康)가 세키가하라 전투에서 도요토미 세력을 상대로 승리를 거두고 에도에 막부를 개설한 건 1603년이다. 에도 막부의 시작이었다. 그해 이에야스는 1대 쇼군에 올랐다. 그로부터 265년 후인 1867년 10월, 에도 막부는 문을 닫았다. 마지막 쇼군 도쿠가와 요시노부가 정권을 천황에게 반납하면서다. 요시노부가 15대 쇼군 자리에 머문 기간은 불과 1년 남짓이다. 이런 요시노부의 삶을 그린 대하드라마 '도쿠가와 요시노부'가 1998년 방송됐다. 요시노부 스토리를 이해하기 위해서는 역대 쇼군의 흐름을 알고 있는 게 도움이 될 듯하다.

쇼군 이름	쇼군 재임기간 265년(1603~1867)
1대 : 도쿠가와 이에야스(德川家康)	(1603~1605)
2대 : 도쿠가와 히데타다(德川秀忠)	(1605~1623)
3대 : 도쿠가와 이에미쓰(德川家光)	(1623~1651)
4대 : 도쿠가와 이에쓰나(德川家綱)	(1651~1680)
5대 : 도쿠가와 쓰나요시(德川綱吉)	(1680~1709)
6대 : 도쿠가와 이에노부(德川家宣)	(1709~1712)
7대 : 도쿠가와 이에쓰구(德川家繼)	(1712~1716)
8대 : 도쿠가와 요시무네(德川吉宗)	(1716~1745) 기이가(紀伊家, 또는 기슈) 출신으로 7대 양자가 됨.
9대 : 도쿠가와 이에시게(德川家重)	(1745~1760)
10대 : 도쿠가와 이에하루(德川家治)	(1760~1786)
11대 : 도쿠가와 이에나리(德川家斉)	(1786~1837) 히도츠바시가(一橋家) 출신으로 10대 양자가 됨.
12대 : 도쿠가와 이에요시(德川家慶)	(1837~1853)
13대 : 도쿠가와 이에사다(德川家定)	(1853~1858)
14대 : 도쿠가와 이에모치(德川家茂)	(1858~1866) 기이가(紀伊家) 출신으로 13대 양자가 됨.
15대 : 도쿠가와 요시노부(德川慶喜)	(1866~1867. 10.) 히도츠바시가(一橋家) 출신으로 14대 양자가 됨.

표를 보면 양자 입적으로 쇼군이 된 케이스가 네 번 등장한다. 마지막 쇼군 요시노부 역시 양자(히도츠바시 가문)가 되면서 쇼군직에 올랐다. 삿쵸동맹이 결성되어 막부를 타도하려는 움직임이 거세지던 그 시기였다.

대하드라마 '도쿠가와 요시노부'는 에도 서민의 일상과 하급 무사들의 생활상 그리고 나라를 짊어지고 시대와 싸우는 젊은 지도자 도쿠가와 요시노부의 고뇌와 갈등을 그리고 있다. 역사 소설가 시바료타로가 1960년에 집필한 중

편소설 《마지막 쇼군 도쿠가와 요시노부》가 원작이다. 여기에 '일본 자본주의의 아버지'라 불리는 시부사와 에이치(渋沢栄一)[35]가 편찬한 《도쿠가와 요시노부공전》을 참고로 각본이 만들어졌다.

요시노부와 시부사와 에이치는 주군과 신하의 관계였다. 시부사와는 막부의 배려로 1867년 파리만국박람회를 시찰하는 기회를 갖게 되는데, 2년 후 돌아와서 보니 이미 막부는 문을 닫은 상태였다. 시즈오카에 칩거하고 있던 과거의 쇼군 요시노부를 찾아가게 되는데, 그 자리에서 요시노부는 "앞으로는 너의 길을 가라"(これからはお前の道を行きなさい)고 시부사와에게 권한다. 이후 시부사와는 경제인으로 변모하게 된다(14장 참고).

1. 줄거리

미토번(水戸藩)[36]의 번주 도쿠가와 나리아키(徳川斉昭)의 7남으로 태어난 시치로우마로(七郎麿, 훗날 도쿠가와 요시노부)는 아버지로부터 철저한 영재교육을 받는다. 갑작스러운 에도의 호출로 미토를 떠나게 된 나리아키는

---

35) 시부사와 에이치(渋沢栄一) : 막부의 신하에서 경제인으로 변모한 '일본 자본주의의 설계자'. 76세(1916년)에 저술한 《논어와 주판(論語と算盤)》에서 '경제와 도덕 합일설'을 주장했다. 500개 기업 탄생에 관여한 것으로 알려져 있다.

36) 미토번(水戸藩) : 미토번의 초대 번주는 도쿠가와 이에야스의 아들인 도쿠가와 요리후사(徳川頼房)였다. 도쿠가와 본가에서 대를 이을 사람이 없을 경우, 이 미토번 가문에서 양자를 들여 쇼군의 대를 이었다. 요시노부는 미토번에서 쇼군이 된 케이스다. 미토번은 천황을 존중하는 학문인 국학(國學), 일명 '미토학'의 본산이다.

"미토번의 도쿠가와 가문을 지키기 위해 학문을 게을리 하지 말라"고 시치로우마로에게 당부한다. 11세가 된 시치로우마로는 히도츠바시가(一橋家)의 양자가 되면서 12대 쇼군 도쿠가와 이에요시(德川家慶)로부터 요시노부(慶喜)라는 이름을 하사받는다. 당시 쇼군 승계를 두고 권력 분쟁이 끊임없이 이어졌다. 쇼군 이에요시가 급사하자 대를 이을 이에사다(家定)가 병약하여 막부 내에서는 요시노부를 차기 쇼군으로 추대하려는 움직임이 은근히 대두됐다. 요시노부의 아버지 나리아키는 교토의 공경 다카츠카사(鷹司)에게 "요시노부의 쇼군 후계에 힘을 실어달라"며 조정의 도움을 부탁한다.

얼마 지나지 않아 13대 쇼군 이에사다가 급사하자, 다이로(大老) 이이 나오스케는 기다렸다는 듯 나리아키와 요시노부를 내친다. 이런 나오스케의 조치에 불만이 쌓인 조정은 나리아키의 미토번에 칙명(천황의 명령)을 내린다. 그러자 나오스케는 반막부파를 탄압하고 양이파들을 포박하기 시작한다. 때를 맞춰 나오스케가 지지하는 기슈번(紀伊藩)의 도쿠가와 요시토미(德川慶福, 훗날 이에모치)가 14대 쇼군이 된다. 본색을 드러낸 나오스케는 나리아키의 미토번 무사를 포박, 사형하고 조정의 공경들을 사직시키고 근신 처분을 내린다. 나아가 나리아키를 미토에 평생 유폐하고 요시노부에게 근신 처벌을 가한다. 화는 화를 부르는 법이다. 1860년 3월, 에도성 사쿠라다 문 밖에서 나오스케의 정치에 불만을 품은 미토의 무사들이 나오스케의 행렬을 습격하여 암살하는 사건이 발생한다.

다시 기를 펴게 된 요시노부는 쇼군 후견직이 되고, 태어나서 처음으로 교토고쇼(京都御所 : 천황의 거처)로 들어간다. 그는 고메이 천황(孝明天皇)으로부터 양이(攘夷 : 외국과의 교류를 거부)와 공무합체(公武合体)를 명령받는다. 1866년, 드디어 요시노부는 지존의 자리인 쇼군에 취임한다. 2차 조슈 정벌의 지휘를 위해 오사카에 와 있던 쇼군 이에모치가 병환으로 사망하면서다. 요시노부는 '도쿠가와 종가를 상속하고 쇼군직을 계승하라'는 막부의 요청을 처음에는 고사한다. 하지만 주위의 간청이 거듭되자 도쿠가와 종가(德川宗家)를 이어받게 된다.

하지만 쇼군 자리도 잠시였다. 막부의 내리막길은 1868년 1월 3일 발발한 도바·후시미 전투로 가속도가 붙었다. 막부군의 형세가 불리해지자 요시노부는 측근인 아이즈번주 마쯔다이라 가타모리(松平容保), 구와나번주 마쯔다이라 사다타카(松平定敬) 등과 함께 카이요마루(開陽丸)호를 타고 에도로 퇴각했다. 요시노부를 조적(朝敵)으로 하는 토벌 작전이 시작됐고, 요시노부는 항전을 그만두고 고개를 숙이게 된다. 그해 4월 11일, 에도성이 메이지 신정부군에 넘어갔다. 이로써 265년에 걸친 막부는 막을 내린다. 요시노부는 일본 역사상 마지막 정이대장군(쇼군)이라는 운명을 맞는다.

2. 중요사건

1) 1867년 대정봉환(大政奉還)

대정봉환은 삿쵸동맹, 선중팔책으로 숨가쁘게 달려온 사카모토 료마의 '국가 비전 결정판'이다. 정식 의미는 도쿠가와 요시노부가 1867년 10월 14일(양력 11월 9일) 메이지 천황에게 정권 반납을 상주하고, 다음날 조정이 이를 칙허한 것을 말한다. '대정'(大政 : 정권)을 쇼군 요시노부가 천황에 '봉환'(奉還 : 반납)했다는 뜻이다. 그런데 역사는 참으로 냉정했다. 사카모토 료마는 대정봉환 한 달 뒤인 11월 15일(양력으로는 12월 10일) 막부파에 의해 암살당하고 말았다.

1867년 10월 대정봉환

당초 대정봉환은 도쿠가와가를 포함한 제후들 간의 의회정치체제를 수립하는 데 그 목적이 있었다. 그런데 대정봉환이 이뤄지고 나서도 요시노부는 쇼군직을 사임하지 않았고 조정에는 막부를 대신할 행정기관이 만들어지지 않았다. 요시노부는 계속해서 정무를 담당했다. 당시 막부는 "조정에는 정권을 운영할 능력도, 체제도 없다"며 "일단 형식적으로 정권을 반납하더라도 도쿠가와 가문이 제후회의에만 참여하면 실질적으로 계속 정권을 잡을 수 있다"고 생각했다. 하지만 대정봉환 후 예정됐던 제후회의가 늦어지면서 사쯔마, 죠슈번 등이 중심이 되어 정변을 일으켰다. 조정을 제압하고 요시노부를 배제하는 새 정부 수립을 선언(왕정복고)했던 것이다. 요시노부의 사관(辭官 : 관직의 사직)과 납지(納地 : 막부 영지의 반납)가 결정됐다.

2) 1867년 왕정복고의 대호령(王政復古の大号令)

'8월 18일의 정변', '금문의 변' 등을 거치면서 오랜 기간 근신처분으로 칩거해 있던 이와쿠라 도모미의 기사회생을 알리는 사건이다. 메이지 천황을 보필하던 이와쿠라 도모미는 1867년 12월 9일(양력 1월 3일), 5개 번의 반막부파 세력과 함께 에도 막부를 폐지함과 동시에 5개 조항을 담은 새 정부의 수립을 선언했다. 이를 '왕정복고의 대호령'이라 부른다.

1867년 11월, 무력도막파와 공무합체파를 중재하고 있던 사카모토 료마가 암살되면서 무력도막파는 강경파가 다수를 차지하게 되었다. 도막파는 "1868년 1월 1일(양력)로 예정된 효고항이 개항되면 요시노부의 정치적 복권을 대내외에 알리는 것이 된다"며 개항일 직후에 정변을 일으킬 필요가 있다고 뜻을 모았다.

왕정복고 대호령이 발표되기 하루 전, 실권을 잃었던 이와쿠라 도모미, 산조 사네토미 등 여러 공경들의 근신처분이 해제되고 사면됐다. 이로 인해 무력도막파는 궁성 내에서 다수파를 장악하게 된다. 정변 결행 전날 저녁, 이와쿠라 도모미는 사쓰마, 도사, 아키(히로시마), 오와리(아이치현), 에치젠(후쿠이현) 등 5개 번의 중신을 모아 왕정복고의 단행을 선언하고 협조를 구한다.

밤새 이어진 어전회의가 끝나고 아침이 밝았다. 친막부 공경들이 퇴근하자 5개 번의 병사들이 궁성 성문을 봉쇄한다. 정확한 날짜는 1867년 12월 9일(양력 1월 3일), 전날 막 사면된 이와쿠라 도모미가 조정에 들어와 '왕정복고의 대호령'을 선언하고 새로운 체제의 수립을 알렸다. 이로 인해 도쿠가와 요시노부의 실질적인 정치적 권력은 완전히 상실됐다. 왕정복고의 대호령은 ① 쇼군직 사직 칙허 ② 교토 수호직(京都守護職)[37]과 교토쇼시다이(京都所司代)[38] 직책 폐지 ③ 막부 폐지 ④ 섭정 및 관백 폐지 ⑤ 총재(総裁)·의정(議

---

37) 교토수호직(京都守護職) : 다이로 이이 나오스케가 암살당하는 등 급진 존왕양이파들 탓에 교토 치안이 불안해지자 막부가 1862년 무렵 만든 직책. 아이즈 번주 마쓰다이라 가타모리(松平容保)가 교토수호직에 임명됐다. 대정봉환으로 막부가 막을 내리면서 교토수호직도 폐지됐다.

38) 교토쇼시다이(京都所司代) : 에도 막부가 교토를 다스리기 위해 설치한 직책. 3만 석 이상의 다이묘를 임명했다.

定) · 참여(参与) 직책 신설을 담고 있다.

3. 주요 인물

• 이와쿠라 도모미(岩倉具視)

생몰연도 : 1825~1883년

출신 : 교토의 공경(公卿 : 조정 신하) 집안

다른 이름 : 어릴 적 이름 호리카와 카네마루(堀河

周丸)

직업 : 공경, 외무대신 등

사망 원인 : 병사

사망 당시 나이 : 59세

　막부 말기~메이지 신정부를 거치면서 가장 노회한 정치인을 꼽자면 아마 이와쿠라 도모미일 것이다. 1858년 미일수호통상조약이 체결되자 88명의 공경들과 함께 이를 저지하는가 하면, 훗날 미일수호통상조약 재협상을 위한 특명전권대사로 임명돼 그 유명한 '이와쿠라 사절단'을 이끌고 미국 등 유럽 순방에 나섰다. 공무합체파에서 출발한 그는 막부 타도파로 돌아섰고 천황에게 권력을 돌려줬다. 사이고 다카모리의 정한론을 주저앉힌 것도 그였다.

#

1825년 10월, 교토에서 공경(公卿 : 조정 신하)이던 호리카와 야스치카(堀河康親)의 차남으로 태어나 13세에 이와쿠라 토모야스(岩倉具慶)의 양자로 들어갔다. 28세 때 관백(関白 : 막부의 최고책임자) 다카츠카사 마사미치(鷹司政通)의 문하생이 되면서 하급 신하에 지나지 않던 이와쿠라 도모미는 조정 수뇌부에 의견을 올릴 수 있는 기회를 갖게 된다. 그런 그는 실력주의에 의한 인재 등용 등의 의견서를 제출한다.

1858년은 그의 정치 역량이 드러난 해였다. 당시 로쥬(老中) 홋타 마사요시가 미일수호통상조약의 칙허를 받기 위해 상경했다. 관백이던 구조 히사타다(九条尚忠)를 통해 칙허를 받아 내려고 했던 것이다. 하지만 이에 반대하는 이와쿠라는 88명의 동료 공경들과 항의하여 칙허를 내리지 못하게 했다. 첫 번째 정치 투쟁의 승리였다. 하지만 그 이후는 시련기였다.

#

이이 나오스케에 의한 안세이의 대옥이 일어나면서 그 영향이 황실과 공경들에게까지 미쳤다. 이와쿠라 도모미는 당초 조정과 막부가 힘을 합치는 공무합체파에 가까웠다. 조정과 막부의 관계 복원을 도모했던 것이다. 이후 '사쿠라다문 밖의 변'으로 이이 나오스케가 암살당하자 공무합체파가 살아났다. 안세이의 대옥에서 처분을 받았던 양이파들도 고메이 천황 덕에 복귀했다.

이럴 무렵, 일관되게 조정의 권위를 높이기 위해 노력했던 이와쿠라가 좌절을 맛본다. 황녀 카즈노미야와 쇼군 이에모치의 결혼을 찬성하면서 존왕양이파로부터 친막부파로 오인 받았던 것이다. 그 결과 사직을 강요받고 가택에서 칩거하게 되는데, 처벌이 약하다는 주장이 나오면서 교토가 아닌 시골에서 5년 동안 칩거했다. 금문의 변, 제2차 죠슈 정벌 등이 일어나 존왕양이 강경파는 교토에서 해산됐음에도 이와쿠라 도모미는 여전히 사면되지 못했다. 그런 가운데 조정 내의 동지들과 사쯔마번은 다시 이와쿠라 도모미를 찾기 시작했다. 이와쿠라는 사쯔마번에 호응하기 위해 공무합체파에서 도막파로 노선을 바꾸었다.

#

14대 쇼군 도쿠가와 이에모치의 사망과 2차 죠슈 정벌 패전 등 막부가 불리해지는 사이, 양이론의 선봉에 있던 고메이 천황이 사망했다. 이는 이와쿠라 도모미의 부활로 이어졌다. 1867년 1월, 메이지 천황이 15세의 어린 나이로 즉위하면서 사면 분위기가 무르익었는데 그해 12월 결국 이와쿠라 도모미도 사면됐다.

사면 후 그는 과감하게 치고 나갔다. 무력도막파가 된 이와쿠라 도모미는 막부로부터 모든 권한을 빼앗는 왕정복고의 대호령을 단행하고, 조정에 모든 권한을 이양하려고 추진했다. 그러면서 몰래 천황을 상징하는 깃발(錦旗 : 관군을 증명하는 깃발)을 만들어 유사시에 대비했다. 무진(보신)전쟁에서 이 천황 깃발은 전쟁의 승패를 가르는 결정적인 요인이 된다(7장 중요사건 참고). 전쟁 후, 신정부의 고관이 된 이와쿠라는 판적봉환, 폐번치현, 친병제도 등 어려운 문제를 해결하면서 일본을 근대국가로 출발시킨다.

#

미일수호통상조약 체결에 반대를 했던 그는 외무경(외무대신)에 취임한 후 불평등 조약의 개정을 위해 이와쿠라 사절단의 특명전권대사를 맡아 구미 시찰에 나섰다. 사절단을 이끌고 방문한 구미 각국의 근대화는 이와쿠라의 상상을 훨씬 넘었다. 결과적으로 조약 개정보다 시찰에 중점을 둔 구미 방문이 됐다. 1년 10개월의 시찰이 끝나고 귀국한 것은 1873년 9월이었다. 미국 발전의 원인이 철도에 있다고 판단한 이와쿠라는 일본철도회사의 설립에 적극적으로 매달렸다.

그러던 중 그는 뜻밖에 사이고 다카모리와 부딪힌다. 신정부의 수반격이던 사이고 다카모리가 정한론을 추진하고 있었기 때문이다. 불평사족들의 불만을 다스리기가 힘들었던 신정부는 사이고를 중심으로 조선반도 출병을 모의하고 있었다. 하지만 이와쿠라는 "국내 안정이 우선"이라며 사이고와 격렬하게 대립했다. 해군경(해군대신) 가츠 카이슈, 오쿠보 도미시치도 정한론에 선을 그었다.

이에 반발한 사이고 다카모리와 그의 세력들은 하야했다. 하야는 이내 전쟁으로 변했다. 에토 신페이(江藤新平)[39]가 사가의 난, 사이고 다카모리가 서남전쟁을 일으켜 내란이 일어났다. 이와쿠라는 이런 불평사족의 반란을 억누르고 정권의 안정을 꾀하면서 화족 통제정책에 노력했다. 특히 이토 히로부

---

39) 에토 신페이(江藤新平) : 사이고 다카모리와 함께 정한론을 펴다가 하야하고 사가현으로 낙향했다. 1874년 2월 '사가의 변'을 일으켜 정부에 반기를 들었다가 패해 효수됐다. '사가의 7현인' 중한 명이다.

미에겐 국가의 근간이 되는 헌법제정을 의뢰했다. 일본 근대화에 굵직한 일들을 마무리한 이와쿠라 도모미는 1883년(메이지 16년) 59세로 세상을 떠났다.

사랑하다 알게 되면 망설이게 되니, 몰랐다면 좋았을 것.

（知れば迷い　知らねば迷わぬ　恋の道。）

ー 히지카타 토시조(土方歳三)

7장

신센구미(新選組) : 무자비한 막부의 호위무사
- 제43화 2004년 방송 -

2004년엔 대하드라마 '신센구미'(新選組)가 방영되었다. 신센구미는 막부 말기 교토의 치안유지를 책임지던 교토수호직(京都守護職) 아래의 치안조직으로 출발했다. 드라마 '신센구미'는 이 조직의 곤도 이사미(近藤勇) 국장과 그의 오른팔인 부장 히지카타 토시조(土方歳三)의 이야기를 다루는데 '곤도 이사미의 인생에서 중요한 49일'을 선정하여 하루를 1화로 구성하는 방식을 취하고 있다. 그런데 이 신센구미는 2019년 4월 창립된 한 정당의 이름에도 사용돼 화제를 불러 모았다. 정당의 정식명칭은 레이와 신센구미(れいわ新選組)다. 레이와(令和)는 일본의 새 연호다. 이 정당의 대표는 영화배우이자 탤

런트 출신의 야마모토 타로(山本太郎).[40] 그는 "새로운 시대에 새롭게 선택받는 정당이 되기 위해 신센구미에서 이름을 차용했다"고 밝혔다. 야마모토 타로의 정치 인생은 다음과 같은 이야기로 많이 알려져 있다.

그는 2011년 동일본 대지진 발생 이후 원전의 위험성을 은폐한 일본 정부를 비판하다가 미운털이 박혔다. 연예인을 할 수 없게 되자 원전 반대 운동에 뛰어들었다. 더 나아가 2013년엔 국회에 입성했다. 도쿄 참의원 선거에 당선, 국회의원 배지를 달았던 것이다. 거기에 그치지 않고 2019년엔 6년 동안의 의정생활을 바탕으로 '레이와 신센구미' 정당을 만들었다. 그해 7월, 참의원 선거에서 사회적 약자를 중심으로 10명의 후보를 선정했다. 그중 2명의 비례대표 의원을 당선시켰는데, 한 명은 루게릭병 환자이고 또 한 명은 중증 장애인이었다. 사회적 약자인 두 사람의 당선은 일본 의회 역사상 처음 있는 일이었다. 하지만 야마모토 대표는 후순위인 비례 3번을 받아 낙선했다. 그는 역대 참의원 비례대표 선거사상 개인 최다 득표(99만 1,756표)를 얻었다. 정당 비례 득표율은 4.6%를 기록, 결성 4개월 만에 정식 정당으로 인정받고 정당 교부금도 받았다.

야마모토가 '레이와 신센구미'를 창당한 건 그의 배우 이력과 무관하지 않

---

40) 야마모토 타로(山本太郎) : 효고현 출신의 레이와 신센구미(れいわ新選組)당 대표. 한국 영화 '역도산', '마이웨이' 등에도 출연해 한국에서도 많이 알려져 있는 배우다. 원전 비판 등 '반 아베 노선'을 취하며 아베 총리의 장기집권 폐해를 지적하고 있다. "사람도 생산성이 떨어지면 언제든 탈락할지 모른다"는 눈물의 연설은 한국에서도 큰 화제가 되었고 많은 공감을 불러 일으켰다.

다. 그는 2004년 방송된 대하드라마 '신센구미'에서 조직의 10번 조장 '하라다 사노스케'(原田左之助) 역을 맡았다.

1. 줄거리

미야가와(宮川)라는 성씨를 가진 집안에서 태어난 곤도 이사미는 15세 때 검술도장 시위관(試衛館)에 입문한다. 때마침 집안에 도둑이 들었는데 곤도 이사미가 이를 격퇴했다. 그런 소문을 스승 곤도 슈스케가 전해 들었다. 담력을 높이 산 곤도 슈스케는 제자를 양자로 입양한다. 곤도 이사미라는 이름을 갖게 된 이유다. 검술을 연마하며 양아버지의 기대대로 성장한 곤도 이사미는 정식으로 도장의 운영을 이어받고, 평범한 일상을 보내고 있었다.

#

1863년, 쇼군 도쿠가와 이에모치의 교토 상경이 결정되었다. 막부측은 상경하는 쇼군을 경호하기 위한 무사들을 선발하게 된다. 당시 이를 상주한 이가 기요카와 하치로(清河八郎)[41]이다. 그렇게 만들어진 것이 신센구미의 전신인 '로우시구미(浪士組)'이다. 곤도 이사미도 시위관의 동료인 히지카타 토

---

41) 기요카와 하치로(清河八郎) : 지금의 야마가타현인 쇼나이번(庄内藩) 출신의 무사. 북진일도류의 관장에서 검술 수업을 받은 후 추천을 받아 막부에 채용됐다. 1863년 그는 "신분을 묻지 않고 우수한 인재를 모아서 혼란한 교토의 치안을 회복하고 막부 쇼군의 에도 상경을 경호할 낭사조(浪士組)를 결성해야 한다"는 의견서를 막부에 제출했다. 하지만 기요카와 하치로는 1863년 4월, 막부 자객들에게 참살됐다.

시조 등을 데리고 로우시구미에 합류해 교토로 향한다. 하지만 교토에 도착한 기요카와는 로우시구미를 쇼군 경호가 아니라 천황의 배속병력으로 이용하려고 획책한다. 원래 기요카와는 존왕양이론자였는데, 결국 교토에 입성하자마자 존왕양이를 주장하고 나선 것이다.

막부는 이런 움직임을 불안하게 여기고 무사들에게 에도 귀환 명령을 내린다. 로우시구미는 회의를 거쳐 다시 에도로 돌아가기로 한다. 하지만 곤도 이사미와 세리자와 카모(芹沢鴨) 등은 쇼군 경호를 위하여 교토 잔류를 주장하여 '미부로우시구미'(壬生浪士組)를 결성한다. '미부'(壬生)는 교토의 마을 이름이다. 그러니 '미부로우'(壬生浪)는 미부 마을에 근거지를 둔 '미부의 로닌'(낭인)이라는 뜻이다. 미부로우시구미는 세리자와 가모를 중심으로 하는 미토파와 곤도 이사미의 시위관파로 구성되었으며 1차로 30명의 대원을 모집한다.

어느 날 곤도 이사미와 세리자와 가모가 갈라서는 일이 벌어진다. 세리자와 가모의 무리들이 교토의 생사(누에고치에서 뽑은 실) 도매상과 금전 문제를 일으켜 그 가게를 방화한 것이다. 사건의 보고를 받은 교토수호직 마쯔다이라 가타모리는 격노하여 곤도 이사미에게 사태 해결을 지시한다. 이때부터 두 파벌 사이에 갈등이 생기기 시작한다. 이후 곤도 이사미와 히지카타 토시조가 세리자와 가모 일당을 암살하여 미토파는 일소되고 곤도파가 조직을 장악하게 된다. 미부로우시구미는 '8월 18일의 정변'에 황궁 경비에 동원되는데, 그 활약상을 인정받아 새로운 이름 '신센구미'를 부여 받는다. '로우시구미(浪士組)와 '미부로우시구미'(壬生浪士組)를 거쳐 새로운 조직이 만들어진 것이다.

\#

마침내 곤도 이사미가 신센구미의 국장으로 취임하고 히지카타 토시조(土方世三)는 부장이 된다. 교토의 치안 유지와 반막부 테러 단속을 맡아 교토 단속에 나선 것이다. 그럴 무렵, 이케다야(池田屋) 사건이 터진다. 신센구미는 구마모토 번사 미야베 테이조를 체포한 후 그의 자백을 바탕으로 양이파 지사가 교토에 숨어 있다는 것을 알게 된다. 신센구미는 즉시 탐색을 시작하여 이케다야에서 회합이 이루어진다는 정보를 입수한다. 다수의 양이 지사가 모여 있던 이케다야를 습격하여 살육이 벌어진다.

이 이케다야 사건으로 곤도 이사미의 이름은 교토 전 지역에 알려지게 된다. 신센구미는 이케다야 사건과 금문의 변의 공로를 인정받아 조정과 막부로부터 표창장과 하사금을 받게 된다. 이 하사금을 이용해 2차 대원을 모집해 신센구미는 200명이 넘는 규모로 발전한다. 신센구미는 '성'(誠 : 일본어 마코토)이라는 한자가 적힌 깃발을 상징으로 했으며, 대원들은 톱니무늬가 새겨진 옷을 입었다.

이윽고 곤도 이사미의 최후가 다가온다. 도바 · 후시미 전투에서 신정부군에 항복하면서 처분을 기다리는 운명을 맞는다. 곤도 이사미가 항복하자 신정부군 내에서 곤도의 처우를 둘러싸고 사쯔마번과 도사번 사이에 대립이 벌어진다. 결국 엄벌을 주장하던 도사번의 다니 간죠(谷干城)가 주도하여 곤도는 사형에 처해진다. 곤도는 무사답게 할복으로 생을 마감하기를 바랐다. 하지만 원래 농민 신분이라는 이유 탓에 무사의 할복이 인정되지 않았다. 그는 35세의 나이에 참수형에 처해진다.

2. 중요사건

1) 1868년 보신전쟁(戊辰戰爭)

왕정복고를 거쳐 메이지 정부를 수립한 사쯔마, 죠슈, 도사번이 중심이 된 신정부군과 구막부 세력, 동북지방 동맹이 싸운 일본의 내전이다. 1868년 1월 도바·후시미 전투에서 시작해 1869년 5월 하코다테전쟁까지를 말한다. 1868년이 간지(干支)로 보신(戊辰)에 해당하여 이런 호칭이 붙었다.

#

1867년 12월 9일 왕정복고의 대호령에 의해 성립한 새 정부는 도쿠가와 요시노부를 정권에서 배제한다. 하지만 일주일 뒤인 12월 16일, 요시노부는 각국 공사들에게 대정봉환을 비난하고, 조약의 이행과 각국과의 교섭은 자신이 담당한다고 선언한다. 메이지 유신을 주도한 죠슈번과 사쯔마번은 대정봉환 이후에도 도쿠가와 요시노부가 관직과 영지를 내놓지 않자 구막부에 대한 도발을 계속 이어간다. 급기야 12월 23일, 사쯔마의 병사가 에도 시내의 경비를 담당하는 쇼나이번(庄内藩, 야마가타현)의 주둔지에 총을 쏘아 사쯔마 번

저가 습격을 받는 사건이 일어난다. 이 소식을 전해들은 오사카의 구막부군은 더 이상 참지 못했고, 결국 도바·후시미전쟁이 터지게 된다.

1868년 1월 2일, 막부의 군함 2척이 효고항에 정박하고 있던 사쯔마 선박에 포격을 가함으로써 사실상 전쟁이 시작됐다. 신정부군의 병력은 약 5천명, 구막부군은 그 3배인 1만 5천명에 달했다. 구막부군은 아이즈번과 신센구미로 구성돼 사기는 높았지만 서양식으로 훈련된 사쯔마 병사들을 당해내지 못하고 연신 후퇴했다.

\#

그런데 전쟁은 어이없게도 화력이 아닌 깃발 하나로 승부가 나버렸다. 요시아키 친왕(嘉彰親王)이 군사 총재인 정토대장군에 임명되어 천황으로부터 '니시키노 미하타'(錦の御旗 : 천황기)를 하사받았다. 이 황금 깃발은 신정부군이 정식 관군이고, 구막

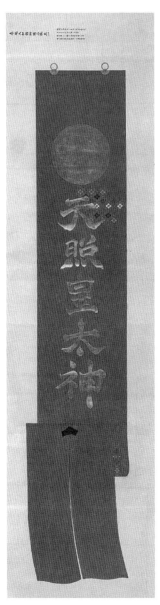

1868년 보신전쟁에서 정부군이 사용한 천황기

부군이 역적이라는 걸 의미했다. 종전까지 자기들이 관군이라고 알고 있었던 구막부군은 크게 동요했고 전의마저 상실했다. 구막부군은 오사카성으로 철수했고, 오사카성에 있던 쇼군 도쿠가와 요시노부는 군함을 타고 에도로 도주해 버린다. 그러자 신정부는 요시노부를 잡아들이기 위해 3월 15일을 에도성 총공격의 날로 정한다.

드디어 사이고 다카모리가 이끄는 신정부군이 에도에 접근했다. 구막부를 대표하던 가츠 가이슈(勝海舟)는 "에도가 초토화되는 것만은 막아야 한다"고 생각했다. 신정부군 참모 사이고 다카모리와 회담에서 항복조건이 논의됐다. 1868년 4월 4일 요시노부의 미토번 근신, 에도성 개방을 골자로 하는 항복조건이 구막부에 전달됐고, 4월 11일 에도성이 무혈개성(無血開城) 됐다. 그럼에도 막부의 항전파 군사들은 에도를 탈주해 관동, 동북지방으로 옮겨 저항전을 펼쳤다.

그해 8월엔 유명한 백호대(白虎隊)[42]가 등장한다. 8월 21일 신정부군이 동북지방 아이즈번의 경계를 통과하여 본성인 와카마츠성(若松城)으로 진격해 가는 과정에서 비극적인 사건이 발생한다. 16~18세의 나이로 구성된 소년

---

42) 백호대(白虎隊) : 아이즈번의 소년 무사부대. 보신전쟁 당시 백호대는 본성인 와카마츠성의 동북쪽에 따로 포진하고 있었다. 그들은 와카마츠성의 농성전에 참가하기 위해 서둘러 귀환하던 중 성에서 연기가 올라오는 것을 보고 성이 함락됐다고 오인했다. 그러면서 16명의 소년 무사들이 집단 자살을 감행했다.

무사대 백호대가 성이 함락된 줄 알고 집단 자살한 것이다.

그렇게 전쟁은 끝이 나고 있었다. 구막부측의 해군을 이끌고 탈주한 에노모토 다케아키(榎本武揚)는 홋카이도의 하코다테를 공략하고 별도의 정부를 수립했지만 1869년 5월, 오릉곽(五稜郭)에서 신정부군에 항복한다. 보신전쟁으로 많은 번들의 재정이 극도로 궁핍해지고 번주의 통제력은 상실되었으며, 번체제는 점차 해체의 길로 들어선다.

3. 주요 인물

• 히지카타 토시조(土方歲三)

생몰연도 : 1835~1869년

출신 : 농사짓는 집안

직업 : 신센구미 부장

사망 원인 : 총상

사망 당시 나이 : 35세

암살자? 의리남? 막부 말기 여러 인물들 중에서 히지카타 토시조(土方歲三)도 상당히 사랑받는 캐릭터다. 일본인들 중엔 여전히 그를 흠모하는 이가 많다고 한다. 무사로서의

신념을 지키고 살아간 의협심 강한 사나이라는 것이다. '도깨비 부장'(鬼の副長)이라는 별명을 갖고 있었던 히지카타 토시조는 의외로 하이쿠를 취미로 즐기는 풍류도 지니고 있었다. '알면 주저하고, 모르면 주저하지 않는 사랑의 길'(知れば迷い 知らねば迷わぬ 恋の道)이라는 하이쿠를 이 장에서 소개한 이유도 여기에 있다.

#

1835년 현재의 도쿄도 히노시(日野市)에서 태어난 히지카타 토시조는 일찍이 부모를 여의고 형의 손에서 자라게 되는데, 어릴 때부터 난폭한 장난꾸러기였다고 한다. 가업인 약방 행상을 하며 근처의 검술도장에서 수업을 받았다. 그의 자형인 사토 히코고로(佐藤彦五郎)는 '시위관'(試衛館)이라는 검술도장의 3대 종가인 곤도 슈스케의 제자였다. 또 훗날 신센구미 국장이 되는 곤도 이사미와는 의형제를 맺은 사이였다. 사토 히코고로는 집 옆에 시위관의 출장 도장을 갖고 있었는데, 곤도 이사미가 지도를 위해 종종 방문했다. 이런 인연으로 히지카타 토시조는 곤도 이사미와 알게 되고 시위관에 정식으로 입문하게 된다.

때는 1863년 2월. 히지카타 토시조는 곤도 이사미를 비롯한 시위관 동료들과 막부가 모집한 '경호부대'(로우시구미)에 지원했다. 교토로 상경하는 쇼군 도쿠가와 이에모치의 경호를 위한 조직이었다. 교토 경비를 책임지는 교토수호직에 아이즈번의 번주 마쓰다이라 가타모리(松平容保)가 임명되면서 신센구미가 정식으로 조직됐다. 살벌한 암살 조직 신센구미를 역사 소설가 시바 료타로는 작품에서 '의리의 사무라이 집단'으로 그려냈는데, 국장 곤도 이사미와 오른팔 히지카타 토시조 역시 그렇게 묘사되고 있다.

히지카타는 엄격한 규율을 강조하면서 내부 숙청도 마다하지 않았다. 위반 자는 심지어 간부라 할지라도 할복시켰다. 탈주자는 본보기로 참수했다. 이런 탓에 '도깨비 부장'(鬼の副長)이라고 불렸다. 대원들에게는 공포의 대상이 아닐 수 없었다.

#

역사적인 이케다야(池田屋) 사건의 현장, 거기에 히지카타 토시조가 있었 다. '금문의 변'의 발단이 된 이케다야 사건은 '이케다야 여관에 죠수번과 도사번의 존왕양이파 지사들이 모여 있다'는 정보를 입수한 신센구미가 이곳을 습격한 걸 말한다. 당초 히지카타 토시조는 부하들을 데리고 다른 곳으로 갔다가 허탕을 치고 곤도 이사미 등이 맡고 있던 이케다야에 뒤늦게 달려왔다. 이케다야 주위를 둘러싸고 있던 친막부군 아이즈번과 구와나번 병사들은 현장에 일절 접근하지 못했다. 그저 도망자를 쫓는 수준에 그쳤다. 히지카타 토시조가 신센구미의 '공'을 지키기 위해 그렇게 했던 것이다.

다시 무대는 막부가 막을 내리는 보신전쟁. 히지카타는 부상당한 곤도 이사미를 대신해 도바 · 후시미 전투에서 나선다. 신센구미의 지휘를 맡아 구막부군과 함께 분전하지만 패배해 후퇴한다. 곤도와 히지카타는 갑양진무대(甲陽鎮撫隊)를 결성해 싸우지만 다시 패하고 치바현에서 곤도 이사미는 신정부군에 체포돼 참수형을 당한다. 그 후 히지카타는 우쓰노미야성 전투에서 다리에 부상을 입고 아이즈에서 3개월 정도의 요양을 취한 뒤 바로 전선으로 복귀한다.

동북지방 센다이로 건너간 히지카타는 에노모토 다케아키(榎本武揚)⁴³⁾가 인솔하는 막부 해군에 합류한다. 이어 홋카이도로 건너가 하코다테의 오릉곽 (五稜郭)⁴⁴⁾을 점거, 에노모토 다케아키를 총재로 하는 '에조공화국'(蝦夷共和 国) 수립에 참가한다. 히지카타는 에노모토의 하코다테 정권하에서 육군 간 부로 지휘를 맡았지만 압도적인 화력을 가진 신정부군에게 밀려 서서히 구석 으로 몰려간다. 마침내 신정부군의 하코다테 총공격이 개시되자 히지카타 토 시조는 수비진영을 벗어나 돌진한다. 이내 총탄을 맞고 낙마해 35세에 최후 를 맞는다.

---

43) 에노모토 다케아키(榎本武揚) : 보신전쟁에서 막부 세력에 가담, 홋카이도 하코다테에 에조시마 (蝦夷島) 공화국 정부를 수립했지만 이듬해 5월 항복했다. 이후 수감에서 풀려나 특별사면을 받 고 홋카이도 개척을 담당했다. 문부대신, 외무대신 등을 지냈다.
44) 오릉곽(五稜郭) : 고료가쿠. 오각형 별 모양의 성곽. 당시 하코다테 봉행소가 있던 곳이다.

일본 전도

하코다테(箱館)

센다이
(仙台)

아이즈(会津)

미토
(水戸)

후쿠이(福井)

에도(江戸) ── 사쿠라(佐倉)

히코네(彦根)   슨푸
          (駿府)
교토   구와나(桑名)
(京都)   시모다
                (下田)
히로시마 후쿠야마(福山)   효고(兵庫)
(広島)
          오사카
하기(萩)   (大坂)

          고치(高知)
사가(佐賀)
          우와지마
          (宗和島)
나가사키
(長崎)
가고시마
(鹿児島)

일을 성취하려는 자는 우직해야 한다. 약삭빨라서는 안 된다.
(事を成し遂げる者は愚直でなければならぬ。才走ってはうまくいかない。)

— 가츠 카이슈(勝海舟)

8장

가츠 카이슈(勝海舟) : 이름대로, 바다에 살다
- 제12화 1974년 방송 -

이름 대신 부르는 호(號)는 일반적으로 당사자의 거처나 자신의 사상(생각), 좋아하는 대상물에서 힌트를 얻어서 짓는 경우가 많다. 스스로 만들기도 하고 종종 남이 지어주기도 한다. 메이지 유신 인물 중에서 가장 그럴듯한 호를 지닌 인물은 아마 가츠 카이슈(勝海舟)가 아닐까? '바다의 배'라는 의미의 카이슈(海舟)는 그의 호다. 사카모토 료마를 혁명가로 이끈 가츠 카이슈는 메이지 정부에서 초대 해군경(해군대신)을 지냈으며 '일본 근대 해군의 아버지'라고도 불린다. 그의 호와 해군 관직은 바다라는 공통점으로 연결되어 있다.

가츠 카이슈는 카이슈란 호를 어떻게 만들게 됐을까. 그는 시대를 앞선 선각자 사쿠마 쇼잔(佐久間象山)의 제자였다. 그런데 그의 여동생이 사쿠마 쇼잔의 정식 아내가 되면서 관계가 묘해졌다. 쇼잔이 41세, 여동생이 17세, 무려 스물다섯 살 차이가 나는 부부였다. 결혼에 대한 보답이었을까? 쇼잔은 제자 카이슈를 높이 평가했고, 자신의 서재에 걸려 있던 '해주서옥'(海舟書屋)이라는 액자를 선물했다. 이 글자가 마음에 들었든지, 가츠 카이슈는 해주서옥의 해주(海舟 : 카이슈)라는 두 글자를 자신의 호로 삼았다. 해주서옥은 '바다에는 배가 있는 것처럼 집에는 책이 있다'는 뜻이다.

1974년 시모자와 칸(子母沢寛)의 동명소설을 원작으로 한 대하드라마 '가츠 카이슈'(勝海舟)가 방송됐다. 사카모토 료마, 사이고 다카모리 등 유신의 과정에서 알고 지낸 인물들과의 교류를 바탕으로 이야기가 전개된다. 그런데 청년기를 연기해 온 배우 와타리 테츠야(渡哲也)가 병으로 쓰러져 버린다. 이례적으로 주인공이 도중에 교체되는 일이 벌어졌다. 그러면서 대타로 배우 마츠카타 히로키(松方弘樹)가 가츠 카이슈의 장년기를 연기했다. 카이슈의 어릴 적 이름은 린타로(麟太郎). 메이지 유신 이후 야스요시(安芳)로 개명했다. 카이슈는 인내심의 소유자였던 것 같다. 난학(蘭学 : 네덜란드 학문)을 익히고 나서는 난학 사전을 1년에 걸쳐서 두 부를 필사하여 한 부는 자신이 가지고, 남은 한 부는 팔아서 자금을 만들었다는 일화가 전해진다.

도쿄 미나토구에는 그런 가츠 카이슈의 흔적을 만날 수 있다. '에도개성 사이고 다카모리 · 가츠 카이슈 회견의 땅'(江戸開城 西郷南洲 勝海舟会見之地)이라고 적힌 비(碑)다. 이곳은 무진전쟁(보신전쟁) 중 에도성 총공격 전날 사이고 다카모리와 가츠 카이슈가 에도의 사쯔마번 저택에서 회담을 갖던 장소였다. 당시 막부를 대표하던 가츠 카이슈는 신정부군을 이끌고 에도로 진격하던 사이고 다카모리와 담판을 벌였다.

가츠 카이슈는 사이고 다카모리에게 물었다. "에도의 백만 백성에게, 도탄의 아픔을 주면서까지 새 나라를 만든다면 그 나라에 어떤 희망이 있다는 것이요. 세고동(사이고 다카모리의 애칭)이 만들고자 하는 새로운 일본이라는 것은 도대체 무엇이오?" 이 말에 사이고 다카모리가 설득 당했다. 가츠 카이슈는 조건부 항복을 선언했다. 이른바 '에도성무혈개성'(江戸城無血開城)이다. 가츠 카이슈의 말처럼 당시 에도의 인구는 세계 최대인 100만 명. 두 사람의 담판으로 큰 참화를 면하게 된 것이다.

두 사람의 인연은 여기서 그치지 않는다. 사이고 다카모리가 서남전쟁(세이난전쟁)에서 난을 일으켜 사망하고 나서 일본의 역적으로 몰릴 때였다. 이번엔 거꾸로 가츠 카이슈가 사이고 다카모리를 도왔다. 사이고의 명예회복을 위해 동분서주하며 메이지 천황에게 허락을 얻어 우에노 공원에 동상이 세워지도록 지원했다. 이뿐만 아니다. 막부 붕괴 후 조정의 적이 되어버린 자신의 옛 주군인 도쿠가와 요시노부가 사면을 받을 수 있도록 노력했다. 이처럼 의리를 존중했던 가츠 카이슈는 1899년 뇌일혈(내뇌출혈)로 쓰러졌다. "고레데 오시마이"(이것으로 끝인가)라는 말을 남기고 사망했다.

1. 줄거리

가츠 카이슈(어릴 적 가츠 린타로)에겐 시마다 토라노스케(島田虎之助)[45]라는 스승이 있었다. 카이슈는 스승으로부터 "옛날 방식의 병학으로는 서양의 군함이나 대포에 맞서 싸울 수 없으니 새로운 지식을 얻기 위해 난학(蘭学)을 배우라"는 권유를 받는다. 카이슈와 토라노스케는 함께 서양병학 견학을 떠난다. 이 무렵, 양학을 배우는 자들에 대한 탄압이 격화되면서 카이슈는 외출금지 처분을 받는다. 하지만 몰래 야간에 빠져나와 계속해서 난학을 배운다. 그럴 무렵, 카이슈는 여동생으로부터 마츠시로번(松代藩) 출신의 사쿠마 쇼잔(佐久間象山)이라는 존재를 알게 된다. 쇼잔은 박식하지만 여자관계가 깔끔하지 못한 사람이다(일설에 첩이 다섯이라는 말도 있다). 그런 쇼잔은 카이슈에게 "여동생을 만나게 해달라"고 조른다. 카이슈는 이 말에 화를 내지만, 결국 여동생은 25세 연상의 사쿠마 쇼잔과 결혼하게 된다.

1853년 6월, 우라가항에 페리 제독이 흑선을 이끌고 내항한다. 페리 제독에게 개국을 강요당한 막부는 여러 다이묘들과 막부 신하들에게 개국에 대한 의견을 구했다. 가츠 카이슈도 처음으로 의견서를 제출하게 된다. 이듬해

---

45) 시마다 토라노스케(島田虎之助) : 막부 말기의 3대 검객 중 한 명. 그는 제자들에게 "검(劍)은 마음이고, 마음이 올바르지 않으면, 검 또한 올바르지 않다. 검을 배우고자 한다면 먼저 마음을 올바로 하라"(劍は心なり。心正しからざれば、劍又正しからず。すべからく劍を学ばんと欲する者は、まず心より学べ)고 가르쳤다고 한다.

인 1854년 1월, 페리 제독이 군함 7척을 이끌고 다시 우라가 앞바다에 나타나면서 미일화친조약이 체결된다. 이때부터 카이슈는 군함에 몰입한다. 그는 "네덜란드에서 구입한 나가사키 정박 군함을 활용해 학교를 열자"고 제안한다. 아울러 "지금 일본에 필요한 것은 해군, 군함 그리고 군함을 다룰 수 있는 인재"라고 주장한 의견이 받아들여져 나가사키의 해군전습소(海軍伝習所)에 파견된다.

1856년 10월 나가사키에 도착한 카이슈는 네덜란드 교관과 의견을 나누고, 막부는 에도 쓰키지(築地)에 군함조련소를 만들 계획을 발표한다. 1860년 미일수호통상조약 비준서 교환을 위한 견미사절단이 미국에 파견되자, 카이슈는 사절단의 수행함선 칸린마루(咸臨丸)의 선장으로 임명된다. 미국을 다녀온 이후 그의 이름은 개국파로 알려지기 시작한다.

그러던 어느 날, 도사번 출신의 사카모토 료마가 카이슈의 집을 습격한다. 료마는 처음에는 카이슈를 처단할 생각이었지만 카이슈의 구상을 듣고 감명을 받아 제자가 된다. 1862년 8월 가츠 카이슈는 군함부교(軍艦奉行)로 승진, 해군을 운용할 인재육성에 더욱 힘을 쏟는다. 이후 쇼군 도쿠가와 이에모치에게 건의해 고베에 해군조련소(海軍操練所 : 해군사관 양성기관)를 설립하기로 한다. 몇 년이 흘러 시대는 도바·후시미전쟁으로 치닫는다.

2. 중요사건

1) 1868년 1월 고베사건(神戸事件)

1868년 1월 11일(양력 1868년 2월 4일) 고베시 산노미야신사(神戸三宮神社) 앞에서 비젠(備前 : 오카야마현) 병사들과 프랑스 수병 사이에 발생한 충돌 사건을 말한다. 프랑스 병사에게 중상을 입힌 포병 교관 다키 젠자부로(滝善三郎)[46]가 사건의 책임을 지고 할복했다. 사건의 개요는 아래와 같다.

1868년 1월 3일 무진전쟁(보신전쟁)이 발발하자 신정부는 막부측인 효고번을 견제하기 위해 비젠번에 출병을 명했다. 이틀 후인 1월 5일, 비젠번의 가로(家老) 헤키 다테와키(日置帶刀)가 2천 명의 병사를 이끌고 출전했다. 헤키의 측근 중엔 다키 젠자부로(滝善三郎)란 이가 있었다. 그는 포술가인 아버지에게 포술을 배웠고, 또 창술에도 뛰어나 포병대를 이끌고 있었다. 엿새 뒤인 1월 11일 병사들의 대열이 고베시 산노미야신사 근처에 접어들고 있었다. 개항한 지 얼마 되지 않은 고베에는 외국 군함이 정박해 있었고, 많은 외국인들이 비젠번의 대열을 구경하려고 길가에 모여 들었다.

---

46) 다키 젠자부로(滝善三郎) : 오카야마현 출신의 포병 교관. 고베 사건으로 외국인 검시관 일곱 명이 지켜보는 가운데 할복 처분을 받아 32세에 사망했다. 다키 젠자부로는 직접 자기 배를 갈라 할복했고, 그의 부하가 '가이샤쿠'(介錯 : 목을 쳐 주는 역할)를 했다. 당시 다키 젠자부로의 할복 사건은 세계에 큰 반향을 일으켰다. 검시에 참여했던 영국 외교관 미트포드(Mitford)는 할복 모습을 본국에 전달했고, 영국 신문 〈일러스트레이티드 런던 뉴스(The Illustrated London News)〉는 이를 그림 형식으로 게재했다고 한다.

그런데 난데없이 프랑스 수병들이 나타나 행렬을 가로질러 가려고 했다. 당시로선 이런 행동은 큰 죄에 해당됐다. 포병대장 다키 젠자부로는 그들을 제지했다. 하지만 프랑스 병사들은 이를 무시하며 행렬에 끼어들었다. 참다 못한 다키 젠자부로는 창으로 한 프랑스 병사의 허리에 경상을 입혔다. 방어 차원에서 주위에 있던 프랑스 병사들이 권총을 꺼내들자, 다키 젠자부로는 자신의 병사들에게 주의를 주기 위해 "총!"이라고 외쳤다. 그러자 부하들은 발포 명령으로 착각하고 일제사격을 시작했다. 단순한 위협사격이었다. 총알은 외국인들의 머리 위로 횡~횡~ 날아갔다. 거기엔 영국 공사도 있었다. 현장에 있던 외국인들은 일본인이 자기들에게 총구를 겨눴다고 받아들였다. 영국 공사도 상당히 격앙됐다. 결과적으로 몇몇 병사와 외국인이 경상을 입었다.

단순한 소동으로 끝났을 법도 했지만, 사태는 일파만파였다. 사건을 심각하게 판단한 서구 열강들은 6개국 공사 연명으로 일본 신정부에 책임을 물었다. "살인 의도가 있었다"며 발포 명령자의 사죄를 요구했다. 이를 받아들인 정부는 2월 2일, 포병대장 다키 젠자부로의 할복, 부대 책임자인 헤키 다테와키의 근신을 명령했다. 일주일 뒤인 2월 9일, 효고의 에이후쿠지(永福寺)에서 일본측과 외국의 검시인들이 지켜보는 앞에서 다키 젠자부로는 할복했다. 메이지 정부에 닥친 첫 번째 외교사건이었지만 포병대장 한 사람의 할복으로 원만히 마무리됐다. 이 사건으로 인해 양이를 주장해 온 조정은 일시에 개국 화친으로 방침을 전환했다.

2) 1868년 3월 5개조의 서문(五箇条の誓文)

메이지 신정부는 분위기를 환기시키기 위해 '나라의 중심에 천황이 있다'는 행사를 기획했다. 1868년 3월 14일, 메이지 천황은 신하들을 거느리고 신에게 맹세하는 제사를 지냈다. 이 자리에서 공경 산조 사네토미가 '5개조의 서문'을 낭독했다.

서약문을 만드는 과정에서 3단계 수정과 첨삭이 있었다. ① 1868년 1월, 메이지 신정부의 구체적인 국시를 담은 '의사지체대의'(議事之体大意) 5개조가 나왔는데, 이는 후쿠이번(福井藩)의 유리 기미마사(由利公正)가 고안했다. ② 이어 도사번(土佐藩) 후쿠오카 타카치카(福岡孝弟)의 수정안이 나왔고, 서약문에 '열후회의'(列侯会議)라는 말이 추가됐다. 정작 열후회의는 봉건적인 방향으로의 후퇴를 의미했다. 공경(公家)과 다이묘(大名)가 모여 회의를 열어 국정의 방침을 정하자는 것이다. ③ 마지막으로 기도 다카요시(木戸孝允)가 중심이 된 새로운 수정안이 나왔다. 다이묘 중심이 아니라 천황 중심을 명시해야 한다는 내용으로, '열후회의'라는 문구를 삭제하고 제1조 서두에 '폭 넓게 의견을 구한다'라는 표현을 첨가했다. 참고로 다섯 조문 내용을 소개하면 다음과 같다.

제1조 : 정치를 할 때는 폭 넓게 의견을 구하고, 모든 것을 회의에서 상의 결정한다.

제2조 : 신분 고하에 관계없이 한마음으로 국가를 바르게 이끌어 간다.

제3조 : 관리 · 무사 · 서민까지 신분의 차이를 넘어 각각의 뜻을 실현할 수 있도록 한다.

제4조 : 구습을 없애고 세계 공통의 올바른 도리(국제법)에 따라서 행동한다.

제5조 : 서구의 앞선 문명(지식)을 추구하여 국가를 발전시킨다.

3) 1868년 7월 도쿄로 천도

1868년 7월 17일(양력 1868년 9월 3일)에 에도가 도쿄로 개칭됐다. 같은 해 음력 9월 8일 연호가 메이지로 바뀌고, 10월 13일 천황이 도쿄에 들어왔다. 이듬해인 메이지 2년(1869년) 오랜 기간 수도였던 교토에서 도쿄로 천도했다.

메이지 유신의 개시 시기에 대해서는 여러 가지 설이 있다. 좁은 의미에서는 메이지 연호가 시작되는 메이지 원년 음력 9월 8일(양력 1868년 10월 23일)을 해당일로 잡는다. 하지만 일반적으로는 그보다 한 해 전인 게이오 3년(1867년)의 대정봉환과 왕정복고 이후의 개혁을 개시 시점으로 잡는다.

당초, 천도와 관련해서도 의견이 분분했다. 오쿠보 도시미치를 중심으로 오사카 천도론이 나왔다. 하지만 오사카 천도론에는 반대가 많아 최종적으로 도쿄로 정해졌다. 천도에 대한 정식포고가 있었던 것은 아니다. 메이지 천황이 두 번 도쿄 행차를 하면서 태정관[47]도 도쿄로 옮겨갔다.

3. 주요 인물

• 사쿠마 쇼잔(佐久間象山)

생몰연도 : 1811~1864년

출신 : 무사 집안

직업 : 과학자, 주자학 사상가

사망 원인 : 암살

사망 당시 나이 : 54세

사쿠마 쇼잔은 요시다 쇼인, 사카모토 료마, 가츠 카이슈가 스승으로 받들었던 인물이다. 서양문명과 동양의 지식 융합을 강조한 그는 '미래를 보는 눈'을 가진 선각자였다. 쇼잔은 대포기술을 개발한 과학자이기도 했다. 그런 그는 수많은 어록을 남겼는데 그 중엔 과학에 관한 내용도 있다. 예를 들면, "책을 읽고 지식을 모아두는 것만으로는 소용없다. 실제로 해보지 않으면 도움이 안 된다. 그것이 과학이다"(書を読んで知識をため込むだけ

---

47) 태정관(太政官) : 메이지 유신 직후 설립된 행정부. 교토 태정관에서 정무를 보던 메이지 천황은 도쿄로 거처를 옮기면서 '도쿄 수도' 체제를 완성했다.

では駄目である。実際にやってみなければ役に立たない。それがサイエンスだ）라는 어록이 있다. 그는 또 오늘날로 치면, '실패학의 아버지'라고 칭할 수도 있다. 이런 말도 했다. "호기심이 있기 때문에 배우고 도전하기 때문에 성과가 나는 것이고, 실패하기에 성공이 있다"(好奇心があるから学び、そしてチャレンジするから成果が生まれ、失敗するから成功がある）

사쿠마 쇼잔은 1811년, 오늘날의 나가노현 나가노시에 해당하는 마쯔시로번(松代藩)에서 무사가문의 아들로 태어났다. 당시 아버지는 50세, 어머니는 31세였다. 아버지는 늦깎이 아들의 장래에 큰 기대를 걸면서 게이노스케(啓之助)란 이름을 붙였다. 중국 오경의 하나인 《시경(詩經)》에 '동유계명'(東有啓明)이라는 대목이 나오는데, 여기서 이름의 '계'(啓)자를 빌려왔다고 한다. 동유계명은 '새벽 동쪽 하늘에 보이는 별(금성)을 계명이라고 부른다'는 의미인데, 이는 일본의 여명기에 크게 기여한 쇼잔의 삶과도 공교롭게 맞아 떨어진다.

쇼잔은 1833년 에도로 올라가 주자학을 배운다. 당시 쇼잔은 아직 서양에 대해 제대로 인식하지 못하고 있었기에 전통적인 지식인에 불과했다. 1839년엔 직접 사숙 쇼잔서원(象山書院)을 열고 주자학을 가르친다. 1842년 마쯔시로(松代) 번주 사나다 유키츠라(真田幸貫)가 막부의 로쥬(老中) 겸 해안방어 책임자로 임명되면서 쇼잔은 해안방어의 고문으로 발탁됐다. 이는 청나라

웨이유안(魏源)이 저술한 《해국도지(海国図志)》[48]를 바탕으로 '해방팔책'(海防八策)이라는 건의서를 쓰게 되는 계기가 된다.

이때부터 난학(蘭学) 습득의 필요성을 절감하고 네덜란드어를 비롯하여 서양의 자연과학, 의학, 병학 등의 공부에 매달린다. 번주로부터 양학연구 담당자로 임명되면서 쇼잔서원의 문을 닫고 병학을 본격적으로 연구한다. 그의 주특기가 발휘된 건 대포 주조에 성공하면서다. 양식포술가로 명성을 얻은 그는 난학을 배경으로 전신기(電信機), 지진예측기도 개발했다. 그러다 제작하던 대포가 시험발사에서 대폭발을 일으키자 "실패하기에 성공이 있다"(失敗するから成功がある)는 말도 했다. 이 말은 오늘날까지 사쿠마의 명언으로 일본 사회에서 회자되고 있다.

1851년은 그의 삶에서 중요한 해다. 에도로 이주해 '사츠키쥬쿠'(五月塾)를 개설하고 가츠 카이슈, 요시다 쇼인 등에게 포술과 병학을 가르쳤다. 1854년엔 페리 제독이 재차 내항하자 제자 요시다 쇼인의 밀항 시도가 있었다. 쇼인이 그와 밀항을 의논한 사실이 발각되었고, 함께 덴마쵸 감옥(伝馬町牢屋敷)에 수감됐다. 이후 1862년까지 고향 마쯔시로에서 칩거를 이어갔다.

쇼잔이 다시 전면적인 활동을 시작한 건 1864년이다. 도쿠가와 요시노부

---

48) 《해국도지(海国図志)》: 중국 청나라 때 웨이유안(魏源 : 1794~1856)이 지은 세계정세를 논술한 지리서. 초판은 아편전쟁이 끝난 직후에 완성되었고, 1852년에는 100권에 이르는 방대한 저서가 되었다. 일본의 사쿠마 쇼잔, 요시다 쇼인, 사이고 다카모리 등 메이지 유신에 관여한 많은 인사들이 이 책을 읽었다고 전해진다.

의 명을 받고 교토로 올라가서 공무합체론(公武合体論)과 개국론을 설파했다. 죽음의 그림자도 서서히 드리워지고 있었다. 교토는 과격 존왕양이파 지사들이 많이 잠복하고 있었는데, 그들에게 서양에 경도된 인상을 준 쇼잔의 행위들은 위험을 초래할 수밖에 없었다. 게다가 쇼잔은 자신이 하고 싶은 대로 말하는 성격이어서 적도 많았고, 원한도 많이 샀다. 1864년 7월 11일, 그날 쇼잔은 산조거리(三条通)에서 수행원도 없이 혼자 말을 타고 가고 있었다. 그때 존왕양이파 검객 가와카미 겐사이(河上彦斎)[49] 등이 그를 습격했다. 쇼잔은 54세의 나이에 그렇게 불귀의 객이 됐다.

• 후쿠자와 유키치(福沢諭吉)

생몰연도 : 1834~1901년

출신 : 하급무사 집안

직업 : 언론인, 계몽사상가, 교육자

사망 원인 : 병사

사망 당시 나이 : 68세

---

49) 가와카미 겐사이(河上彦斎) : 구마모토 출신의 존왕양이파 무사. '히토키리 겐사이'(人斬り彦斎 : 칼잡이 겐사이)라는 별명이 있다. 일본 애니메이션 '바람의 검심'에 나오는 주인공 히무라 겐신의 실제 모델로 알려져 있다.

일본 여행을 갈 경우, 지갑 속에 있는 일본 화폐의 주인공을 무심코 한 번씩은 보게 된다. 일본 지폐의 상징적인 단위인 1만 엔권. 1984년 쇼토쿠 태자(聖徳太子)에서 새로운 인물이 선정됐다. 인물도안의 주인공은 후쿠자와 유키치(福沢諭吉)다. 20년마다 다른 단위의 화폐 주인공들은 바뀌었지만 이 1만 엔권 주인공만은 굳건하게 그 자리를 지켰다. 무려 40년을 이어오다 2024년 다음 인물(시부사와 에이이치)에게 자리를 내주게 된다. 당시 사망한지 100년도 되지 않은 인물이 선정된 데는 다음과 같은 사연이 있었다. 일본 은행은 10만 엔권과 5만 엔권을 신규 발행할 예정이었고 10만 엔권의 주인공은 쇼토쿠 태자로 결정되었다. 하지만 인플레이션을 부추긴다는 우려로 고액권의 발행이 연기되는 바람에 1만 엔권이 최고액권이 되었고, 인물은 당초 계획대로 후쿠자와로 결정되었다.

후쿠자와는 와세다대학과 쌍벽을 이루는 명문 사립대 게이오대학(정식 이름 : 게이오기주쿠)의 창립자다. 아울러 '탈아론'(脱亜論)을 주장한 인물이기도 하다. 1885년 3월 16일, 일본의 일간지 〈지지신보(時事新報)〉는 1면에 '탈아론'이라는 제목의 사설을 실었다. 당시 신문의 주필에 해당하던 후쿠자와는 사설에서 '아시아를 벗어나 구미를 본받자'는 이른바 탈아론(脱亜論)을 주장했다. 이런 논리는 훗날 일본 식민지 침략의 논리로 사용됐다.

\#

후쿠자와 유키치는 1835년 부젠국 나카쓰번(豊前国 中津藩 : 현재의 오이타현 나카쓰시)에서 하급무사 가문의 차남으로 태어났다. 아버지와 형이 한학자였기에 교육자가 되기에 걸맞은 가정환경이었다. 1854년 열아홉 살 때였다. 미국 페리 제독의 흑선내항으로 포술(砲術)의 수요가 늘어나자 그의 형은 "네덜란드 포술을 배우기 위해선 먼저 네덜란드어를 공부해야 한다"고 일러줬다. 그런 조언을 듣고 유키치는 네덜란드어 공부와 대포, 외국 함선 등에 관한 지식을 익히기 시작했다. 1855년 에도 유학을 시도했지만 형의 만류로 오사카에서 난학자 오가타 코안(緒方洪庵)이 개설한 데키쥬쿠(適塾 : 훗날 오사카대학)에 입학하게 된다. 하지만 장티푸스에 걸려 치료를 받은 후 잠시 고향으로 돌아온다.

그러던 중 1856년 형이 사망했다. 형을 대신해 가문을 상속하고 다시 오사카로 나가 본격적으로 데키쥬쿠에서 공부를 이어갔다. 최연소 나이(22세)에 데키쥬쿠의 우두머리(塾頭)가 될 정도로 네덜란드어를 잘 구사했다. 1858년엔 마침내 에도로 진출하는데, 번의 명령으로 에도의 나카쓰번저에 개설된 난학숙 '이치쇼카쥬쿠'(一小家塾)에서 난학을 가르치게 된다(이치쇼카쥬쿠는 훗날 사립명문대 게이오대학으로 변모한다. 이 해가 게이오대학의 창립 원년에 해당한다).

그런데 세상은 바뀌어 가고 있었다. 세계를 제패한 대영제국의 영향으로 네덜란드어가 아닌 영어가 새로운 언어로 주목받고 있었던 것이다. 1858년에 미일수호통상조약으로 외국인 거류지가 된 요코하마를 찾았을 때다. 거리에 넘쳐나는 영어 문자를 보고 큰 충격을 받았다. 지금까지 공부해 온 네덜란드어는 전혀 통하지 않고 간판의 문자는 전혀 읽을 수 없었다. 이후 영어의 필요성을 통감한 후쿠자와 유키치는 영어 · 네덜란드 사전을 참고해 독학으로 영어공부를 시작했다. 유키치는 필사적으로 영어를 습득하기 위해 막부의 번서조소(蕃書調所 : 번역기관)에 들어가는 노력까지 기울였다. 마침내 수준급의 영어 실력을 갖춘 후쿠자와 유키치는 막부에 기용됐다.

#

1859년 겨울 미일수호통상조약의 비준서 교환을 위해 사절단이 미군함 포해탄호(Pawhatan)로 도미하게 되자, 호위함으로 칸린마루(咸臨丸)의 파견이 결정됐다. 후쿠자와 유키치는 이듬해인 1860년 군함부교(軍艦奉行) 기무라 카이슈(木村芥舟)의 수행원으로 가츠 카이슈 등과 함께 칸린마루를 타고 미국으로 건너간다. 서양의 과학 분야는 익히 서적을 통해 알고 있었지만, 실제로 접한 문화적인 차이는 엄청났고 충격 또한 컸다. 귀국 후 곧바로 사전 작업을 했다. 미국에서 구입한 광동어와 영어의 대역본인 화영통어(華英通語)에 일본어 번역을 병기해 첫 책인《증정화영통어(增訂華英通語)》를 출판했다.

이어 1861년엔 유럽사절단의 번역 담당으로 동행하게 된다. 파리와 베를린, 암스테르담, 리스본 등 유럽 주요 도시를 방문한다. 런던에서는 만국박람회를 시찰하고, 증기기관차 등 산업혁명의 현장을 직접 피부로 실감한다. 서양학문 보급을 통감하고 귀국길에 물리, 지리서 등을 대량으로 구입한다.

귀국 후엔 《서양사정(西洋事情)》[50]을 저술하면서 계몽활동을 시작한다. 이 책에선 특히 이화학(理化学)과 기계학을 강조하고 우편과 은행, 병원, 징병 제도와 보급에 대해서도 언급했다. 서른 살이 되던 1864년, 유키치는 외교담당 부서의 번역 담당으로 임명, 막부의 정식 신하가 됐다. 1867년, 다시 미국으로 가서 뉴욕과 워싱턴 DC를 방문하고 기슈번과 센다이번에서 돈을 빌려 사전, 물리서, 지도 등의 서적을 구입했다. 귀국 후 《서양여행안내(西洋旅案内)》를 집필했다. 이 해에 대정봉환이 일어났고, 메이지 신정부가 탄생했다. 유키치는 신정부에 동참할 것을 요청받았지만 거절했고 관직에도 나가지 않았다.

#

이후 후쿠자와 유키치는 오로지 언론인과 교육자로만 살았다. 1868년 네덜란드 어학원인 이치쇼카쥬쿠를 게이오기쥬쿠(慶應義塾)로 개명하고, 센다이, 기슈번 등으로부터 많은 무사를 받아들여 교육을 이어나갔다. 그는 한자에서 유래한 경제학(経済学)이라는 단어를 영어로 Political Economy 혹은 Economics으로 번역해 정착시켰다. 그 무렵 유명한 베스트셀러 《학문의 권장(学問のすすめ)》이 세상에 나온다. 1872년 초판 발행 이후 1876년까지 17편으로 완성한 이 책은 일본인에게 법치주의, 남녀동등권, 국민주권, 자유,

---

50) 《서양사정(西洋事情)》: 후쿠자와 유키치(福澤諭吉)가 쓴 10권으로 된 저서. 후쿠자와 유키치가 세운 게이오기쥬쿠(慶應義塾)에 입학한 조선 유학생 유길준이 1895년 일본에서 출간한 《서유견문》은 후쿠자와 유키치의 이 《서양사정》에서 많은 영향을 받은 것으로 전해진다.

평등 등을 호소하는 내용으로 이루어져 있는데, 당시 일본 국민 열 명 중 한 명이 읽었을 정도로 대단한 찬사를 받았다.

게이오기쥬쿠가 경영난에 빠진 것도 이 무렵(1880년)이었다. 자금난은 가고시마현의 시마즈가(島津家)의 원조로 회복될 수 있었는데, 그때부터 사족 출신 이외에 평민 학생도 많이 입학해 흑자경영을 유지할 수 있었다. 유키치는 1882년 3월엔 일간지 〈시사신보(時事新報 : 훗날 마이니치신문에 흡수)〉를 창간해 정부에 대한 요구나 비평을 직접 쓰고 게재하기도 했다. 1885년 1면 사설에 '탈아론(脫亞論)'을 게재하였다.

후쿠자와 유키치는 조선의 개화파 인사들과도 교류했다. 1882년 일본을 방문한 김옥균, 박영효와 친분을 맺고 조선 문제에 관심을 갖게 됐다. "조선에서 청나라의 영향력을 배제하고 일본이 조선의 근대화 개혁을 지도할 필요가 있다"고 생각한 유키치는 강경한 주전론자가 되어 간다. 1884년에 일어난 갑신정변의 와중에 일본군이 살해되자 유키치는 주전론을 더 강하게 부르짖으며 〈시사신보〉에 논설을 실어 개전을 호소했다. 일본으로 망명한 김옥균을 자신의 집에 숨겨준 일화는 아직도 회자되는 이야기 중 하나다.

요시다 쇼인의 정한론을 계승한 위험한 발상은 그 이후에도 이어졌다. 1894년 청일전쟁이 발발하자 더 노골적으로 전쟁 비용 모금 운동을 전개했다. 직접 자신이 나서서 거금을 모으고 재벌들과 함께 모금 조직을 결성했다. 후쿠자와 유키치는 1898년 뇌일혈로 쓰러졌지만 회복했다. 그러다 1901년 68세로 사망했다.

일본 전도

하코다테(箱館)

센다이
(仙台)

아이즈(会津)

미토
(水戸)

후쿠이(福井)

히코네(彦根)

교토
(京都)

구와나(桑名)

에도(江戸)

사쿠라(佐倉)

슨푸
(駿府)

시모다
(下田)

효고(兵庫)

오사카
(大坂)

후쿠야마(福山)

히로시마
(広島)

하기(萩)

고치(高知)

우와지마
(宗和島)

사가(佐賀)

나가사키
(長崎)

가고시마
(鹿児島)

다른 사람을 탓하기보다는 자기 자신을 탓해야 한다.

（人を責めるが如く自己を責めよ。）

― 사이고 다카모리（西郷隆盛）

9장

세고동(西郷どん) : 라스트 사무라이

– 제58화 2018년 방송 –

　2018년은 메이지 유신이 시작되고 150년이 되는 해이다. 가고시마현에서는 메이지 유신 150주년을 맞이하는 사업을 2012년부터 체계적으로 준비해왔다. '메이지 유신 150년 카운트다운 사업'이라는 명칭이었다. 사업의 내용은 7년에 걸쳐서 각 연도의 150년 전의 유신관련 주요 사건을 조명하는 것이었다. ・2012년 영국인과의 물리적 충돌을 일으킨 나마무기사건(生麦事件, 1862년) ・2013년 사쯔에이전쟁(薩英戦争, 1863년) ・2014년 개성소(開成所 : 서양학교, 1864년) 설립 ・2015년 사쯔마번 영국 유학생 파견(1865년) ・2016년 삿쵸동맹(薩長同盟, 1866년) ・2017년 독자적인 파리만국박람회(1867년) 참가이다. 150주년 기념행사는 가고시마현뿐만 아니라 각지에서 성대하게 개최됐다. 그 일환 중 하나가 하야시 마리코(林真理子)의 동명소설

을 원작으로 하는 대하드라마 '세고동'(西郷どん)이었다.

그해 8월 26일, 아베 신조 총리는 자민당 총재선거 출마 선언 장소로 가고시마현을 택했다. 그는 왜 도쿄나 고향 야마구치현이 아닌 가고시마를 택했을까. 그 배경엔 정치적인 의미가 내포되어 있다. 가고시마현이 대하드라마 '세고동'의 배경지이자, 사이고 다카모리의 출생지이기 때문이다. 세고동은 사이고 다카모리의 애칭이다. 아베는 당시 사쿠라지마 화산이 바라보이는 곳에서 "일본을 새로운 나라로 만들겠다"고 선언했다. '메이지 유신 3걸' 중 하나로 꼽히는 사이고 다카모리는 메이지 유신을 통해 새로운 나라 건설에 크게 일조했는데, 아베 총리 역시 메이지 유신 150년이 되는 그해(2018년)에 사이고의 고향에서 정치 기운을 받고 싶었던 건 아닐까.

사이고 다카모리는 가고시마현 사람들에겐 위인 중의 위인으로 꼽는다. 그런 사이고 다카모리는 생전 '하늘을 공경하고 사람을 사랑하라'는 경천애인(敬天愛人)을 좌우명으로 삼았다. 이는 같은 가고시마현 출신인 교세라그룹 창업자 이나모리 가즈오(稲盛和夫) 명예회장이 강조하는 기업철학이기도 하다. 이나모리 회장은 각종 경영서에서 사이고를 언급하며 경천애인을 자신의 좌우명으로 삼고 있다고 밝히고 있다. 교토시 후시미(伏見)구에 있는 교세라 본사 여기저기에서도 '경천애인'이라는 글귀를 쉽게 찾아볼 수 있다.

1. 줄거리

사이고 다카모리가 일본 역사상 마지막 내전인 서남전쟁(세이난전쟁)에서 전사한 지 21년이 되던 해. 정확히는 메이지 31년(1898년) 12월 18일의 일이다. 이날 백발이 성성한 사이고 다카모리의 부인 이토는 도쿄 우에노공원에서 열린 남편의 동상 제막식에 참석한다. 그런데 이상한 장면이 연출된다. 장막이 걷히자 이토는 "아니야, 아니란 말이야. 우리 남편은 이런 (모습의) 사람이 아니야"라고 절규한다. 드라마는 그렇게 시작한다.

장소적 배경은 사쯔마번(현재의 가고시마현). 가난한 하급 무사의 아들로 태어난 사이고 고키치(西郷小吉)는 소년 시절 싸움에 휘말려 오른팔을 다쳐 칼을 쥘 수 없게 된다. 훌륭한 사무라이가 될 수 없게 되자 낙담에 빠져 지낸다. 그러던 중 사쯔마의 번주 시마즈 나리아키라(島津斉彬)를 만나 이런 격려의 말을 듣는다. "훌쩍거리지 마라. 사무라이가 허리에 칼을 꽂고 으스대던 시대는 이제 곧 끝난다. 백성들을 위해 애쓰는 사무라이가 되어라!"

고키치는 성장해서 사이고 키치노스케(西郷吉之助, 훗날 다시 다카모리로 개명)로 이름을 바꾸고 군방서역조(郡方書役助 : 농촌의 현장을 담당하는 하급공무원)로 근무하게 된다. 오유라 소동(お由羅騒動 : 사쯔마 번주의 후계자를 둘러싼 다툼) 이후에는 나리아키라가 번주가 되자 사이고는 번의 재정을 개선하는 보고서를 제출한다. 그 보고서가 나리아키라의 눈에 들어 에도의 사쯔마번 저택에서 근무하게 된다. 그러면서 아쯔히메(篤姬)를 막부의 13 대 쇼군(도쿠가와 이에사다) 정실로 출가시키는 데 성공한다. 아쯔히메를 쇼 군과 결혼시키는 데에는 성공했지만 같은 편이었던 로쥬(老中) 아베 마사히 로(阿部正弘)가 급사해 버리는 바람에 히도츠바시 요시노부를 차기 쇼군으로 취임하게 하는 데엔 실패한다. 안세이의 대옥으로 궁지에 몰린 사이고는 승 려 겟쇼(月照)와 함께 사쯔마로 탈출을 시도한다.

하지만 막부와의 관계를 염려한 사쯔마번은 사이고에게 겟쇼를 처형하라 는 명령을 내린다. 어쩔 수 없이 사이고는 겟쇼와 함께 배에서 뛰어내려 자살 을 시도한다. 하지만 구사일생으로 혼자만 살아남는다. 사이고는 부득불 기 쿠치 겐고로 이름을 바꾸고, 막부에는 사망한 것으로 보고가 올라간다. 이후 사이고는 먼 아마미 오오시마(奄美大島)로 유배를 간다. 사이고는 자포자기 심정으로 섬사람들을 멀리하고 죽은 사람처럼 지낸다. 그러다 사쯔마번의 압 정에 시달리고 있던 주민들과 마음이 통하게 된다. 사이고는 섬 처녀와 결혼 해 아들 기쿠지로(菊次郎)와 딸 기쿠소우(菊草)를 얻는다.

그런 그가 사쯔마번으로 다시 귀향하는 데는 3년이 걸린다. 하지만 나리아 키라를 대신하여 번의 실권을 장악한 시마즈 히사미츠(島津久光)의 분노를 사게 되면서 이번에는 오키노에라부지마(沖永良部島)에 유배된다. 우여곡절 끝에 다시 사쯔마로 돌아온 사이고는 아이즈번과 함께 막부측에 서서 금문 의 변을 치르고, 죠슈 정벌군의 참모를 맡게 된다. 이후 삿쵸동맹, 에도성 무혈개성(無血開城) 등이 이어진다. TV 화면은 잠시 메이지 37년인 1904년의 모습을 보여준다. 교토시에 새 시장이 부임한다. 사이고 다카모리가 유배지에서 얻은 아들 사이고 기쿠지로다. 기쿠지로는 시장실에서 직원들의 부탁을 받고 무진전쟁(보신전쟁) 전후를 둘러싼 아버지의 이야기를 들려준다.

2. 중요사건

1) 1869년 6월 판적봉환(版籍奉還)

메이지 유신의 일환으로 각 번이 소유하고 있던 토지(版)와 백성(籍)을 조정(천황)에 반납한 것을 말한다. 대정봉환이 눈에 보이지 않는 권력 자체의 반납이었다면, 판적봉환은 나라의 근간을 이루는 재산, 즉 토지와 백성을 반납한 것이었다. 판적봉환으로 메이지 정부는 중앙집권체제로 한 발 더 나아갔다.

막부시대가 무너지고 메이지 정부 시대가 되긴 했지만 300년 가까이 계속된 막부의 체제를 바꾸는 건 간단하지 않았다. 사쯔마번의 데라지마 무네노리(寺島宗則)[51]가 1867년 11월에 토지와 백성을 조정에 반납할 것을 촉구하는 건의서를 번주 시마즈 타다요시(島津忠義)에게 제출했다. 죠슈번은 기도 다카요시가 1868년 2월 판적봉환의 필요성을 진언했다. 신정부는 번에 대한

---

51) 데라지마 무네노리(寺島宗則) : 사쯔마번은 1865년 번의 인재들을 선발해 은밀하게 영국 유학을 보냈다. 현재 가고시마 중앙역 광장에는 당시 유학을 다녀온 인물들의 군상이 세워져 있는데, 이 중엔 메이지 유신 이후 외무대신이 되는 데라지마 무네노리도 있다.

지도권을 강화하기 위해 토지와 백성을 일단 천황에게 돌려주고, 다시 천황으로부터 부여받는 방법을 택하려고 했다.

문제는 각 번의 반발이었다. 잡음을 없애기 위해 먼저 힘 있는 사쓰마, 죠슈, 도사, 히젠 등 네 개 번을 먼저 회유했다. 정부에 진출한 요직이 많은 번들이다. 1869년 1월 네 번주의 연명으로 판적봉환 상주문이 조정에 제출됐고, 6월 17일 칙허가 내려졌다. 이들이 토지와 백성을 천황에게 반납하자 다른 번주들도 고분고분 뒤따랐다. 신정부는 토지와 백성을 국가에 귀속시키고 번주들에게는 '지번사'(知藩事)라는 관직을 부여했다. 그러면서 새로운 화족제도(華族制度)가 만들어졌다. 과거 번주였던 285개 가문과 공경 142개 가문이 화족계급을 형성했다.

2) 1871년 7월 폐번치현(廃藩置県)

번주들의 새 직책인 '지번사'가 만들어졌지만 그들은 계속 번을 통치하고 유지했다. 정부로선 더 강력한 중앙집권체제가 필요했다. 메이지 4년(1871년) 7월, 전국의 번(藩)을 폐하고 현(県)을 설치하는 행정 개혁을 단행했다.

1871년 7월 초, 야마가타 아리토모와 이노우에 가오루가 주선하여 사이고 다카모리와 기도 다카요시 사이에 폐번치현의 실시에 대한 합의가 이뤄졌다. 산조 사네토미와 이와쿠라 도모미, 이타가키 다이스케, 오쿠마 시게노부도 이에 동의했다. 힘 있는 사쓰마, 죠슈, 도사, 히젠 4개 번의 협력태세를 굳

1871년 7월 폐번치현

힌 것이다. 예상되는 저항에 대해서는 사쯔마, 죠슈, 도사 세 번의 병사로 이루어진 강력한 친위병으로 진압하기로 했다. 마침내 7월 14일, 도쿄 황거(皇居)로 재경 지번사(知藩事)들을 소집해 폐번치현의 조칙을 내리고 재향 지번사들에게도 폐번을 명령했다. 번은 현이 되었고 지번사들은 직책을 잃었다. 이들은 도쿄로 이주하도록 명령받았다. 곧이어 조례에 따라 각 현에는 지번사를 대신하는 중앙정부의 현령이 새로 파견됐다.

당초 번을 그대로 현으로 대체했기 때문에 현재의 행정구역인 도도부현(都道府県)보다는 부와 현의 수가 많았다. 당시 3부 302현이었다. 그러다 메이지 4년(1871년) 연말에는 3부 72현으로 조정됐다(제1차 부현 통합). 이후 여러 차례의 통합을 거쳤고 메이지 22년(1889년) 3부 42현으로 정리됐다(홋카이도와 오키나와 제외).

3) 1871년 11월 이와쿠라 사절단(岩倉使節団) 출발

메이지 4년(1871) 11월 12일, 이와쿠라 도모미(岩倉具視)를 특명전권대사로 하는 구미 사절단이 요코하마항에서 미국을 향해 출발했다. 이와쿠라의 이름을 따서 '이와쿠라 사절단'이라고 불렀다. 사절단의 본래 목적은 불평등 조약인 미일수호통상조약의 개정 교섭이었지만, 구미 산업 시찰에 더 중점을 두면서 근대화에 눈을 뜨는 계기가 됐다.

이와쿠라사절단(왼쪽부터 기도 다카요시, 야마구치 마스카, 이와쿠라 도모미, 이토 히로부미, 오쿠보 도시미치)

사절단은 기도 다카요시, 오쿠보 도시미치, 이토 히로부미, 야마구치 마스카 등의 부사(副使) 외에 서기관과 유학생 등 107명으로 구성됐다. 단원 중에는 훗날 사법대신을 역임하는 야마다 아키요시(山田顕義), 자유민권운동의 지도자 나카에 죠민(中江兆民), 여자 영어학숙을 창설한 츠다 우메코(津田梅子), 도시샤대학(同志社大学)을 설립한 니이지마 죠(新島襄) 등이 포함되어 있었다.

사절단은 대부분 단발에 양복 차림이었다. 단장인 이와쿠라는 상투와 일본 옷 차림으로 갔는데, 이는 일본 문화에 대해 자부심을 가지고 있었기 때문이라고 한다. 하지만 미국에서 유학하고 있던 아들 이와쿠라 도모사다(岩倉具定)[52]가 "미개한 나라라고 업신여김을 받는다"는 말에 수긍하고 시카고에서 단발과 양복으로 바꿨다고 한다.

미국에서는 약 8개월간 장기체류를 한다. 샌프란시스코에 도착한 후 1872년 2월, 조약개정의 교섭에 임하는데 국력의 차이로 개정이 어렵다는 것을 알고 구미 각국의 제도와 문물의 조사 연구를 위한 관광으로 전환한다. 사절단의 공식기록인 '특명전권대사 미구회람실기'(米欧回覧実記)에는 이와쿠라가 적은 '관광'이라는 글씨가 남아 있다.

그 후 대서양을 건너 유럽 각국을 순방했다. 유럽 방문국은 영국(4개월),

---

52) 이와쿠라 도모사다(岩倉具定) : 이와쿠라 도모미의 셋째아들로 1870년에 미국으로 유학을 갔다. 1882년엔 이토 히로부미의 헌법조사 수행을 위해 유럽에 가기도 했다. 학습원장(学習院長), 궁내대신을 역임했다.

프랑스(2개월), 독일(3주) 등 12개국에 이른다. 영국의 시설을 집중적으로 관찰했다. 철도, 통신, 탄광, 제철소에서부터 각종 기계공장, 맥주와 비스킷 공장까지 자세히 둘러보며 산업혁명의 실태를 조사했다. 영국에서 비스킷 공장을 견학한 날의 기록에는 '두 번 구운 전병 과자'라고 적혀 있다.

3. 주요 인물

• 사이고 다카모리(西郷隆盛)

생몰연도 : 1828~1877년

출신 : 사쯔마번의 하급 무사 집안

다른 이름 : 사이고 고키치(西郷小吉), 사이고 키치노스케(西郷吉之助)

직업 : 무사, 정치가, 관료

사망 원인 : 할복자살

사망 당시 나이 : 49세

메이지 유신에서는 '큰 그릇'이었지만 그 그릇에 정한론이라는 시대착오적인 생각을 담으면서 스스로 죽음의 길을 택했다. 신정부군에게 총상을 입자 부하에게 "내 목을 쳐달라"고 했다. 그와 함께 2만 명에 가까운 사무라이가 죽었다. 그로써 일본 사무라이는 역사 속으로 사라졌다. 그를 '라스트 사무라이'라고 칭하는 이유다.

#

사이고 다카모리는 1828년 1월, 사쯔마번 카지야쬬(加治屋町)에서 하급무사 사이고 키치베(西郷吉兵衛)의 장남으로 태어났다. 당시 사쯔마번에는 마을 선배들이 나이 어린 후배들을 지도하는 사쯔마 특유의 '향중교육'(郷中教育) 제도가 있었다. 사이고 다카모리도 이런 향중교육을 통해 정치력과 교섭력을 키워 나간다. 그가 태어난 카지야쬬는 하급무사 거주지였다. 이 마을에는 사이고와 함께 메이지 유신에서 중요한 역할을 하는 오쿠보 도시미치(大久保利通)를 비롯해 도고 헤이하치로(東郷平八郎 : 러일전쟁을 승리로 이끈 해군 제독), 오야마 이와오(大山巌 : 러일전쟁 당시 만주군 총사령관), 야마모토 곤노효에(山本権兵衛 : 훗날 총리) 등 다수의 인재들이 배출된다. 한 마을에서 이렇게 많은 유력자를 배출한 데는 '사쯔마의 향중교육이 기여한 바가 크다'는 평가를 받고 있다.

일찍부터 사이고의 재능을 알아본 사쯔마 번주 시마즈 나리아키라는 언제든지 번주를 만날 수 있는 '니와가타'(御庭方役 : 정원담당)라는 직책을 부여한다. 이로 인해 사이고는 에도에서 신분이 높은 자들과 자유롭게 접할 수 있게 되었으며, 사상가인 하시모토 사나이(橋本左内)[53] 등 당대 최고의 인물들과 교류하며 정치력을 닦아나간다. 그러던 중 주군 나리아키라가 급사하자

---

53) 하시모토 사나이(橋本左内) : 에치젠국 후쿠이번 출신의 사상가. 열다섯의 나이에 "스스로를 경계한다"는 《계발록(啓発錄)》을 썼다. 에도에 유학하면서 사이고 다카모리 등과 친교를 맺었지만, 이이 나오스케가 주도한 안세이의 대옥에 연루돼 스물여섯 나이에 처형됐다.

큰 충격을 받는다. 심지어 뒤따라 순사(殉死)[54]하려고 하지만, 승려 겟쇼(月照)의 설득으로 마음을 바꾼다.

안세이의 대옥으로 히도츠바시파를 후원하던 승려 겟쇼도 신변의 위협을 느끼고 사이고와 함께 사쓰마번으로 피신한다. 그러나 사쓰마번은 겟쇼를 숨겨주는 데 부담을 느끼고 휴가(미야자키현) 지역으로 보내도록 사이고에게 명령한다. 이는 사쓰마번 경계에서 겟쇼를 처치하라는 의미였다. 옛 친구인 겟쇼를 죽일 수도 없고, 번의 명령을 어길 수도 없었던 사이고는 타고 가던 배 위에서 겟쇼와 함께 바다로 뛰어들어 자살을 시도한다. 하지만 사이고만 구사일생으로 구조되고 겟쇼는 죽게 된다.

이후 사이고는 두 번의 유배 처분을 받고 돌아온다. 풀려난 사이고는 군사령관 겸 외교관이라는 중책을 맡아 능력을 발휘하기 시작한다. 1864년 금문(禁門)의 변이 발생하자 사이고는 사쓰마병을 이끌고 하마구리고몬까지 달려가 총탄을 무릅쓰며 죠슈번을 물리친다. 이 무렵 사이고는 막부 관료인 가츠 카이슈와 만나게 되고, 이 두 사람의 만남이 나중의 에도 무혈개성으로 이어진다.

금문의 변에서 승리한 막부는 1차 죠슈 정벌을 결정하고 총독에 도쿠가와

---

54) 순사(殉死) : 죽은 이를 따라 죽는 것. 일본의 근대화 과정에서 대표적인 순사(殉死)는 노기 마레스케(乃木希典)의 죽음이다. 러일전쟁 당시 3군 사령관으로 여순 공략 전에서 수많은 사상자를 낸 그는 오히려 러일전쟁의 영웅으로 취급받고 있다. 그는 1912년 7월 30일, 메이지 천황이 사망하자 장례식이 진행되는 동안 집에서 부인과 함께 자결했다. 이후 노기는 군신(軍神)으로 등극했고, 일본 전역엔 많은 노기 신사(神社)가 세워졌다.

요시카츠를 임명하고, 사이고는 참모에 임명된다. 사이고는 사태 초기엔 '금문의 변에서 황궁에 발포한 죠슈번을 엄벌에 처해야 한다'고 생각한다. 하지만 가츠 카이슈(勝海舟)로부터 "사쯔마와 죠슈가 싸우는 것은 의미가 없다. 일본이라는 나라를 위해서 죠슈 정벌을 그만두고, 두 번이 힘을 합쳐 외국의 세력에 맞서야 한다"는 이야기를 듣고는 생각을 바꾼다.

\#

사이고는 1868년 발생한 무진전쟁(보신전쟁)에서 막부측 가츠 카이슈와 담판으로 에도성 무혈개성(無血開城)을 이뤄냈다. 피를 흘리지 않고 성취했기에 많은 사람들로부터 존경을 받게 되었다. 당시 신정부의 중심인물은 공경인 산조 사네토미(三条実美), 이와쿠라 도모미(岩倉具視), 죠슈번의 기도 다카요시 그리고 사쯔마번의 오쿠보 도시미치였다. 이들조차 사이고를 무시하지 못하게 됐다. 그들은 사이고의 협조를 받아 신정부를 일대 개혁하려고 시도한다.

사이고는 동생 사이고 츠구미치(西郷従道)[55]를 통해 신정부의 어려운 상황을 전해 듣고 아울러 자신의 상경 의지를 전한다. 당시 신정부는 폐번치현을 추진하고 있었다. 그러나 수백 년간 계속되어 온 방식을 근본적으로 변경하는 정책이었으므로 반발이 격렬했다. 시행 방법에 대해 결론이 나지 않자 사

---

55) 사이고 츠구미치(西郷従道) : 사이고 키치베(西郷吉兵衛)의 6남으로, 사이고 다카모리가 그의 큰형(장남)이다. 야마가타 아리토모와 함께 유럽의 군사제도를 시찰하기도 했다. 큰형 다카모리가 서남전쟁을 일으켰을 때는 신정부에 협력하고 있었다. 훗날 육군 중장과 해군대신을 지냈다.

이고는 "만약 폭동이 일어나면 내가 책임지고 진압하겠다"고 말한다. 사이고의 발언으로 논란은 정리되고, 신정부는 1871년 7월 14일 폐번치현을 실시한다. 사이고가 신설한 친위병 덕에 큰 혼란이나 소동 없이 폐번치현을 완료할 수 있었던 것이다. 사이고의 고향인 사쯔마번의 실권자 시마즈 히사미츠는 폐번치현에 반발, 밤새 불꽃을 쏘아 올렸다는 일화도 전해진다.

구미 사절단이 출발한 후 사이고 다카모리가 정부를 장악하게 된다. 부재정부의 수반이 된 것이다. 사이고는 부패를 일소하고 태양력을 채용하는 등 중요한 정책을 수립한다. 사이고가 정부를 이끄는 가운데 '조선을 개국시켜야 한다'는 정한론 문제가 불거진다. 사이고는 자신이 전권대사로 조선에 가려했고, 만약 협상이 결렬될 경우 조선과 전쟁을 치르려고까지 했다. 하지만 오쿠보 도시미치를 비롯한 정부 수뇌진은 안정화를 이유로 사이고 파견에 반대한다. 사이고는 정한론이 받아들여지지 않자 직책을 사임하고 고향인 사쯔마로 돌아간다.

사이고가 고향으로 돌아오자 그를 추종하던 사쯔마번 출신 사족들이 속속 가고시마로 모여든다. 급기야 사족들이 정부의 화약고를 습격하는 사건이 발생하면서 일본 최대의 내전인 서남전쟁이 시작된다. 하지만 사이고군은 구마모토성을 넘지 못하고 다시 가고시마로 후퇴한다. 2만 명에 이르던 사이고군의 병력은 마지막엔 300명 정도로 줄어들었다. 기다리는 건 죽음이었다. 사

난슈묘지 - 사이고 다카모리 묘비

이고는 가고시마의 시로야마에서 할복하고, 벳부 신스케(別府晋介)[56]가 가이
샤쿠를 한다. 당시 사이고는 49세였다. 세월이 지나 격전지 시로야마 근처엔
당시 전사자들을 위한 난슈묘지가 조성됐다.

---

56) 벳부 신스케(別府晋介) : 육군 소좌 신분 당시, 정한론자인 사이고 다카모리의 밀명으로 외교
   사절단에 숨어서 2개월간 조선을 염탐했다고 한다. 돌아가서는 "조선을 유린하는 데는 일본군
   2~3개 중대면 충분하다"고 말한 것으로 전해진다. 서남전쟁에선 사이고 다카모리의 가이샤쿠
   (介錯)를 했다. 가이샤쿠는 할복자의 고통을 덜어주기 위해 뒤에서 목을 치는 역할을 말한다.

• 승려 겟쇼(月照)

1813년 오사카의 의사 집안의 장남으로서 태어났다. 1827년 숙부의 소개로 교토의 키요미즈데라(清水寺) 성취원에 들어가 승려가 되었다가 1835년 주지가 되었다. 그러나 존왕양이주의(尊王攘夷主義)에 경도되어 공경(公家), 유신 지사들과 관계를 맺고, 도쿠가와 이에사다(德川家定)의 쇼군계사문제에서는 히도츠바시(一橋派)파에 가담하여 막부로부터 위험인물로 간주되었다.

교토에서는 사이고 다카모리와 친분을 맺고 활동을 같이 한다. 사이고가 존경하는 시마즈 나리아키라(島津斉彬)가 급사했을 때 사이고가 순사(殉死)하려고 하자 살아남아서 나리아키라의 유업을 실천하라고 설득한다. 안세이 5년(1858년) 8월부터 시작된 안세이 대옥(安政の大獄)으로 쫓기는 신세가 되어 사이고와 함께 교토를 탈출하여 잠시 오사카에 머물고 있었다. 사이고가 강력하게 권유하여 사이고의 고향인 사쯔마번으로 바닷길을 통해 피신한다. 하지만 새롭게 번의 실권을 장악한 시마즈 히사미츠는 막부로부터 추궁을 당할 것을 염려하여 겟쇼의 보호를 거부하고 휴가(日向国)로 보낼 것을 명한다. 이것은 단순히 신병을 이송하는 것이 아니라 사쯔마와 휴가 양국의 국경에서 살해하는 것을 의미하고 있었다. 이를 알게 된 겟쇼와 사이고는 실의에 빠져 죽음을 각오하고 금강만(錦江湾)에 몸을 던져 자살을 시도한다. 하지만 사이고는 기적적으로 목숨을 건지고 겟쇼만 목숨을 잃는다.

일본 전도

하코다테(箱館)

센다이
(仙台)

아이즈(会津)

미토
(水戸)

후쿠이(福井)

에도(江戸) 사쿠라(佐倉)

히코네(彦根)
교토
(京都) 구와나(桑名)
슨푸
(駿府)
시모다
(下田)

후쿠야마(福山) 효고(兵庫)
히로시마
(広島) 오사카
(大坂)

하기(萩)

고치(高知)

사가(佐賀) 우와지마
(宗和島)

나가사키
(長崎)

가고시마
(鹿児島)

상식을 키워라. 견문을 넓혀라. 좁은 생각으로는 세상에 설 수 없다.

(常識を発達させよ。見聞を広くしなければならぬ。小さな考えでは世に立てぬ。)

ー오무라 마스지로(大村益次郎)

10장

카신(花神) : 달마를 닮은 천재 전략가
- 제15화 1977년 방송 -

> "이른바 명장이란 한 민족의 천년 역사에서 두세 명만 가져도 많다. 막부 말기에 무수
> 한 인재가 나타났지만 군사령관에 걸맞은 전술적 천재는 오무라 마스지로 단 한 사람을
> 제외하고는 끝내 나오지 않았다."

　역사 소설가 시바 료타로의 소설 《화신》에 나오는 대목이다. 소설의 주인
공은 오무라 마스지로(大村益次郎), 근대 일본 육군의 창시자로 알려진 인물
이다. 의사로 일하다 막부 타도군의 사령관이 됐고, 메이지 신정부에서는 병
부대보(兵部大輔 : 국방차관)까지 오르는 등 특이한 인생을 살았다. 우리에게
거부감이 드는 야스쿠니 신사에 그의 동상이 세워져 있다.

시바 료타로는 원작소설에서 "군사적 재능은 훈련이나 교육으로 육성되지 않는 천부적인 재능"이라며 "전술적 천재를 인간의 재능 중 가장 희소한 것"이라고 정의했다. 오무라 마스지로의 재능이 탁월했다는 것이다. 1977년 이런 오무라 마스지로를 주인공으로 한 드라마 '카신'(花神)이 방송됐다. 시바 료타로의 소설 《카신》, 《세상에 사는 나날》(주인공 : 요시다 쇼인, 다카스기 신사쿠), 《열한 번째의 지사》(주인공 : 다카스기 신사쿠)》 등 다섯 개 작품을 원작으로 해서 드라마를 만들었다. 초반부는 쇼카손쥬쿠의 요시다 쇼인, 중반부는 기병대를 창설한 다카스기 신사쿠, 후반부는 오무라 마스지로를 그리고 있다.

오무라 마스지로에겐 재미있는 이름이 있다. 마스지로는 상급무사로 신분이 격상되고 나서의 이름이다. 원래 이름은 무라타 소우로쿠(村田蔵六). '소우로쿠(蔵六)'는 거북이가 등껍질 속에 네 다리와 머리, 꼬리를 숨기고 있는 상태를 말한다. 작가 시바 료타로는 "주인공에게 가장 어울리는 이름"이라며 작품 내내 무라타 소우로쿠라는 이름을 사용하고 있다. 제목 카신(花神)은 전래 민화인 '하나사카지지'[57](花咲か爺 : 꽃을 피우는 할아버지)에서 따왔다. '카신'은 고목나무가 꽃을 피우듯 오무라 마스지로가 군사적 재능으로 혁명의 꽃가루를 일본 전역에 퍼 나르는 모습을 비유하고 있다.

---

57) '하나사카지지'(花咲か爺) : 일본의 민담 중 하나로, 마음씨 착한 노부부와 욕심 많은 이웃집 부부 이야기다. 재물에 눈 먼 욕심쟁이 부부가 착한 노부부의 개를 죽이면서 벌을 받는다는 권선징악의 스토리를 담고 있다.

1. 줄거리

일본 제일의 난학숙(蘭学塾)으로 명성이 높은 오사카의 데키쥬쿠(適塾)에 색다른 남자가 있었다. 이름은 무라타 소우로쿠(村田蔵六). 죠슈번 평민 출신으로, 수재로서 명망이 높았다. 하지만 그는 무뚝뚝한 성격으로 필요한 것 이외에는 일절 말을 하지 않았다. 가끔 입을 벌려도 나오는 말은 건조한 말뿐이었다. 얼굴은 달마를 닮았다. 온종일 묵묵부답인 그의 모습은 다른 숙생들을 크게 질리게 했다. 어느 날 소우로쿠는 데키쥬쿠의 용무로 여행을 떠나는데, 여행지에서 벽안의 혼혈여성 이네를 만나게 된다. 이네는 삼십여 년 전 일본을 방문해 난학을 보급시킨 서양인 의사 시볼트의 딸이다. 오사카로 돌아온 소우로쿠는 고향에서 의사가 되겠다며 데키쥬쿠를 떠난다. 고향으로 돌아온 소우로쿠는 같은 마을의 여성과 결혼한다.

쿠로후네(흑선)의 내항은 태평스럽게 잠을 자던 일본을 흔들어 깨웠다. 오랫동안 외적의 위협에 노출되지 않았던 일본인의 의식은 크게 자극받아 해안 방어의 중요성이 부각됐다. 난학자의 수요도 갑자기 늘어나서 소우로쿠도 우와지마번(宇和島藩 : 에히메현)에 초청돼 군학서 번역을 맡게 된다. 증기선의 건조와 포대의 건설에 매진하던 중, 우와지마에 온 이네와 재회하고 그녀에게 난학을 가르치게 된다. 소우로쿠는 이네의 총명함과 아름다움에 끌린다. 하지만 소우로쿠는 이네와의 사이를 단순한 사제관계로 묶어둔다. 소우로쿠의 머리는 특출났다. 서적을 통한 지식만으로 훌륭하게 증기선을 완성시

컸다. 번주를 따라 에도로 가 사숙을 열고 난학, 병학, 의학을 가르친다.

한편, 막부의 번서조조(蕃書調所 : 막부직속의 양학 교육기관) 교수와 강무소(講武所 : 막부직속의 군사교육기관) 교수로 활약한다. 에도에서도 소우로쿠의 학식은 순식간에 소문이 난다.

그 무렵 에도에서는 위태로운 막부 권력을 다시 세우려는 다이로 이이 나오스케가 반막부 세력에 대한 대탄압을 개시한다. 로쥬 마나베(間部)를 암살하고 혁명을 일으키려는 토라지로(寅次郎 : 요시다 쇼인)의 격렬한 사상이 염려되어 죠슈번은 토라지로를 다시 투옥하게 된다. 토라지로는 에도로 소환돼 조사받고 사형을 당한다. 토라지로의 시체를 인수하러 온 건 가츠라 고고로다. 가츠라는 거기서 소우로쿠를 보게 된다. 뛰어난 집도 솜씨로 죄수의 시체를 해부하는 모습이 인상적이었던 것이다. 가츠라 고고로는 소우로쿠에게 "꼭 죠슈에 와달라"고 설득한다. 가츠라의 간곡한 설득에 소우로쿠는 죠슈행을 결심하고, 죠슈번의 군제개혁에 관여하게 된다. 의사에서 군 전략가로 변신한 것이다. 소우로쿠는 다른 난학자와는 상당히 달랐다. 군 전략서 내용을 모조리 머리에 입력했고, 눈을 감고도 수백 명의 군대를 운용할 수 있는 재능을 갖추고 있었다. 이후 상급무사로 추대된 소우로쿠는 이름을 오무라 마스지로(大村益次郎)로 바꾸고 죠슈번의 군을 실질적으로 이끌게 된다.

게이오 4년(1868) 1월 발생한 도바·후시미전쟁에선 오무라 마스지로의 전략이 빛을 발한다. 에도성이 신정부군에게 넘어갔음에도 에도 시내의 치안을 담당하고 있던 구막부군 쇼기타이(彰義隊)는 계속 주둔하며 문제를 일으키고 있었다. 마스지로는 쇼기타이를 토벌하고 에도의 치안을 회복하기 위한 방책을 마련한다. 문제는 화재 발생 없이 쇼기타이를 제압하는 것이었다. 마스지로는 먼저 과거 에도의 대화재 기록을 조사했다. 결론은 암스트롱포(Armstrong Gun)[58]였다. 이 무기로 전세는 일시에 바뀌었고, 불과 하루 만에 반란은 진압됐다. 보신전쟁이 종결되자 마스지로는 병부대보로 취임, 근대화된 군대 창설에 착수한다. 하지만 국민 개병사상과 신분제 폐지를 주장하는 그의 과단성 있는 개혁안은 거센 증오를 샀다. 결국 출장지인 오사카에서 괴한의 습격을 받아 사망한다.

2. 중요사건

1) 1872년 학제의 공포(学制の公布)

메이지 정부는 1871년 문부성을 설치하고, 이듬해 8월 프랑스 교육제도를 모방한 학제를 공포했다. 이는 일본 최초의 근대적 학교제도를 정한 법규였다.

1872년 3월 태정관(太政官)에 상신, 8월 태정관 포고령으로 학제가 공포

---

58) 암스트롱포(Armstrong Gun) : 영국 윌리엄 조지 암스트롱(William George Armstrong)이 1855년 개발한 대포로, 장전 시간을 획기적으로 단축시켰다. 영국이 중국을 상대로 '2차 아편전쟁'에서 이 암스트롱포의 효과를 톡톡히 누렸다고 한다. 일본에선 보신전쟁에서 이 대포가 사용됐다.

됐다. "전국의 학정은 문부성에서 통일(주관)한다"는 교육의 국가관리 원칙을 천명했다. 아울러 사민평등의 원칙에 입각해 "마을에 배우지 못하는 가정이 없게 하고, 집에 배우지 못하는 사람이 없게 한다"는 교육 이념을 내세웠다. 학구는 프랑스를 참고해 전국을 8대학구, 1대학구를 32중학구, 1중학구를 210소학구로 나누었다. 전국에 8개 대학교, 256개 중학교, 53,760개의 소학교 설립이 추진됐다. 미흡한 점도 없지 않았다. 교과를 가르칠 수 있는 교원이 적고, 수업내용이 구미 교과서를 모방해 만들었기 때문에 현실 생활과 일치하지 않는 경우가 많았다. 이런 현실을 반영해 1879년 교육령(教育令)으로 전환하고, 학제는 폐지됐다.

2) 1873년 징병령(徵兵令)

메이지 신정부는 폐도령(廢刀令 : 1871년), 징병령(1873년) 등 급진적인 개혁을 밀어붙였다. 1873년 1월 육군성은 국민개병주의를 규정한 징병령을 발표했다. 특히 이런 개혁 조치로 사무라이의 신분상 특권이 사라지면서 전국 각지에서 사족, 농민들의 반대운동이 일어났다.

막 출발한 메이지 신정부는 중앙집권적인 근대식 군대 창설이 시급했다. 병부대보(차관) 오무라 마스지로는 근대적인 군대 창설을 위해 번병의 해산과 징병제 실시, 진대 설치 등의 군사개혁을 차례로 추진했다. 문제는 사족 계층의 반발이었다. 막부 시절 싸움을 생업으로 삼고 있던 사족들(사무라이들)이 존재 의미를 잃게 된 것이다. 급기야 1869년 오무라가 교토에서 사족들의 습격을 받고 숨지는 사건이 발생한다. 그럼에도 오무라가 죽기 전 만든 징병규칙이 1870년 제정됐다. '각 번(藩)에서 토지 1만 석당 5명을 징병한다'고 규정한 것이다. 그러나 이렇게 이뤄진 군대는 정부 직할군과 각 번의 병사로 구성된 지방군을 합쳐도 1만 명에 불과했다. 수적으로 근대적인 군대를 창설하기엔 역부족이었다.

1871년 폐번치현의 반대에 대비하여 사쯔마, 죠슈, 도사번의 사족으로 정부군 직속부대인 친병(御親兵)을 창설했다. 아울러 각 지역에는 진대(鎮台)라는 군사조직을 설치하여 지방의 반란과 진압에 대처했다. 폐번치현이 이뤄어지고 나서 친병은 천황 직속의 근위병(近衛兵)으로 바뀌고 야마가타 아리토모가 초대 책임자가 됐다. 1872년 11월 정부는 징병고유(徵兵告諭)를 발표하여 징병제 시행을 국민들에게 예고했다. 1873년 1월 오무라 마스지로의 유지를 계승한 야마가타 아리토모가 중심이 되어 징병령이 제정됐다. 상비병은 3년간 현역병으로 근무한 뒤 다시 4년간 예비병이 되어 전시소집에 응하는 것이 의무화되었다. 이후 개정으로 상비병과 예비병의 병역 기간이 바뀌긴 하지만 제도의 기본 틀은 그대로 유지되었다.

징병령의 허점도 드러났다. 관청에 근무하거나 공무원 후보생, 부잣집 사람들은 상비병을 면할 수 있었던 것이다. 결과적으로 상비병 부담은 가난한 집안의 남자들(장남을 제외한 둘째 아들 이하)에게 집중됐다. 징병령을 발령했지만 국민개병의 원칙이 지켜지지 않으면서 일본 각지(특히 서일본)에서 대규모 징병반대 폭동도 일어났다. 일반적으로 '혈세폭동(血稅一揆)'이라고 불린다. 징병 포고문에 '혈세'(血稅 : 생명을 바쳐 병역 의무를 다한다는 의미)라는 용어가 있었는데 이를 "정부가 우리 피를 뽑는다"고 오해하면서 혈세폭동이라는 말이 생겼다고 한다. 1889년 일본제국헌법이 제정되자 징병령도 전면 개정된다. 징병령은 1927년 병역법으로 대체된다.

3) 1873년 지조개정(地租改正)

1873년 메이지 정부가 실시한 조세제도 개혁이다. 이 제도를 통해 토지 소유자를 분명히 하고, 소유자에게 세금을 걷는 체제를 완성시켰다. 지조개정 목적은 화폐(현금)로 세금을 거둬 안정적인 수입을 확보하기 위함이었다.

종전에는 농작물의 풍작과 흉작에 따라 세수가 변동되는 것이 일반적이었다. 하지만 세율을 일정률로 정함으로써 정부는 안정적인 수입을 확보할 수 있게 되었다. 하지만 3%라는 고액의 세율이 문제였다. 지조개정 추진 세력인 기도 다카요시도 이 높은 세율을 들고 "농민을 막번체제 때보다 심한 상황에 몰아넣는 것"이라며 반대했다. 매년 정해진 날까지 세금을 내야 했기에 농민들의 부담은 점차 커져갔다. 징병령 반발처럼 지조개정에 반대하는 폭동과 봉기(1874~1877년)가 빈번하게 발생했다. 결국 사족 반란과 농민봉기의 결합을 두려워한 오쿠보 도시미치의 의견으로 1877년 세율이 2.5%로 낮아졌다.

지조개정의 긍정적인 면도 있다. 에도시대에는 수확고에 따라 연공(年貢)을 냈기 때문에 수확이 늘어나면 그만큼 연공도 증가했다. 그러나 지조의 경우는 세금이 일정하기 때문에 수확을 늘리면 그만큼은 자기 몫이 되었다. 그래서 근로의욕이 생기게 되고 생산량도 증가했다. 또한 지조개정에서는 농민들이 직접 농작물을 정할 수 있게 됐다. 종래에는 막부나 번이 정한 농작물만을 경작하는 것이 원칙이었지만, 지조개정 이후에는 그 제한이 없어졌다. 농민들은 돈이 될 것 같은 작물, 수확이 좋을 것 같은 작물을 자유롭게 선택할 수 있게 되었다.

3. 주요 인물

• 다카스기 신사쿠(高杉晋作)

생몰연도 : 1839~1867년

출신 : 죠슈번의 무사 집안

직업 : 무사, 기병대 총독

사망 원인 : 병사(폐결핵)

사망 당시 나이 : 28세

아베 총리와 그의 아버지 아베 신타로(安倍晉太郎)[59]의 이름에 들어가는 한자 '신(晉)'은 다카스키 신사쿠(高杉晉作)의 이름에서 따온 것으로 알려져 있다. 아베 총리의 할아버지 아베 칸(安倍寬)은 아들 신타로(晉太郎)의 이름을 지을 때, 존경하던 다카스기 신사쿠의 이름에서 '신(晉)'자를 따서 지었다고 한다. 아베 신타로 또한 아들 아베 신조의 이름을 지을 때 다카스기 신사쿠의 '신'자를 집어넣었다. 일본 역사는 메이지 유신의 흐름을 바꾼 다카스기 신사쿠를 '회천(回天)의 기수'라고 부른다.

#

다카스기 신사쿠는 죠슈번(현재의 야마구치현) 하기시의 중간 계급 사무라이 집안에서 태어났다. 1852년 번의 공립학교인 메이린칸(明倫館)에 입학해 한학과 검술을 배운다. 1857년 요시다 쇼인의 쇼카손쥬쿠(松下村塾)에 입학한 후 쇼인의 가장 총애하는 제자가 된다. 1859년 스승 쇼인이 안세이의 대옥으로 에도의 덴마쵸 감옥에 수감되자 면회를 가고 보살핀다. 번의 명령으로 귀향하던 중 쇼인이 처형당했다는 소식을 전해 듣는다. 1862년 5월경, 서서히 세상에 눈을 떠간다. 번의 명령으로 고다이 도모아츠 등과 함께 막부 사절의 수행원으로 나가사키에서 상하이로 여행을 떠나면서다. 그곳에서 청나라가 서양의 식민지로 전락해가고 있는 실정을 목도한다. 그의 일기 '유청오록'(遊清五錄)에는 "당시의 이 경험에서 큰 영향을 받았다"고 적혀 있다.

---

59) 아베 신타로(安倍晉太郎) : 도쿄대학 법학부를 졸업하고 〈마이니치신문〉 기자로 사회생활을 출발한 아베 신타로는 1956년 중의원 선거에 출마해 부친(중의원을 지낸 아베 칸)의 선거구에서 당선됐다. 자민당 정조회장, 통상장관 등을 역임했다.

신사쿠가 여행을 하던 그 무렵, 죠슈번에서는 수구파였던 나가이 우타가 축출되고 존왕양이파가 득세했다. 신사쿠도 가츠라 고고로(기도 다카요시)와 구사카 겐즈이 등과 함께 존왕양이운동에 참가한다. 에도와 교토에서 선전 활동을 펼치면서 각 번의 지사들과 교류했다. 신사쿠는 어린 나이임에도 불구하고 번에서 영향력 있는 인물로 보폭을 넓혀 나간다. 분큐 2년(1862) 12월에는 동지들과 함께 시나가와 고텐야마(品川御殿山)에 건설 중인 영국공사관을 방화하기도 했다. 신사쿠의 이런 과격한 행동을 죠슈번은 우려했다. 막부를 자극하기에 충분했다. 죠슈번은 신사쿠를 에도에서 소환한다. 신사쿠는 이후 스승 요시다 쇼인의 출생지인 마쓰모토 마을에 초가집을 짓고 은둔한다.

은둔은 오래가지 않았다. 분큐 3년(1863) 5월 10일 죠슈번은 간몬해협(関門海峽)을 통과하는 외국선에 포격을 실시한다. 하지만 오히려 미국과 프랑스로부터 보복공격을 받아 참패하고 만다. 이 패배로 인해 무사에 대한 신뢰는 떨어지고 번의 개혁을 피할 수 없게 된 번주 모리 타카치카(毛利敬親)는 은둔생활을 하고 있던 다카스기를 불러들여 대응책을 논의한다. 다카스기는 그 자리에서 "기묘한 방법으로 허를 찔러 적을 제압하는 군사를 만들고 싶다"고 제안했다. 모리번주는 다카스기의 의견을 받아들여 시모노세키 방위를 맡긴다. 다카스기는 스승 요시다 쇼인의 초망굴기(草莽崛起)를 바탕으로 하급 무사, 농민 등 신분을 가리지 않고 폭 넓게 병사를 모집한다. 이렇게 모인 군대를 정규병과 다르다는 의미의 '기헤이타이'(奇兵隊)라 이름 붙였다.

초대총독에 오른 이는 다카스기였다. 하지만 몇 달 후 기병대 대원과 정규 무사가 충돌하는 교호지(教法寺) 사건이 발생하면서 다카스기는 그 책임을 지고 총독직에서 물러난다.

#

죠슈번의 상황은 날로 좋지 않았다. 사쯔마번과 아이즈번이 결탁한 '8월 18일의 정변'으로 죠슈번은 교토에서 추방된다. 다카스기는 번의 복권을 위해 교토로 진군해야 한다고 주장하는 강경파 기지마 마타베(来島又兵衛)를 설득하려고 했지만 실패한다. 다카스기는 도중에 가츠라 고고로와 구사카 겐즈이의 의견을 듣기 위해 교토로 가는데, 번의 허락을 받지 않고 무단으로 갔기 때문에 탈번(脱藩)이 되어 버렸다. 그 후 죠슈로 돌아오자 탈번의 죄로 노야마 감옥 수감에 이어 자택 근신처분을 받는다.

그럴 즈음 교토에서는 이케다야 사건이 발생한다. 쇼카손쥬쿠의 사천왕 중 한 명인 요시다 토시마로(吉田稔麿)가 연루돼 죽음을 맞는다. 격앙된 죠슈번은 금문의 변(禁門の変)을 일으킨다. 설상가상 여기에서도 구사카 겐즈이, 이리에 구이치 등 쇼카손쥬쿠의 동지들이 잇달아 목숨을 잃는다. 겐지 원년(1864) 8월, 영국과 프랑스, 미국, 네덜란드의 4개국 연합함대가 시모노세키를 포격하고 포대가 점거되는 지경에 이르자 다카스기는 강화 교섭을 맡게 된다. 배상금엔 단호했다. 다카스기는 "막부 명령으로 일어난 일"이라며 지급을 거부한다. 이 강화회의에는 이토 히로부미가 통역으로 동석하는데, 훗날 그의 회상에 의하면, 4개국 연합국은 히코시마(彦島)의 조차(租借)를 요구

공산사 거병 – 동상의 기단 뒤편에 아베 총리의 외할아버지 기시 노부스케 전 총리의 글씨로 일편회천 명치유신(一編回天 明治維新 : 채찍을 한 번 휘둘러 천하의 형세를 바꿔 메이지 유신을 이룩하다)이라고 적혀 있다.

했다. 이 요구에 다카스기는 《고사기(古事記)》를 통역시키며 딴청을 피워 '없던 일'로 만들었다고 한다.

다카스기 신사쿠를 이야기 할 때 '공산사(功山寺) 거병'을 빼놓을 수 없다. 번의 개혁을 외치던 다카스기는 번의 주도세력이 된 속론파(막부를 따르는 파)와 맞서기 위해 자신이 만든 기병대의 궐기를 주도했다. 하지만 2대 총독 아카네 다케토(赤禰武人), 군감 야마가타 아리토모(山縣有朋) 등의 간부는 다카스기에 동조하지 않았다. 번을 상대하기에는 수가 부족해 거병은 무리라는 것이 그들의 의견이었다. 결국 모두가 떠나고 남은 것은 이토 슌스케(히로부미)뿐이었다.

12월 15일 밤, 다카스기는 공산사(功山寺)에서 이토 슌스케의 역사대, 이시카와 코고로(石川小五郎)의 유격대 등 단 80명을 이끌고 거병했다. 이후 기병대도 가세하면서 겐지 2년(1865) 3월에는 속론파를 물리치고 번의 실권을 탈환하는 데 성공한다. 번을 장악한 다카스기는 시모노세키 개항을 밀어붙이면서 최신무기를 사들이는 계획을 극비리에 진행한다. 그러나 그 정보가 누설되면서 목숨을 위협받고 오사카로 피신한다. 죠슈번은 시모노세키항을 개항하지 않는다는 성명을 낸다. 그후 가츠라 고고로가 시모노세키(下関)에 들어가 사태를 수습, 다카스기는 귀향하게 된다.

#

2차 죠슈 정벌을 앞두고 다카스기는 방위태세를 강화했다. 게이오 2년 (1866) 1월 21일, 가츠라 고고로, 이노우에 가오루 등이 사쯔마번과 삿쵸동맹을 체결했다. 도사번의 사카모토 료마, 나카오카 신타로 등이 중재자였다. 그 해 5월 다카스기는 번의 명령으로 이토 히로부미와 함께 사쯔마로 가는 도중, 나가사키에서 증기선 헤이인마루(丙寅丸)를 구입한다. 그 해 6월 7일, 막부 함대가 스오우 오오시마(周防大島) 포격을 시작했다. 제2차 죠슈 정벌이다. 이때 다카스기는 해군 총독 직책으로 헤이인마루에 승선해 전투를 지휘한다. 막부 함대를 야습해 스오우 오오시마 탈환에 성공하는가 하면, 고쿠라(小倉) 방면에서도 막부군을 패주시키는 등 해군 총독으로서 분투했다.

전투가 한창이던 7월 20일 오사카에서 쇼군 도쿠가와 이에모치가 사망하면서 막부에 대한 각 번의 이탈이 진행됐다. 이에 막부의 마지막 쇼군이 되는 도쿠가와 요시노부는 조정에 휴전협정을 요청한다. 이로 인해 막부의 권위는 땅에 떨어지고, 결국 게이오 3년(1867) 10월 대정봉환이 이뤄졌다. 하지만 다카스기는 이런 과정을 보지 못하고 1867년 5월 17일 폐결핵으로 사망한다(27세). 이후 기헤이타이(奇兵隊)는 그의 부하였던 야마가타 아리토모가 지휘하게 되고, 1868년 마침내 막부가 무너졌다. 신정부가 수립되고 일본 제국육군이 설립되면서 1870년 기헤이타이도 해체됐다.

• 야마가타 아리토모(山縣有朋)

생몰연도 : 1838~1922년
출신 : 죠슈번의 무사 집안
직업 : 무사, 군인, 정치가
사망 원인 : 병사
사망 당시 나이 : 85세

요시다 쇼인은 쇼카손쥬쿠에서 제자들과 주로 《맹자》와 《논어》를 강독하면서 토론 수업을 했는데, 이는 훗날 제자들이 이름이나 호, 휘(諱)를 바꾸는 데도 영향을 미쳤다. 이

토 히로부미(伊藤博文)와 야마가타 아리토모(山縣有朋)가 그 예다. 일본 역사소설가 하부미치히데(羽生道英)가 쓴 《이등박문(伊藤博文)》이라는 책에는 "논어에 '박문약례'라는 말이 있다. 이토 히로부미는 앞의 두 글자를 휘로 했다"(論語に博文約礼という言葉がある。この頭の二文字を諱といたせ)고 밝혔다.

또 야마가타 아리토모(山縣有朋)도 여러 이름[60]을 가지는데, 유붕(有朋)이라는 휘(諱)의 어원은 《논어》의 유붕자원방래(有朋自遠訪來)에서 취한 것으로 전해진다. 신분이 아주 낮은 계급이었던 이토 히로부미와 야마가타 아리토모 두 사람은 훗날 만인지상의 자리인 총리에 오르게 되는데, 그런 신분적 콤플렉스를 벗어나기 위해 이름에 고상한 중국의 원전을 끌어들인 것으로 알려진다.

\#

야마가타 아리토모는 1838년 죠슈번에서 최하급 무사 가문의 맏아들로 태어났다. 아리토모의 아버지는 국학을 배우고 와카도 노래하는 등 학문적인 소양을 갖추고 있었다. 아리토모도 그런 아버지의 영향을 받았다. 안세이 5년(1858년) 7월, 교토 정세를 파악하기 위해 야마가타를 포함한 6명의 젊은 이가 교토에 파견됐다. 파견된 6명 중 이토 히로부미를 비롯한 4명이 쇼카손쥬쿠의 숙생이었다. 아리토모는 교토에서 존왕양이파의 거물이었던 구사카 겐즈이, 우메다 운빙 등에 감화되어 존왕양이 사상에 빠진다.

---

60) 야마가타 아리토모의 어릴 적 이름은 다츠노스케(辰之助)다. 이후 다양한 이름(小助, 小輔, 狂介, 狂助, 狂輔)을 사용했다. 야마가타 아리토모는 메이지 유신 이후 '유붕'을 휘(諱)로 썼다고 한다.

10월, 번으로 돌아와 구사카 겐즈이의 소개로 요시다 쇼인의 쇼카손쥬쿠에 입학한다. 하지만 그 다음 달, 쇼인은 근신의 몸이 된다. 이어 곧바로 투옥됐고 다음 해에 처형당한다. 야마가타는 "쇼인으로부터 큰 영향을 받았다"면서 평생 '쇼인의 문하생'이라는 사실을 자랑스럽게 여겼다. 아리토모가 쇼인으로부터 교육받은 기간은 길지 않았지만, 쇼인 사후에도 학원생들과 함께 존왕양이 운동에 참여한다. 이런 활동 때문에 번으로부터 무사 대접을 받는다. 하급무사 신분이었던 그들에게 무사 대우는 출세의 발판이 되었다.

아리토모는 1860년, 사쯔마번의 동향을 살피기 위해 '서신 전달'역으로 사쯔마에 잠입했다. 하지만 경계가 엄하고 사쯔마 사투리도 이해할 수 없어서 역할을 제대로 수행할 수 없었다. 아리토모는 이후 다카스기 신사쿠가 창설한 기병대에 들어가 군감이 되고, 단노우라 포대의 경비를 담당한다. 1866년 2차 죠수 정벌 때는 기병대의 실권을 쥐고 고쿠라성을 점령하는 활약을 보인다. 도바 · 후시미 전투와 보신전쟁에도 참가하게 된다.

#

아리토모가 성공 발판을 굳힌 건 메이지 2년(1869년) 무렵이다. 유럽으로 건너가 각국의 군사제도를 시찰하고 이듬해 귀국하면서다. 암살당한 오무라 마스지로의 뒤를 이어 군제를 개혁하고 징병제를 도입했다. 메이지 6년 (1873년) 육군경이 되면서 참모본부의 설치와 군인칙유 제정에 깊게 관여한다. 그런 아리토모는 당시 실세이던 사이고 다카모리와도 친밀한 관계를 맺어 나갔다. 유신 후 육군 중장이 되고 군의 실권을 잡게 되는데, 그 과정에서 사이고 다카모리의 협조를 얻어 징병제를 도입한다. 사이고 다카모리 역시 여러모로 아리토모를 옹호하고 감싸줬다.

그런데 두 사람의 좋은 관계는 거기까지였다. 1877년 서남전쟁이 발발하면서 서로 적대적인 관계가 됐다. 야마가타 아리토모가 관군의 총지휘자였기 때문이다. 대선배이자 은인이기도 한 사이고 다카모리와 대치하게 된 것이다. 결국 가고시마의 시로야마에서 농성하는 사이고 다카모리에게 자결을 요청하는 편지를 보내게 된다. 사이고 다카모리는 이를 받아들여 자결한다. 서남전쟁은 사이고의 죽음으로 끝이 난다.

이후 아리토모는 승승장구한다. 메이지 22년(1889년) 3대 내각총리대신에 취임한다. 메이지 31년(1898년)에는 2차 야마가타 내각이 발족한다. 이토 히로부미 이후 최고의 원로 역할을 하며 총리 선정에도 깊숙하게 개입한다. 그런 그는 말년에는 육군뿐 아니라 정계의 막후로 군림한다. '일본 군벌의 시조'라고 부르는 이유다. 아리토모에 대한 평가는 엇갈린다. 일본 국민들과 정치가, 황실로부터는 긍정적인 평가를 받지 못했다. 하지만 쇼와 천황만은 '군인 야마가타 아리토모'를 높게 평가했다고 한다. 1922년 85세로 사망했다.

일본 전도

하코다테(箱館)

센다이
(仙台)

아이즈(会津)

미토
(水戸)

후쿠이(福井)

에도(江戸)   사쿠라(佐倉)

히코네(彦根)   슨푸
교토   (駿府)
(京都)   구와나(桑名)

효고(兵庫)   시모다
후쿠야마(福山)   (下田)
히로시마
(広島)   오사카
(大坂)
하기(萩)

고치(高知)

우와지마
(宇和島)
사가(佐賀)

나가사키
(長崎)

가고시마
(鹿児島)

"꾸물거리지 말고 지금 당장 해라."

(タチンコンメ(가고시마현 사투리) : ぐずぐずせず、いますぐやる。)

— 오쿠보 도시미치(大久保利通)

11장

토부가 고토쿠(翔ぶが如く) : 갈라선 죽마고우
- 제28화 1990년 방송 -

"당신의 죽음으로 새로운 일본이 태어날 것이다. 강한 일본이……."(おは
んの死と共に, 新しか日本がうまれる。強か日本が…….)

  사이고 다카모리(西鄕隆盛)의 죽마고우였던 오쿠보 도시미치(大久保利通)
는 사이고가 서남전쟁(세이난전쟁)에서 자결했다는 소식을 듣고 통곡하면서
이런 말을 했다고 한다. 둘은 한 집 건너 살면서 우정을 쌓았다. 의리로써 나
라를 구하자고 함께 맹세했다. 훗날, 둘은 메이지 신정부에서 요직에 올랐
다. 하지만 갈라섰다. 정한론(征韓論) 때문이다. 사이고는 무모한 정한론을
주장했고, 오쿠보는 그런 주장을 반대했다. 함께 새로운 시대를 연 동지였지
만 사이고는 결국 내란을 일으켜 정부의 적이 됐다. 오쿠보는 "나만큼 사이

고 다카모리를 잘 아는 사람은 없다"(自分ほど西郷隆盛を知っている者はいない)며 친구에 대한 애정을 잊지 않았다.

하지만 후세는 오쿠보보다 사이고를 더 높이 평가하고 존경한다. 가고시마현에 세워진 동상 개수가 그걸 단적으로 증명한다. 혹시 독자들이 가고시마현에 들른다면 꼭 두 사람의 동상을 찾아 개수를 비교해 보기 바란다. 두 사람의 이런 우정과 대립을 다룬 드라마 '토부가 고토쿠'(翔ぶが如く : 나는 듯이)가 1990년 방송됐다. 원작은 1972년부터 5년간 〈마이니치신문〉에 연재한 시바 료타로의 동명소설이다. 대하드라마 사상 처음으로 2부로 구성됐다(제1부 막부 말기 1~29회, 제2부 유신기 30~48회).

'토부가 고토쿠'라는 제목은 사쯔마(가고시마현) 사람들의 실행력을 보여주는 지역 사투리에서 따왔다. "泣こかい、飛ぼかい、泣こよか ひっ翔べ"(울래, 뛰어 내릴래, 울 바에는 뛰어내려)가 어원으로 '어떻게 해야 할지 망설여질 때는 고민하지 말고 우선 행동에 옮겨 보라'는 의미이다. 사쯔마번에서는 아이들이 작은 개울을 건너거나, 높은 곳에서 뛰어내리거나 할 때 겁을 내는 친구가 있으면 주변에서 이 노래를 불러주면서 용기를 북돋아줬다. 이는 사쯔마번에서 내려오던 향중(郷中) 교육의 영향이다. 사이고 역시 이런 향중 교육을 받았다. 사쯔마번은 용기가 있는 사람을 제일 훌륭한 사람으로 인정했다. 이런 교육제도가 사쯔마의 풍토를 만들었다.

앞선 9장 '세고동'에선 사이고 다카모리의 좌우명이 '경천애인'(敬天愛人)이라고 소개했다. 사이고의 죽마고우 오쿠보의 좌우명은 '정치는 맑고 깨끗하

게 해야 한다'는 뜻을 가진 '위정청명'(爲政淸明)이었다. 가고시마현의 유신후루사토관(維新ふるさと館 : 유신의 고향 기념관)에 가면 이 두 사람의 흔적과 좌우명을 직접 눈으로 볼 수 있다.

1. 줄거리

사쯔마번의 가고시마성 아래 카지야마을(下加治屋町)에서 형제처럼 자란 사이고 다카모리와 오쿠보 도시미치. 그들은 사쯔마번의 실력자 시마즈 나리아키라의 비호 아래 서로 손을 맞잡고 번을 이끌어간다. 둘은 번을 넘어 메이지 유신의 대업을 함께 이룬다. 나란히 새 정부의 참의(參議)에 취임한다. 하지만 봉건체제에서 근대 중앙집권체제로의 전환은 큰 반발에 부딪힌다. 녹봉을 잃은 사족들이 그들이다. 아직도 사무라이 정신에서 완전히 벗어나지 못하고 있던 사이고는 이런 사족들의 처지를 방관할 수만은 없었다. 반면, 오쿠보는 합리주의자로, 수많은 서양화 정책을 착착 펴나간다. 서로 어울리지 않는 두 사람의 이념은 이른바 '정한론'으로 충돌, 절교의 길을 걷는다.

묵직한 인물들도 등장한다. •사쯔마 향사(鄕士 : 하층무사)의 대표로 대경시(大警視)[61]가 되는 가와지 토시요시(川路利良) •사이고의 경호원이었다

---

61) 대경시(大警視) : 1872년부터 1881년까지 존재했던 경찰 최고직위. 현재의 경시총감(警視総監 : 한국의 경찰청장)에 해당한다. 초대 대경시 가와지 토시요시(川路利良)는 '일본 경찰의 아버지'로 불린다.

가 유신 후에 육군 소장에 오르는 기리노 토시아키(桐野利秋)가 그들이다. 가와지 토시요시는 보신전쟁(무신전쟁)에서 크게 활약했는데, 사이고 다카모리의 눈에 띄어 경찰 창설을 맡게 된다. 프랑스로 유학, 경찰제도를 시찰하고 귀국 후엔 '경찰이야말로 문명을 견인하는 원천'이라는 확고한 신념을 갖게 된다. 자신을 키워준 사이고 다카모리에게 은혜를 느끼면서도 사이고 주변의 불평사족과 불온한 세력들에 대해 강경한 단속을 실시한다. 그런 가와지는 결국 '문명개화에 있어서는 사이고조차도 무용지물이며 정부에겐 악'이라고 생각한다.

이런 이유 때문에 가와지는 사이고의 오른팔 기리노 토시아키를 비롯한 사학교당(私学校党)[62]으로부터 철저한 증오의 대상이 된다. 가와지는 사쯔마번의 정세 파악을 위해 사쯔마 출신 경찰을 파견하게 되는데, 이들은 사학교당에 체포되고 만다. 가혹하게 고문당한 경찰의 입에서 "사이고를 암살하기 위해 왔다"는 자백서를 받아낸다. 이게 원인이 되어 사학교당이 거병을 한다. 사이고와 오쿠보 두 사람은 유신 이후 최대의 내란인 서남전쟁에서 각기 다른 길을 걷게 된다.

---

62) 사학교당(私学校党) : 사이고 다카모리가 세운 사족 교육 학교. 가고시마 전역에 136개의 분교가 세워졌다. 이들은 사학교당(私學敎黨)이라는 이름으로 불렸으며, 인원은 3만여 명에 달했다고 한다.

2. 중요사건

1) 1873년 정한론(征韓論)

막부 말기와 메이지 초기, 일본 정부 안팎에서 전개된 "무력으로 조선을 침략하자"는 주장이다. 관여한 인물은 이와쿠라사절단이 시찰을 떠난 후 정부 수반을 맡게 되는 사이고 다카모리을 비롯해 이타가키 다이스케, 에토 신페이, 고토 쇼지로, 소에지마 무네노리 등이다. 이런 정한론이 나온 배경은 다음과 같다.

1세기부터 5세기까지 한반도 남부에 거주하던 사람들을 한(韓)이라 하였

1873년 정한의논도(가운데 왼쪽 이와쿠라 도모미, 오른쪽 사이고 다카모리)

고, 언어와 풍속이 각각 다른 마한, 변한, 진한의 세 부분으로 나뉘어 있어서 '삼한'이라 했다. 그런데 구미 제국의 압박을 받기 시작한 막부 말기에 "그 압박에 의한 손실을 조선을 공격해 보완해야 한다"는 논의가 대두됐다. 주창 세력은 에도시대 후기 국학자, 일각의 미토학 그리고 요시다 쇼인 등인데, "고대 일본이 한반도에 지배권을 가지고 있었다"는《고사기》와《일본서기》의 기술 내용을 근거로 삼았다. 가츠 카이슈(勝海舟)와 하시모토 사나이(橋本左內) 등이 남긴 사료에도 그런 인식이 엿보인다. 메이지 정부가 성립되자 정한론은 단순한 논의를 넘어 정부 대외정책의 근간 중 하나가 되었다. 막부 말기의 정한론을 사상적으로 계승하고, 신정권 성립 후 생겨난 사족들의 불만을 밖으로 돌리고 싶었던 것이다. 아울러 서방제국에 의한 압박의 대가를 만회하려는 의도도 있었다.

일본은 먼저 쓰시마번을 통해 조선에 신정부 출범을 통고하고, 국교를 원하는 교섭에 나섰다. 하지만 조선은 일본 외교문서가 에도시대의 형식과 다르다는 이유로 거부했다. 그러자 메이지 3년(1870년) 2월, 메이지 정부는 사다 시라카야(佐田白茅), 모리야마 시게루(森山茂)를 파견했다. 사다는 조선의 대응에 분개해 귀국 후 '정한'을 건의한다. 9월에는 요시오카 히로키를 부산에 보냈고, 메이지 5년(1872년) 9월에는 외무관료 하나부사 요시모토(花房義質)가 조선으로 파견됐다. 하지만 조선은 일본의 이런 움직임을 완강히 거부했다. 메이지 6년(1873)에 이르러서는 일본을 배척하는 분위기가 더욱 강해졌다.

반면, 일본 내에서는 정한론이 더욱더 들끓었다. 사이고 다카모리 등은 이와쿠라사절단이 구미 시찰을 간 사이, 조선에 대한 사절 파견을 강하게 주장했다. 심지어 본인 스스로 사절로 가서 "사태를 타개하겠다"고 했다. 이윽고 메이지 6년(1873) 8월, 메이지 정부는 사이고 다카모리를 사절로 파견하기로 결정했다. 하지만 같은 해 9월 귀국한 이와쿠라사절단의 오쿠보 도시미치, 이와쿠라 도모미, 기도 다카요시 등은 "내치에 충실해야 한다"며 정한론에 반대했다. 곧이어 10월에는 사태를 수습하다가 지친 태정대신 산조 사네토미가 병으로 쓰러진다.

이때 태정대신 대행이 된 이가 이와쿠라 도모미다. 그의 의견이 메이지 천황에게 받아들여지면서 사이고의 방한 중지 결정이 내려졌다. 이로써 사이고를 비롯한 정한파 참의(參議)들은 하야했다. 그런 가운데 일본은 1874년 대만을 침략해 속국으로 만들었다. 1875년에는 조선에 일본 군함 운요우호(雲楊號)를 파견했다. 이듬해인 1876년, 일본은 조선과 일방적으로 조일수호조약(강화도조약)을 맺고 조선 침략의 돌파구를 마련했다.

2) 1874~1876년 불평사족(不平士族)의 반란

메이지 정부는 사민평등(四民平等)이라는 정책에 따라 다이묘와 무사 계급을 폐지하고 황족(皇族 : 천황의 친족), 화족(華族 : 주로 공경과 다이묘 계급), 사족(士族 : 화족 이외의 무사계급)이라는 새로운 신분 질서를 구축했다. 신분 해체를 맞으면서 사족들은 권위와 경제력이 무너지고 박탈감은 극에 달했다. 급기야 메이지 정부에 반대하는 불평사족들이 봉기하게 된다.

사족(士族)은 막부시대에는 다양한 특권을 부여받은 엘리트층이었다. 하지만 근대국가의 운영에는 적합하지 않은 계층으로 취급받게 된다. 새로운 국가건설이 급선무였던 메이지 정부는 이런 사족의 해체를 이행해 갔다. 사족의 해체라고는 하지만 메이지 유신 직후에 갑자기 모든 특권을 빼앗은 것은 아니었다.

처음에는 질록(秩禄)이라고 하는 연금을 지급했고 생활이 보장되어 있었다. 그런데 근대국가 운영에는 많은 돈이 필요했고, 메이지 정부에는 그럴만한 금전적인 여유가 없었다. 그런 탓에 정부는 1876년 질록 지급을 중단하고 연금을 일시불로 줘버렸다(질록 처분 : 12장 주요 사건 참고). 이후 대부분의 사족이 몰락하고 단숨에 하층민이 돼 버렸다.

게다가 사족의 무장해제를 목적으로 '외출할 땐 칼을 차고 다녀서는 안 된다'는 폐도령(廃刀令)마저 내려졌다. 사족은 칼에 자부심을 가지고 있었기 때문에 이 법령이 그들에게 끼친 영향은 실로 엄청났다. 질록 처분과 폐도령이 내려지면서 사족들 사이에 불만이 높아져갔다. 또 메이지 정부가 추진하는 문명개화(文明開化), 식산흥업(殖産興業) 정책으로 인해 서양의 기술과 문화가 수입됐다.

여기에 조선 침략을 주장하는 정한론이 기름을 끼얹었다. 정한론이 밀리면서 사이고 다카모리, 에토 신페이, 이타가키 다이스케 등이 하야하게 되는데, 이는 사족들에게 큰 영향을 끼쳤다. 이렇게 메이지 정부에 반대하는 사족을 '불평사족'이라고 불렀다.

결국 터질 게 터지고 만다. •1874년 에토 신페이가 고향 사가현에서 반란

을 일으켰다(사가의 난). • 2년 후인 1876년 10월엔 구마모토현에서 신풍련의 난(神風連の乱) • 후쿠오카현에서 아키즈키의 난(秋月の乱) • 야마구치현에서 하기의 난(萩の乱)[63]이 일어났다. 이런 연쇄적인 반란은 이내 진압됐다. 문제는 더 큰 반란이 기다리고 있었다는 것이다. 진원지는 가고시마현. 1877년 옛 사쯔마번 사족들이 사이고 다카모리를 옹립하여 서남전쟁을 일으켰다.

3) 1876년 강화도조약

공식 명칭은 조일수호조약이며, 병자수호조약이라고도 한다. 1867년 왕정복고의 대호령을 발표한 일본은 이미 외교관계를 맺고 있던 영국, 프랑스, 미국 등에 왕정복고를 통고하는 한편, 대마도주 소우 요시아키라(宗義達)를 외국사무국보로 임명하여 조선에 대한 국교의 재개를 요청하는 국서를 보내왔으나 조선은 서식과 직함이 다르다 하여 국서의 접수를 거부했다.

그러나 일본은 메이지 유신 과정에서 생겨난 사족들의 불만을 밖으로 돌릴 필요가 있었고, 또 구미제국과 맺은 불평등조약을 개정하기 위한 방법의 하나로 다른 나라의 문호를 개방시키려 했으며, 조선을 그 대상으로 삼고 있었다. 일본은 부산항에서 함포시위를 벌인 후, 강화도에서 운요호사건을 유발

---

63) 하기의 난(萩の乱) : 죠슈번의 유신 지사이자, 쇼카손쥬쿠에서 수학한 요시다 쇼인의 제자 마에바라 잇세이(前原一誠)가 일으킨 난. 메이지 유신 성공 후 참의에 오른 잇세이는 기병대(奇兵隊) 해체와 사족 탄압에 항의하다 낙향했다. 1876년 고향 하기에서 반란을 일으켰다가 참수됐다.

함으로써 마침내 1876년 2월 27일 전권대신 신헌(申櫶)과 일본측 특명전권판리대신 구로다 기요다카(黑田淸隆) 사이에 12개조로 된 강화도조약을 체결하게 되었다.

조약의 주요 내용은 다음과 같다.

제1조 조선은 자주국으로 일본과 평등한 권리를 가진다.

　　　－ 청국과의 관계를 끊고 일본이 조선에서의 우위를 차지하려는 저의

제5조 조선은 부산 이외의 두 항구를 20개월 이내에 개항하여 통상을 허용한다.

　　　－ 부산, 원산, 인천의 3개 항구를 개방

제7조 조선은 일본의 해안측량을 허용한다.

　　　－ 군사작전시의 상륙지점을 정탐

제10조 개항장에서 일어난 양국인 사이의 범죄사건은 자국의 법에 의하여 처리한다.

　　　－ 치외법권 인정

강화도조약은 일본이 서양제국과 맺은 불평등조약을 조선에서 그대로 재현시킨 것이었다.

(출처 : 《다음백과》 참조)

4) 1877년 서남전쟁(西南戰爭)

메이지 정부의 질록 처분, 징병제, 폐도령이 이어지고 정한론이 폐기되면서 사이고 다카모리를 비롯해 기리노 토시아키(桐野利秋), 시노하라 쿠니모토(篠原国幹), 무라타 신파치(村田新八) 등도 가고시마로 귀향했다. 다카모리는 가고시마에 사학교를 세웠다. 신정부는 가고시마 육군 창고의 탄약과 무기를 빼내려 했고, 경찰 밀정을 파견했다. 사학교측은 이를 다카모리 암살 음모 사건으로 규정했다. 1877년 2월 사학교당 군대가 거병하면서 일본 최후의 내전인 서남전쟁(세이난전쟁)이 발발했다. 팽팽하던 전쟁의 흐름은 경시청 소속 '밧토다이'(拔刀隊 : 칼을 든 경찰관 부대)가 투입되면서 신정부군 쪽으로 기울었다. 서남전쟁이 일본 역사에서 차지하는 비중이 큰 만큼, 전쟁의 흐름을 자세하게 다루어 보려고 한다.

1877년 서남전쟁

\#

사이고 다카모리는 함께 하야한 불평사족들을 통솔하고 현의 젊은이들을 교육하기 위해 1874년(메이지 7년), 가고시마현 전역에 사학교와 그 분교를 창설했다. 이른바 사학교당(私學敎黨)이다. 외국인 강사를 채용하고 우수한 학생들을 유럽으로 유학시키는 등 적극적으로 서구문화를 도입하려고 했다. 아울러 강력한 군대 양성을 목표로 했다. 이윽고 사학교는 가고시마 현령 오야마 쯔나요시(大山綱良)의 도움을 받아 현의 대부분을 장악하는 중심 세력으로 성장해 갔다. 가고시마의 사학교는 총대학교와 포대학교로 이루어졌는데, 청소년들에게 군사와 사상교육을 실시했다. 현령 오야마 쯔나요시는 사학교파 사족과 돈독한 관계를 맺고 그들을 현의 요직에 임명했다. 그러면서 힘을 키운 가고시마현은 정부에 적대적인 독립국의 모습을 드러내 가고 있었다.

그러는 사이, 사이고 다카모리는 점차 사족들의 '반정부 운동 상징'이 되어 갔다. 사학교당이 가고시마현을 장악해 가면서 '정부 반란 세력을 양성하는 기관'이라는 인식도 강해졌다. 정부가 이를 두고만 볼 리 없었다. 1876년(메이지 9년) 내무경 오쿠보 도시미치는 기도 다카요시를 중심으로 하는 죠슈파의 맹렬한 기세에 눌려 가고시마현 개혁안을 수락하게 된다. 하지만 이 개혁안은 가고시마 현령 오야마 쯔나요시의 반대와 지방의 연쇄 반란으로 인해 대부분 무산됐다. 그럴 무렵 정부의 공작이 시작됐다. 1877년(메이지 10년) 1월, 경시청 대경시 가와지 토시요시는 가고시마 출신의 경찰관(24명)을 귀향 명목으로 가고시마에 파견했다. 사학교의 내부 정찰과 이간질이 주목적이었다. 이를 수상히 여긴 사학교파는 경찰들을 체포하고 가혹하게 고문했다. 그 결과, '가와지가 사이고 다카모리를 암살하도록 지시했다'는 자백서가 나왔다.

#

한편, 사이고는 그때까지 유유자적한 생활로 일관하며 각처의 사족 반란에도 호응하지 않고 있었다. 그와는 반대로 신정부는 가고시마 통제를 위해 동시다발적으로 움직이고 있었다. 그해 1월 29일, 가고시마현 육군성 포병 창고에 있던 무기와 탄약을 오사카로 옮기기 위해 비밀리에 함선을 파견했다. 가고시마의 사학도들은 중앙정부가 도둑처럼 사쯔마의 재산을 반출하려는 것에 분노했다. 그들은 무기와 탄약을 입수하기 위해 야간에 화약고를 습격해 무기류를 탈취했다. 그날 이후 연일 각지의 화약고가 습격당했다. 속칭 '탄약 약탈사건'이다.

여기에 정부의 밀정 파견 사태가 맞물리면서 사학교도들은 폭발했다. 사이고도 이런 기세를 꺾을 수는 없었다. 2월 15일, 60년 만의 폭설이 내리는 가운데 1만 3,000명의 가고시마 사족들은 '사이고 암살 기도 사건'의 심문을 명분으로 사이고를 옹립하고 상경에 나섰다. 큐슈 각지의 반정부 사족들도 호응하여 궐기했다.

정부는 2월 19일, 다루히토친왕을 토벌 총독에, 육군 중장 야마가타 아리토모(山縣有朋)와 해군 중장 가와무라 스미요시를 각각 우두머리(참군)로 삼고 토벌군단을 조직했다. 반란군 사이고 부대는 2월 22일 순식간에 구마모토성까지 치고 올라갔다. 사령관 다니 간죠(谷干城)가 이끄는 구마모토성 수비병들은 철저한 방어로 맞섰다. 사이고군은 전략을 바꿔 포위 작전으로 돌아섰다. 당초 정부는 반란군에 사이고가 참가하고 있는지 파악하지 못했다. 그러다 종군한 것이 밝혀지자 2월 25일, 그의 벼슬을 박탈했다.

구마모토성 수비병들의 필사적인 방어로 대치가 길어지는 사이, 큐슈 북부에서 정부군의 원군이 도착했다. 사이고군의 북상이 막히고 말았다. 병력을 증강한 정부군은 사이고군의 방어선을 돌파하기 위해 최대 격전지인 다바루자카(田原坂)로 향했다. 양측은 구마모토 북쪽의 다바루자카에서 일대 격전을 앞두고 대치하게 된다.

#

사이고군은 총격과 더불어 칼을 든 '발도'(拔刀) 돌격을 반복했다. 농민들을 징병하여 구성된 정부군은 백병전에 익숙하지 못했다. 그 때문에 사이고군의 '발도' 공격에 대항할 수 있는 별도의 특별부대가 편성됐다. 사무라이 출신의 경시청 경찰관으로 이뤄진 발도대(拔刀隊)[64]이다. 사이고군은 발도대 공격을 예상하지 못했다. 발도대 투입이 승부의 분수령이 되면서 정부군은 다바루자카를 돌파했다. 4월 15일, 장비와 인원에서 우세를 보인 정부군은

---

64) 발도대(拔刀隊) : 밧토다이. 서남전쟁에 투입된 정부군의 특별부대로, 총이 아닌 칼을 든 백병전 전용 부대였다. 당시 메이지 신정부의 경찰관은 대부분 사무라이 출신들이었다. 서남전쟁에서 신정부군의 공격이 실패하자 토벌대장 야마가타 아리토모는 총 없이 칼로만 싸우는 부대를 편성했는데, 이를 '발도대'로 명명됐다.

격전 끝에 구마모토성을 포위하고 있던 사이고군을 물리쳤다. 수세로 돌아선 사이고군은 미야자키현 휴가지방으로 옮겨 재기를 시도했지만, 6월 1일 히토요시, 7월 24일 미야코노죠, 7월 31일 미야자키 지역을 차례차례 잃었다. 이후 사이고군 일부는 사이고를 호위하며 포위망을 탈출해 가고시마의 시로야마(城山)[65]로 돌아와 농성에 들어갔다.

사이고군은 그다지 오래 버티지 못했다. 9월 24일, 시로야마가 함락됐다. 사이고와 그를 따르던 기리노 토시아키, 무라타 신파치, 벳푸 신스케 등 부하들이 모두 전사했다. 그렇게 6개월 전쟁은 종결됐다. 사이고군의 총 병력은 3만여 명. 소학교파가 1만 3,000명, 전쟁 중에 모집한 병사가 1만 명, 큐슈 각 현에서 동참한 병사가 1만 명. 이중 6,000명이 전사했다. 정부군의 총 병력은 5만 8,000명이었는데, 전사자는 6,800명에 달했다. 정부군은 반군의 2배 이상 병력을 투입했음에도 비슷한 숫자의 사망자를 냈다. 징병제 초기라 군사적 취약성이 드러나긴 했지만, 일본의 부국강병 정책의 초석이 됐다는 평가가 나온다.

---

65) 시로야마(城山) : 가고시마 시내가 내려다보이는 고지대로, 지금은 전망대가 있다. 이곳 시로야마 동굴에서 사이고 다카모리가 최후를 맞았다.

3. 주요 인물

• 오쿠보 도시미치(大久保利通)

생몰연도 : 1830~1878년

출신 : 사쯔마(가고시마현)

직업 : 직업 관료(내무경 등)

사망 원인 : 암살

사망 당시 나이 : 48세

1878년 5월 14일. 내무경 오쿠보 도시미치는 평소처럼 마차를 타고 출근길에 올랐다. 마차가 도쿄의 키오이자카(紀尾井坂) 부근을 지날 무렵, 난데없이 한 무리가 마차를 습격했다. 오쿠보를 덮친 이들은 여섯 명의 불평사족 무사들이었다. 오쿠보는 몸에 16군데나 찔려 살해됐다. 범인들은 자수한 후 재판을 받고 사형됐다. 이 암살사건을 '키오이자카의 변'(紀尾井坂の変)이라고 부른다. 죽마고우 사이고 다카모리가 서남전쟁에서 죽은 지 1년 만에 '미완의 개혁가' 오쿠보도 생을 마감했다.

오쿠보 도시미치에겐 훗날 사카이현(堺県) 지사와 추밀원 고문관이 되는 사이쇼 아츠시(税所篤)라는 친구가 있었다. 당시 사이쇼의 형이 길상원(吉祥

院)이란 사찰의 주지로 있었는데, 이 주지는 사쯔마번의 실력자 시마즈 히사미츠의 바둑 상대였다. 오쿠보는 이런 친구 형의 도움을 받아 히사미츠에게 접근했다. 1860년 히사미츠는 오쿠보를 번의 회계담당으로 임명했다. 그러면서 오쿠보는 사쯔마 정치계로 진출하게 된다.

이후 보폭을 더 넓혔다. 오쿠보는 1862년 히사미츠를 옹립해 교토 정국에 관여한다. 이와쿠라 도모미와 함께 공무합체 노선을 지향하면서 히도츠바시 요시노부의 쇼군 후견직, 후쿠이 번주 마쓰다이라 요시나가의 정사 총재직 취임까지 추진하게 된다. 그럴 무렵, 오쿠보는 히사미츠에게 요청해 아마미 오시마로 유배가 있던 친구 사이고 다카모리를 불러들이도록 한다. 오쿠보는 사이고와 힘을 합치는데, 1866년엔 죠슈번 지사들과 함께 삿쵸동맹을 맺는다. 아울러 사쯔도맹약(薩土盟約)을 통해 지금까지의 공무합체 노선을 버리고 무력도막 노선을 지향하게 된다.

오쿠보가 신정부의 핵심 벼슬인 참의에 취임한 건 메이지 2년(1869년) 7월이다. 이후 판적봉환, 폐번치현 등을 실시하며 중앙집권체제를 구축해 나갔다. 메이지 4년(1871년)엔 대장경(大藏卿)에 취임하여 이와쿠라 사절단의 부사 자격으로 외유에 나선다. 특히 영국에서 공업과 무역 발전, 프로이센에서 군사력 확충 등에 주목하고 강한 충격을 받았다. 약 1년 반 남짓한 순방에서 귀국한 도시미치는 내치 충실의 필요성을 통감하고 사이고 다카모리, 이타가키 다이스케 등 정한파와 대립하면서 정한론 세력의 핵심인 사이고를 실각시킨다. 메이지 6년(1873년) 내무성을 설치하고 스스로 초대 내무경(참의 겸임)이 되면서 실권을 장악한다. 학제 개편, 지조개정(地租改正), 징병령 등

정책을 숨 가쁘게 전개했다.

메이지 7년(1874년) 2월 사가의 난이 발발하자 곧바로 직접 토벌군을 이끌고 원정 진압했다. 법규를 어겨가며 주모자 에토 신페이 등 13명을 처형했다. 대외 정책도 직접 챙겼다. 대만 출병이 이뤄지자 전후 처리를 위해 전권변리대신으로 청나라로 건너갔다. 협상 끝에 청나라가 50만 냥의 보상금을 지급하기로 하고 청일 양국 간 호환

오쿠보 도시미치 동상

조약을 조인한다.

오쿠보는 시종일관 권력 중앙에 밀착되어 있었고, 내무성을 만든 이후에는 독재에 가까운 절대주의 관료가 되어 갔다. 그러면서 위기도 맞았다. 지방에서 각종 봉기가 잇따르자 일시적으로 농민들에게 세금을 줄여주면서 정치적 위기를 넘겼다. 메이지 10년(1877년)엔 옛 친구 사이고 다카모리가 서남전쟁을 일으켰다. 이 전쟁에서 오쿠보는 반란군을 무력 진압하였다. 반대파 진압은 이내 죽음을 불러왔다.

'미완의 개혁가' 오쿠보 도시미치의 정치적 역량은 당시 관료들 중에선 가장 뛰어났다. 점진주의적인 현실 감각과 미래를 보는 예리한 눈을 가졌다. 반

면, 냉철하고 비정한 성격의 소유자라는 말도 뒤따랐다.

• 가와지 토시요시(川路利良)

생몰연도 : 1834~1879년

출신 : 사쯔마(가고시마현)

직업 : 초대 대경시(경시총감)

사망 원인 : 병사

사망 당시 나이 : 46세

가고시마현의 경찰본부 앞에는 동상 하나가 서 있다. 제복차림의 이 남자는 모자를 벗어 왼쪽 가슴에 대고 있다. 주인공은 이곳 가고시마 출신인 가와지 토시요시. 그는 도쿄 경시청을 창설해 초대 대경시에 오른 이다. 그런데 이 동상은 그가 죽은 지 120년이 되는 1999년에 만들어졌다. 이유가 뭘까. 그는 가고시마의 영웅으로 추앙받는 사이고 다카모리가 일으킨 서남전쟁에 경찰 발도대(밧토다이 : 拔刀隊)를 투입, 진압에 나선 전력이 있다. 이런 이유로 가고시마현에서는 가와지 토시요시에 대한 평가가 좋지 않았다. 사이고 다카모리를 암살하려고 한 남자로, 오랫동안 배신자 인상을 줬던 것이다. 그러다 공적과 인물 됨됨이가 재평가를 받으면서 뒤늦게 사후 120년이 지나서야 동상이 세워졌다.

가와지 토시요시는 사쯔마번에서 하급무사의 집안에서 태어나 막부 말기부터 메이지 초기까지 내무관료, 경찰 대경시, 육군 소장 등을 지냈다. 메이지 유신 후 사법부의 서구 시찰단의 일원으로 유럽 각국의 경찰을 시찰했다. 귀국 후엔 경찰제도의 개혁을 건의하고, 프랑스 조제프 푸셰[66]를 모델로 일본의 경찰제도를 구축했다. '일본 경찰의 아버지'로 불리는 이유다. 그의 타이틀에 늘 따라다니는 초대 대경시(大警視 : 경시총감)가 된 건, 1874년 경시청이 창설되면서다. 집무가 끝나고 나서도 매일 직접 도쿄의 각 경찰서, 파출소를 순시한 일화는 유명하다.

당시 가고시마 출신 인물들의 우상은 사이고 다카모리였다. 사이고를 추종하는 것이 의리요, 명예였다. 1873년 정한론 논쟁으로 사이고가 하야하자, 사쯔마 출신들은 대부분 사이고를 따랐다.

하지만 가와지는 그렇게 하지 않았다. 그는 "개인적인 정으로는 따르고 싶지만 대의를 위해서는 사사로운 정을 버리고 경찰에 헌신하겠다"고 했다. 내무경이 된 오쿠보 도시미치는 그런 가와지를 신임했다. 가와지는 더 나아가 불평사족들이 '사가의 난' 등을 일으키자 밀정을 이용해 동향을 살피는 등 난을 진압하는 데 기여한다. 서남전쟁에서는 육군 소장을 겸임하면서 경찰 별동대 제3여단장으로 참전, 사이고군에게 큰 타격을 입혔다.

그런 그는 1879년 1월 다시 유럽의 경찰을 시찰하러 출발했다. 하지만 배

---

66) 조제프 푸셰(Joseph Fouch) : 프랑스 대혁명 시절 활동한 정치인. 비밀경찰을 운용하는 등 10여 년 간 경찰장관을 했다. '풍향계'라는 별명이 있을 정도로 정치 흐름을 잘 읽었다는 이야기가 있다.

안에서 병을 얻어 파리에 도착하자마자 병상에 눕게 된다. 병세는 호전되지 않았고, 그해 10월 귀국 닷새 만에 사망했다. 가와지가 경시청에 재직한 기간은 길지 않았지만, '경찰제도의 창시자'라는 점은 높게 평가받고 있다.

헛된 명성을 얻는 것은 참으로 부끄러운 일이다.

(虚名を得るは実に恥ずかしきこと。)

―기리노 토시아키(桐野利秋)

12장

산시마이(三姉妹) : 세 자매의 눈으로 본 사무라이 세상
– 제5화 1967년 방송 –

막부 시절 뛰어난 검객의 이름 앞에는 '히토기리'(人斬り)라는 말이 붙었다. '히토기리'는 사람의 목을 베는 칼잡이라는 무서운 의미를 담고 있다. '히토기리 OOO'라는 식이다. '히토기리 한지로'(人斬り半次郎)도 그 중 한 명이다. 그의 정식 이름은 나카무라 한지로(中村半次郎). 막부 말기 '4대 히토기리'[67] 중 한 명으로 꼽힌다.

존왕양이 지사들에게 공포의 대상이었던 신센구미도 사쯔마번 무사들의 검술은 두려워했다. 심지어 신센구미의 곤도 이사미 국장은 "사쯔마의 나카

---

67) 4대 히토기리(4大人斬り) : 막부 말기의 4대 히토기리는 •다나카 신베에(田中新兵衛 : 사쯔마번), •가와카미 겐사이(河上彦斎 : 히고번), •오카다 이조우(岡田以蔵 : 도사번), •나카무라 한지로(中村半次郎 : 사쯔마번)를 말한다.

무라 한지로만은 상대하지 마라"(薩摩の中村半次郎だけは相手にするな)고 경계했다고 한다. 나카무라 한지로의 검술 실력을 가늠해 볼 수 있는 대목이다.

한지로는 지겐류(시현류 : 示現流) 검술을 구사했다. 지겐류는 사쯔마번 무사들의 검도 유파로, 사쯔마 출신인 도고 시게가타(東郷重位)가 창시했고, 그의 아들 도고 시게마사(東郷重方)가 이를 더욱 발전시켰다. 지겐류는 굉장한 소리를 내며 단숨에 상대를 베어버리는 것이 특징이다. 곤도 이사미는 그런 지겐류를 구사하는 한지로의 첫 공격은 반드시 피해야 한다고 말한 것으로 전해진다. 한지로는 메이지 유신 이후 기리노 토시아키(桐野利秋)로 이름을 바꾼다.

이런 무시무시한 검객이 1967년 방송된 대하드라마 '산시마이'(三姉妹)에 등장한다. 산시마이는 〈NHK〉 대하드라마 사상 최초로 허구의 인물을 주인공으로 삼았다. 에도 막부 말기 쇼군 직속무사 가문의 세 자매와 도막운동에 온 몸을 던진 낭인무사 아오에 긴고로(青江金五郎)라는 남자의 운명을 축으로 이야기가 전개된다. 세 자매 중에 첫째인 무라(むら)는 다부지고 행동력이 강하다. 둘째인 루이(るい)는 언행이 조용하지만 심성이 단단하다. 막냇동생인 유키(雪)는 밝은 심성을 가진 여성이다.

1. 줄거리

때는 1864년. 정국은 어수선했다. 1년 전 발생한 '8월 18일의 정변'과 이어 터진 '금문의 변'으로 죠슈번은 교토에서 쫓겨나 힘을 잃게 된다. 교토는 풍운이 감돌고 있었다. 세 자매 중 첫째인 무라의 남편은 그런 교토 근무를 자원한다. 무라는 남편을 따라 교토로 올라온다. 하지만 병약한 남편은 교토에 도착하자마자 병상에 눕고 만다.

죠슈번의 가츠라 고고로(桂小五郎)는 쓰시마번(対馬藩)의 번저(藩邸)를 찾아가 죠슈번에게 약속대로 원군을 내어 달라고 간청한다. 그러나 쓰시마번은 "조정의 적이 된 죠슈번에게 원군을 내어 줄 수 없다"며 매정하게 거절한다. 죠슈번이 붕괴 상태에 빠졌다는 보고를 받은 사쯔마번의 사이고 다카모리는 출병을 결심한다. 이윽고 교토 시내는 전화(戰火)에 휩싸인다. 무라의 집에도 불길이 들이닥치는데, 무라는 병상에 누워있는 남편을 안고 발을 동동 구른다. 절체절명의 부부를 아이즈번(会津藩)의 소방대원들이 구해준다. 무라의 남편은 얼마 지나지 않아 사망한다. 슬픔을 뒤로하고 무라는 프랑스 상인의 애인이 되고, 자매들과 떨어져 고베에서 살게 된다.

죠슈번의 존왕양이파 중심인물로 기지마 마타베(来島又兵衛)라는 이가 등장하는데, 그는 사쯔마군에 맞써 분전했지만 전사한다. 패색이 짙은 죠슈번은 시내에 불을 질러 교토의 가옥 2만 8,000채가 소실된다. 존왕양이 지사들과 함께 교토를 빠져 나온 죠슈번의 낭인 아오에 긴고로는 기병대(奇兵隊)에 가담하고 대장 다카스기 신사쿠와 친하게 어울린다.

2. 중요사건

1) 1876년 질록 처분(秩禄処分)

메이지 9년(1876), 신정부는 신분 질서를 재편하면서 화족(華族 : 기존의 공경과 다이묘 계급)과 사족(士族 : 기존의 무사계급)에게 금록공채(金禄公債)를 교부하고, 그들에게 녹봉 지급을 폐지한다. 이를 질록 처분이라 한다. 화족과 사족의 특권이었던 녹봉을 강제로 빼앗아 한시적으로 적은 이자만 받는 공채로 바꾸는 급진적인 개혁이었다.

메이지 정부는 폐번치현 이후에도 화족과 사족에게 구막부 시절부터 지급해 오던 가록(家禄 : 급료)과 상전록(賞典禄 : 메이지 유신 공로자에게 지급한 녹봉)을 계속 지급해 왔다. 화사족(華士族)은 가족을 포함해도 인구의 5% 정도였는데, 아무런 관직을 맡지 않고도 국가재정의 4할을 받는 것에 대해서는 비판이 많았다. 그런 차원에서 질록 처분이 이뤄졌는데, 거기엔 세 가지 목적이 있었다. 첫째, 녹봉을 기한이 정해진 공채로 교환하여 '무기한 지출'을 탈피하려고 했다. 둘째, 녹봉 수년 분에 해당하는 액면 공채를 매매가 가능하도록 했는데, 이는 화족과 사족의 사업자금 충당을 위해서였다. 셋째, 매년 추첨으로 공채 액면을 상환함으로써 정부의 지출을 평준화하려고 했다.

3. 주요 인물

• 기리노 토시아키(桐野利秋)

생몰연도 : 1838~1877년

출신 : 사쯔마(가고시마현)

직업 : 육군 소장 등

어린 시절 이름 : 나카무라 한지로

사망 원인 : 전사

사망 당시 나이 : 40세

보신전쟁이 끝나고 메이지 정부의 군인(육군 소장)으로서 출세를 할 수 있었지만 그의 마지막 행선지는 내전의 땅이었다. 주군으로 모시던 사이고 다카모리를 따라 고향으로 내려가 내전에 참전해 목숨을 잃었다. 도대체 뭐가 그를 그곳으로 향하게 했을까. "헛된 명성을 얻는 것은 참으로 부끄러운 일이다"(虛名を得るは実に恥ずかしきこと)라는 그의 말이 해답이 될 듯하다. 의리와 신념을 중시여긴 그를 가고사마현 사람들은 '사쯔마하야토(薩摩隼人 : 사쯔마의 용감한 남성을 의미)의 표본'이라고 입을 모은다.

1838년 사쯔마번의 하급무사 가문에서 3남으로 태어났다. 장남이 병사한 후 가족을 부양하기 위해 사쯔마번의 권력자 시마즈 히사미쯔(島津久光)가 교토로 올라갈 때 호위 임무를 맡는다. 그 무렵 발생한 '데라다야 사건'(사쯔마번 내의 과격존왕양이파와 충돌 사건)에는 여러 지인들이 연루됐지만, 본인은 직접 관계하지는 않았다. 하지만 진압조로 투입돼 향중 동료를 베었던 나라하라 시게루와는 이후 거리를 두었다. 여러 번의 지사들과 널리 교제하여 토막을 주창하게 된 그는 가로 고마츠 다테와키로부터 많은 애정을 받았다. 평생 주군으로 모시는 사이고 다카모리가 그를 중용해 '오른팔'이 된다.

전쟁터의 활약도 대단했다. 보신(무진)전쟁의 후시미 전투에서 공을 세웠고, 사이고 다카모리가 도카이도 선봉대를 이끌고 상경했을 때는 1소대장으로 발탁돼 슨푸·오다와라를 점령했다. 그후 사이고와 가츠 카이슈의 회담 자리에도 동석한다. 메이지 유신 이후 이름을 기리노 토시아키(桐野利秋)로 바꾼다. 메이지 4년(1871년) 폐번치현에 대비하여 사이고 다카모리가 군사를 이끌고 상경하자 대대를 거느리고 친병(御親兵)에 편입되었다. 공로를 인정받아 병부성 육군 소장, 육군재판소장 등을 역임하면서 승승장구했다.

1873년 일어난 '메이지 6년의 정변'(정한론 정변)은 그의 생명을 재촉한다. 사이고 다카모리가 사쯔마로 하야하자 그 역시 사표를 제출하고 사쯔마로 동행한다. 메이지 7년(1874년), 가고시마의 청소년 교양을 위해 사학교가 세워졌을 때, 시노하라 구니모토가 총대학교, 무라타 신파치는 포대학교를 감독한다. 기리노 토시아키는 솔선해서 황무지 개간 사업에 힘쓴다. 메이지 10년(1877)년 서남전쟁이 발발하자 4번 대대장을 맡아 참전한다.

그해 9월 24일, 서남전쟁의 마지막 전투가 벌어진다. 정부군이 가고시마의 시로야마를 총공격하자 사이고 다카모리 등 40여 명은 동굴 앞에 정렬하여 이와사키구치(岩崎口)로 진격했다. 도중에 사이고가 총탄에 쓰러진다. 사이고는 부하 벳푸 신스케(別府晋介)에게 목을 치라고 명령한다. 벳푸 신스케는 기리노 토시아키의 외사촌동생이다. 벳푸 신스케는 결국 "용서하소서"라는 말을 하며 주군 사이고의 목을 가이샤쿠(介錯)를 한다. 이어 벳푸는 총탄 속에서 자결한다. 이를 지켜본 기리노 토시아키는 다시 진격해 교전에 나선다. 막판까지 응전했으나 이마에 총탄을 맞고 40세의 나이에 절명한다.

세상일은 모두 끈기가 필요하다. 끈기가 강한 자가 최후의 승리를 거둔다.
(世の中の事はすべて根気仕事である。根気の強いものが最後の勝利を得る。)
— 니이지마 죠(新島襄)

13장

야에노 사쿠라(八重の桜) : 역적의 땅에 핀 꽃

– 제52화 2013년 방송 –

2011년 3월 11일 동일본 대지진이 발생했다. 〈NHK〉 내부에서는 '큰 피해를 입은 동북지방 재건을 지원하는 내용으로 해야 한다'는 목소리가 커지면서 방향을 급하게 수정했다. 그렇게 탄생한 드라마가 '야에노 사쿠라'다.

야에(八重)는 지금의 후쿠시마현에 해당하는 아이즈번 무사의 집안에서 태어나 무진전쟁(보신전쟁)에서는 총을 들고 싸운 실제 인물이다. 아이즈는 '역적의 땅'이었다. 메이지 정부에서 그렇게 낙인이 찍혔다. 주인공 역은 한국에도 많은 팬들이 있는 아야세 하루카가 맡았다. 아야세는 2012년 9월 드라마의 주요 무대인 아이즈 와카마츠성(若松城)에서 가진 기자회견에서 이렇게 말했다.

"아이즈 사람은 전쟁에 졌고 아무것도 없는 상태에서 긍정적으로 살았습니다. 우리 모두는, 처음에는 사쯔마번과 죠슈번에서 본 막부 말기밖에 몰랐습니다. 보는 방향을 달리하면 '보는 각도에 따라 인물의 이미지도 굉장히 달라지는구나' 그런 생각이 들었습니다."

패자의 입장에서 본 막부 말기의 역사. 변방의 한(恨)은 깊고 또 깊었다. 이 드라마는 그때까지 드러내지 않았던 메이지 유신 이야기이기에 더욱 주목받았던 작품이다.

민족시인 윤동주와 정지용이 일본 유학 중 다닌 학교는 교토에 있는 도시샤(同志社)대학이다. 두 시인 모두 영문과(문학부)를 다녔다. 차이점이 있다면 정지용은 졸업을 했고, 윤동주는 재학 중 수감되면서 졸업하지 못했다는 것이다. 1942년 도시샤대학에 입학한 윤동주는 1943년 7월 14일, 한글로 시를 썼다는 이유로 체포됐다. 그러곤 학교로 돌아가지 못했다. 후쿠오카 형무소에서 복역하던 중 1945년 2월 16일 옥사했다. 학교 교정엔 두 시인의 시비가 세워져 있다.

윤동주의 이런 아픈 사연을 안고 있는 도시샤대학은 아이즈(지금의 후쿠시마현) 출신의 니이지마 야에(新島八重)와 남편인 그리스도교 선교사이자 교육자인 니이지마 죠(新島襄 : 1843~1890)가 힘을 합쳐 세운 학교다.

2013년 방송된 대하드라마 '야에노 사쿠라'(八重の桜)는 니이지마 야에의 생애를 그리고 있다.

1. 줄거리

1865년 미국 남북전쟁이 끝나면서 불필요해진 많은 무기가 일본으로 유입된다. 무대는 1868년 9월 동북지방 아이즈 와카마츠성. 이타가키 다이스케가 지휘하는 신정부군에 맞서 야마모토 야에(훗날의 니이지마 야에)라는 여자가 최신 스펜서 총을 쏘면서 결사적으로 항전하고 있다. 포술 사범인 야마모토가에서 태어난 야에는 남자아이들과 어울리며 어린 시절을 보낸다. 넓은 식견을 가진 오빠 야마모토 가쿠마(山本覚馬)를 스승으로 삼았는데, 바느질보다 총에 흥미를 보인다. 아이즈번의 인재 육성 지침인 "정해진 것은 지켜야만 한다"는 가르침 아래 야에는 아이즈의 여자로서 성장해 간다.

막부 말기 무질서한 교토의 경비를 위해 1862년 아이즈번주 마쯔다이라 가타모리(松平容保)가 교토수호직(京都守護職)에 임명되면서 아이즈의 비극이 시작된다. 오빠 가쿠마 등은 사이고 다카모리가 이끄는 사쯔마번과 함께 금문의 변에서 죠슈번 군사를 격파한다. 이후 사쯔마번이 변심하고 여러 번들이 기회주의를 내세우는 와중에도 아이즈번은 충의를 버리지 않는다. 하지만 도바·후시미 전투에서 막부군이 패하면서 아이즈는 신정부군으로부터 '역적'으로 취급받는다. 야에도 농성전에서 남장을 하고 스스로 총을 들고 남편 가와사키 쇼오노스케(川崎尚之助)와 함께 끝까지 분전한다. 야에는 백호대의 억울한 죽음, 남편과의 이별을 경험하면서 아이즈의 전쟁 패배를 받아들인다. 상실감 속에서 야에는 자신을 지탱해준 총을 버린다.

1871년 26세, 교토부 고문이었던 오빠 가쿠마의 권유로 상경한다. 오빠의 추천으로 교토의 뇨코우바(女紅場)에 취직한다. 그럴 무렵 인생의 동반자를 만난다. 니이지마 죠(新島襄)라는 남자다. 그는 미국으로 건너가 서양문화를 몸에 익히고 귀국했는데, 가쿠마의 집에 자주 드나들었다. 그런 인연으로 야에는 니이지마 죠와 약혼한다. 둘은 도시샤영어학교 설립에 힘을 쏟는다. 1876년 니이지마 32세, 야에 30세의 나이에 결혼한다. 교토 최초의 일본인끼리의 기독교식 결혼식이었다.

서양식 생활 스타일이 몸에 밴 니이지마와 남자 못지않은 성격이었던 야에는 잘 어울리는 부부였다. 두 사람의 꿈은 도시샤대학(同志社大学) 설립으로 향해 간다. 결혼 생활은 남편의 병으로 14년 만에 종지부를 찍는다. 야에는 재혼하지 않고 혼자만의 길을 꿋꿋하게 걸어간다. 일본 적십자사를 통해 청일전쟁과 러일전쟁에서 종군간호사로 구호 활동을 펼친다. 그런 공로를 인정받아 민간여성 최초로 서훈을 받고 1932년 86세로 세상을 떠난다.

2. 중요사건

1) 1889년 대일본제국헌법(大日本帝国憲法)

'대일본제국헌법'은 독일식 헌법을 참고해 만들었다. 이토 히로부미가 유럽헌법조사단을 이끌고 떠난 것이 1882년 3월. 독일, 영국, 프랑스 등을 둘러보며 헌법 연구를 하고 귀국한 것이 이듬해 8월이었다. 1년 5개월 동안의 여행을 기초로 헌법 제정 작업에 착수했던 것이다.

1867년 12월 왕정복고의 대호령으로 태어난 메이지 정부의 가장 큰 고민은 에도시대에 구미 여러 나라와 맺은 불평등조약이었다. 그대로 방치하면 일본이 구미 식민지로 전락할 위험성이 있었다. 불평등조약을 해소하기 위해선 하루빨리 어엿한 법치국가로 인정받아야 했다. 그러기 위해선 제대로 된 헌법이 필요했다. 중책을 맡은 이는 이토 히로부미였다.

이토는 유럽 헌법 조사 기간 중, 독일 헌법체제가 일본에 가장 적합하다고 믿었다. 때마침 베를린대학의 교수로부터 "헌법은 그 나라의 역사, 전통, 문화에 입각한 것이어야 하기에 한 나라의 헌법을 제정하려면 먼저 그 나라의 역사를 공부해야 한다"는 조언을 들었다. 1883년 귀국한 이토는 이노우에 고와시(井上毅)[68]에게 헌법 초안의 기초를 부탁하고 헌법 조사국을 설치하는 등 헌법 제정 단계를 밟아 나갔다.

1885년 태정관제가 폐지되고 내각제도가 발족하면서 이토가 초대 내각총리가 됐다. 이토는 독일학협회의 야마다 아키요시를 사법대신으로 중용했다. 1886년 이노우에 고와시는 정부의 법률고문 알버트 모세(Albert Mosse) 등의 조언을 받아 본격적인 헌법 기초작업에 들어갔고, 1887년 5월 헌법 초안을 작성했다. 이 초안을 바탕으로 가나가와현 나츠시마(夏島 : 요코스카시)에 있는 이토의 별장에서 이노우에 고와시, 이토 미요지, 가네코 켄타로 등이 검토를 거듭해 일명 '나츠시마 초안'을 만들었다. 이 초안을 가다듬어 1888년

---

68) 이노우에 고와시(井上毅) : 대일본제국헌법과 교육칙어의 기초자. 프로이센 헌법에 의한 흠정헌법을 구상했고, 이를 기반으로 이토 히로부미 등과 함께 유럽 헌법을 조사, 연구했다. 2차 이토 내각에 문부대신으로 참여했다.

4월 최종안이 마무리됐다.

이를 즈음, 이토는 헌법 심의에 집중하기 위해 천황 자문기구인 추밀원을 설치하고, 직접 의장을 맡았다. 심의는 1889년 1월 종료됐다. 마침내 한 달 후인 2월 11일, 메이지 천황이 '대일본제국헌법'(메이지헌법)을 국민에게 공포했다. 이 헌법은 천황이 구로다 기요타카 총리에게 수여하는 흠정헌법(군주가 주체가 된 헌법) 형태로 반포됐

다카스기 신사쿠(가운데)와 이토 히로부미(오른쪽)

다. 이로써 일본은 형식상으론 동아시아 최초로 근대헌법을 가진 입헌군주국가가 됐다.

'대일본제국헌법'의 특징은 크게 2가지다. 첫째, 사실상의 입헌군주제라는 것. 권력의 수장은 군주이며, 군대 통수권과 통치권, 입법권 등이 천황에게 부여되었다. 둘째, 의회제를 규정하고 있다는 점이다. 당시의 국회인 제국의회는 중의원과 귀족원(화족 중심)의 이원제로 구성됐다. 귀족원은 국민이 선출한 중의원을 견제하려는 의도가 강했다. 대일본제국헌법은 1947년 5월 '일본국헌법'이 시행될 때까지 한 번도 개정되지 않고 존속했다.

3. 주요 인물

• 이토 히로부미(伊藤博文)

생몰연도 : 1841~1909년

출신 : 죠슈번(야마구치현)

직업 : 초대 총리

어린 시절 이름 : 리스케(利助)

사망 원인 : 총상

사망 당시 나이 : 69세

초대 총리를 포함 네 번(1, 5, 7, 10)이나 총리를 지냈다. 이토가 역임한 10대 총리까지 단 한 번을 제외하고 가고시마현과 야마구치현 출신들이 총리직을 독점했다. 면면을 보면, •1대 이토 히로부미(伊藤博文 : 야마구치현) •2대 구로다 기요타카(黑田淸隆 : 가고시마현) •3대 야마가타 아리토모(山縣有朋 : 야마구치현) •4대 마쓰카타 마사요시(松方正義 : 가고시마현) •5대 이토 히로부미 •6대 마쓰카타 마사요시 •7대 이토 히로부미 •8대 오쿠마 시계노부(大隈重信 : 사가현) •9대 야마가타 아리토모 •10대 이토 히로부미 순이다.

이토 히로부미는 1841년 야마구치현의 평민 하야시 쥬조(林十藏)의 장남으로 태어났다. 하야시는 하급무사인 이토 다케베의 양자로 들어가면서 이토라는 성씨를 사용하게 된다. 아버지가 하급무사의 가문을 잇게 되면서 히로부미도 농민의 신분을 벗어날 수 있었다. 1857년 2월 에도만 경비를 위해 파견됐을 때, 상사로 부임한 구루하라 료조와 친하게 되면서 그의 소개로 요시다 쇼인의 쇼카손쥬쿠에 입문한다. 스승인 쇼인은 뛰어나다는 의미가 들어간 이름 슌스케(俊輔)로 지어준 것으로 전해진다. 이어 한자가 다른 슌스케(春輔)로 개명한다.

1859년 10월 스승 쇼인이 안세이(安政)의 대옥에 연루돼 참수됐다. 유해를 인수한 이토는 자신이 차고 있던 허리띠로 스승의 시체를 가지런히 감싸 운구했다. 이후 가츠라 고고로를 비롯해 구사카 겐즈이, 다카스기 신사쿠, 이노우에 가오루 등과 함께 존왕양이 운동에 가담한다. 1862년 12월 시나가와 고텐야마의 영국 공사관 방화사건에도 관여한다.

1863년, 이토는 이노우에 가오루의 권유로 해외 도항을 결심했다. 목적지는 영국. 하지만 번의 정식허가를 받지 않았다. 당시 에도의 죠슈번 저택에서 병학교수를 맡고 있던 무라타 소우로쿠(村田蔵六, 훗날의 오무라 마스지로)의 도움으로 비밀 유학을 이룰 수 있었다. 그해 5월 12일 이노우에 가오루, 엔도 킨스케, 야마오 요조, 이노우에 마사루 등과 함께 '죠슈파이브'의 한 사람으로 영국에 건너갔다. 이토가 가지고 간 짐은 1862년에 발간된 오류투성이의 《영일 대역 사전》 1권과 잠옷뿐이었다고 한다. 유학 중이던 1864년 3월, 4개국(미국, 영국, 프랑스, 네덜란드) 연합함대가 죠슈번을 공격한다는 뉴스를 듣고 이노우에 가오루와 먼저 귀국길에 올랐다.

이토가 죠슈번으로 돌아와 가장 먼저 한 건 전쟁을 막기 위해 영국공사 올콕(Rutherford Alcock)에게 사정하는 일이었다. 하지만 그런 노력은 허사가 되고, 8월 5일 연합함대의 포격으로 죠슈번의 포대는 완전히 파괴된다. 이후 막부의 1차 죠슈 정벌에서는 다카스기 신사쿠를 따라 거병(공산사 거병)하는데, 당시 가장 먼저 다카스기에게 달려가 힘을 실어준 이가 이토였다.

이토가 능력을 인정받게 된 건 1868년 1월 발생한 '고베사건'(프랑스 수병과 히젠번 군사간 충돌, 8장 주요 사건 참고)을 통해서다. 이 사건은 큰 외교 문제로 비화하는데, 마침 고베로 향하던 이토가 사건의 개요를 알고 대응에 나서게 된다. 이때 올콕의 후임 영국공사 파크스(Parkes)[69]는 "각국이 아직 일본 신정부로부터 인사를 받지 못했다"고 지적한다. 사태의 중대성을 깨달은 이토 히로부미는 당시 오사카에서 외국인 사무총독을 맡고 있던 공경 히가시쿠제 미치토미(東久世通禧)와 함께 고베의 각국 공사들에게 '새정부 수립'을 선언한다. 통상 한 나라의 정권이 바뀌고 나서 인정받기 위해서는 상당한 시간이 걸리기 마련이다. 이토의 발 빠른 판단력 덕분에 새 정부는 탄생한 지 불과 반년 만에 세계 여러 나라로부터 독립국으로 인정받게 됐다.

---

69) 해리 파크스(Harry Smith Parkes) : 영국과 중국의 2차 아편전쟁을 일으킨 장본인이다. 루더포드 올콕(Rutherford Alcock)의 후임으로 1865년 주일영국공사로 임명돼 18년간 일했다. 막부~메이지 정부 과정에서 외교 전반에 관여했다. 미국, 영국, 프랑스, 네덜란드를 포함한 국제정세에 밝았던 파크스는 자국의 이익을 위해 죠슈번과 사쯔마번을 지원하기도 했다.

메이지 유신 이후 이토 히로부미로 정식 개명한다. 영어에 능통한 점을 인정받아 외국 사무국 판사, 초대 효고현 지사, 초대 공부경 등 메이지 정부의 요직을 두루 역임한다. 1871년 11월에는 이와쿠라 사절단의 부사로 도미하고, 1873년 3월에는 베를린으로 건너가 독일 황제 빌헬름 1세를 알현한다. 재상 비스마르크와도 만나게 되는데, 그로부터 강한 영향을 받게 된다.

귀국한 후 정한론과 관련해 '내치 우선' 노선을 내건 오쿠보 도시미치, 이와쿠라 도모미, 기도 다카요시 등을 지지하면서 오쿠보의 신임을 얻게 되었다. 메이지 10년(1877년) 기도 다카요시가 사망하고, 같은 해 서남전쟁에서 사이고 다카모리가 사망했다. 다음 해인 1878년엔 오쿠보마저 암살됐다. 이토는 내무경을 계승하면서 이틈을 타 정국의 공백을 꿰찼다. 유신 삼걸(三傑)이 없는 메이지 정부를 쥐락펴락할 정도의 실권자가 된 것이다.

그의 추진력은 상당했다. 철도, 전신, 우편, 조폐, 일본은행 설립 등 맹렬한 기세로 인프라 정비와 개혁을 이끌어가면서 근대 일본의 형태를 만들어나갔다. 1885년, 초대 내각총리대신이 되고 그 이후에도 세 번 더 총리에 올랐다. 1889년 공들인 '대일본제국헌법'의 초안을 완성한다. 1894년 8월, 청일전쟁이 일어나자 이듬해 무쓰 무네미츠와 함께 전권대사로 이홍장과 시모노세키에서 강화조약에 조인한다. 청일전쟁 후엔 초대 추밀원 의장, 한국통감부 통감, 귀족원 의장 등을 역임했다. 1909년 10월 26일, 만주 하얼빈 역에서 안중근 의사의 총이 불을 뿜었다. 일본 건설자이자 한국 침략자는 69세로 명을 다했다.

• 니이지마 죠(新島襄)

생몰연도 : 1843~1890년

출신 : 에도(도쿄)

직업 : 선교사, 교육자

사망 원인 : 병사

사망 당시 나이 : 46세

막부시대, 일반인들이 해외에 나가는 것은 금지되어 있었다. 하지만 에도에서 하급 무사의 아들로 태어난 니이지마 죠는 21세(1864년) 때 성경 구절에 감동 받아 미국으로의 밀항을 결심한다. 그런 그에겐 밀항을 도와준 두 명의 미국 선장이 있었다. 니이지마는 자신의 자서전《新島襄自伝》(이와나미문고)에서 다음과 같이 회상했다.

"이래저래 고생한 끝에, 나는 상하이행 미국 배 베를린호에 올라탔다. 상하이 하구에 도착 후, 와일드 로버(Wild Rover)호로 갈아탔다. 약 8개월간 중국 연안을 왕래했다. 하느님이 지켜준 덕에 4개월 항해 후, 보스턴에 도착했다."

원문 : あれこれ苦労した末に、私は上海行きのアメリカ船 [ベルリン号] に乗りこんだ。上海の河口に到着ののち、ワイルド・ローヴァー号に乗り換え、約八カ月間、中国沿岸を往来した。神に守られて、四カ月航海したのち、ボストン港に着いた。

니이지마를 하코다테에서 상하이까지 밀항시켜준 사람은 베를린호의 토마스 세이보리 선장이고, 니이지마를 상하이에서 미국 보스턴까지 데려다 준 이는 와일드 로버호의 호레스 테일러 선장이다. 호레스 선장은 니이지마에게 '죠'(Joe)라는 영어 이름을 지어준 것으로 전해진다. 설에 의하면, 세이보리 선장은 훗날 밀항이 문제가 되어 해고됐다고 한다.

미국 보스턴에 도착한 니이지마는 필립스 아카데미에서 세례를 받고 애머스트대학, 앤도버 신학교에서 공부했다. 기독교 선교사로 귀국할 생각으로 신학을 배웠다. 그는 일본인 최초의 미국 대학 졸업자(애머스트대학 학위 취득)가 됐다. 그런 니이지마 죠는 근대국가의 구조보다 근대국가를 만들어낸 인간에게 더 강한 관심을 보였다. 특히 미국의 중·고등교육기관이 기독교 인성주의 교육을 통해 학생들을 지·덕·체 조화를 이룬 인간으로 교육하고, 그들이 지방이나 국가의 리더로 성장해 미국을 이끌고 있는 것에 주목했다.

신학교 재학 중 견문을 넓힐 기회를 갖게 된다. 기도 다카요시(木戸孝允)의 통역으로 채용되면서다. 이와쿠라 사절단의 단원으로 1년 넘게 미국과 유럽 8개국의 교육 제도를 조사하고 시찰했다. '구미문명을 만들고 지탱하는 것은 기독교 신앙을 갖고 민주주의를 체득한 독립자존의 인간이다. 일본도 이런 인간을 교육할 수 있다면 서둘러 근대화할 수 있을 거야.' 니이지마 죠는 시찰을 통해 이렇게 결론 내렸다. 기독교의 인간 형성이 근대국가의 형성에 큰 역할을 한다고 인식했던 것이다.

1874년 선교사로 귀국했다. 근대화 리더 육성을 목표로 1875년 11월 교토에 도시샤영어학교(同志社英学校)를 설립했다. 그의 최종 목표는 도시샤영어학교를 더 발전시킨 도시샤대학 설립이었다. 관립 도쿄대학을 의식한 니이지마 조는 학생의 독자적인 기질을 양성하기 위해 사립 도시샤대학 설립을 계획했던 것이다. 1882년부터 구체적인 활동에 들어갔다. 하지만 1890년 1월, 가나가와현 오이소에서 쓰러져 사망(46세)하면서 개교를 보지 못했다. 도시샤대학은 1920년 정식 출범했다. 이 학교는 전신인 도시샤영어학교가 세워진 1875년을 창립일로 정하고 있다.

● 마쯔다이라 가타모리(松平容保)

생몰연도 : 1835~1893년
출신 : 에도(도쿄)
직업 : 아이즈번주
사망 원인 : 병사
사망 당시 나이 : 59세

도쿠가와 막부와 아이즈번은 방계(傍系) 혈족 관계였다. 제3대 쇼군 도쿠가와 이에미쓰(德川家光)와 아이즈의 초대 번주 호시나 마사유키(保科正之)는 배다른 형제 사이였다. 호시나 마사유키는 도쿠가와가(家)로부터 '마쯔다이라(松平)'라는 성을 하사받지만, 양육시켜준 호시나(保科) 가문의 은혜를 잊지 않았기에 호시나라는 성을 유지했다고 한다. 아이즈 3대 번주(松平 正容 : 마쯔다이라 마사가타)에 이르러 마쯔다이라 성을 썼다. 9대 번주인 마쯔다이라 가타모리(松平容保)는 아이즈의 사실상 마지막 번주로, 막부와의 의리를 끝까지 지킨 인물이다.

　마쯔다이라 가타모리는 다카스번(高須藩, 현재 기후현) 번주의 아들로 태어난다. 아이즈번 8대 번주 마쯔다이라 가타타카의 양자로 들어간 가타모리가 교토의 치안을 담당하는 교토수호직(京都守護職)에 임명된 건 1862년 28세 때였다. 에도 막부의 권위가 실추되고 존왕양이파의 과격한 행동으로 인해 교토의 치안이 불안해지자 새롭게 만들어진 직책이 교토수호직이다. 당초 가타모리는 아이즈번의 재정과 군사력이 소모되는 것을 우려하여 취임을 거부했다. 하지만 정사총재직 마쯔다이라 슌가쿠(松平春嶽)[70]가 도쿠가와 가문에 대한 충성이 담긴 가훈을 거론하며 집요하게 요청하자 수락했다.

　가타모리는 아이즈번 병사들을 인솔하여 교토에 상경, 고메이 천황(孝明天皇)을 알현한 후 신임을 받는다. 그런 가타모리는 양이파 지사들을 탄압하고 교토의 치안유지를 성공적으로 수행해 나갔다. 치안유지를 위해 아이즈번 병력만으로는 부족하여 신센구미(新選組)와 정규무사로 조직된 미마와리구미

---

70) 마쯔다이라 슌가쿠(松平春嶽) : 본명은 도쿠가와 요시나가(德川慶永). 후쿠이번의 15대 번주인 양부 마쯔다이라 나리사와(松平斉善)의 양자로 들어가 16대 번주가 된다. 시마즈 나리아키라(島津斉彬), 다테 무네나리(伊達宗城), 야마우치 요도(山内容堂)와 함께 막말 사현후(四賢侯 : 4대 명군)로 칭송받고 있다.

를 하부조직으로 둔다. 1863년 14대 쇼군 이에모치가 상경했을 때는 경호임무를 수행하고, '8월 18일의 정변'에서는 양이파인 죠슈세력을 교토에서 추방한다. 이 공로를 인정받아 고메이 천황으로부터 친필 편지도 하사받는다.

신센구미의 활동이 왕성해지고 양이지사들에 대한 처단이 늘어날수록 아이즈번은 양이파로부터 원한을 사게 된다. 1867년 대정봉환에 의해 막부는 종언을 고하고 왕정복고의 칙허가 내려져 교토수호직도 폐지된다. 아이즈번 병사들은 이런 조치에 흥분했다. 일촉즉발의 위기에 이르자 마찰을 피해 가타모리는 요시노부와 함께 니죠성을 나와 오사카성으로 들어간다. 1868년 1월 도바·후시미 전투가 발발한다. 막부군은 대패하고 가타모리는 요시노부와 함께 야간에 몰래 오사카성을 빠져나와 에도로 피신하기에 이른다.

도바·후시미 전투에서 패배하고 아이즈번으로 귀환한 가타모리는 신정부군에 항복 의사를 전달한다. 하지만 신정부는 항복요청을 거부하고 조정의 역적으로 간주하여 토벌명령을 내렸다. 5월 동북지방의 여러 번들과 '오우에쯔열번동맹(奧羽越列藩同盟 : 동북지방 34개 번들의 연맹)을 맺고, 이른바 아이즈전쟁이 시작됐다. 아이즈번은 사방 접경지역에 군사를 배치하여 신정부군에 대항했지만 보나리고개 전투(母成峠の戦い)에서 대패하고 만다.

8월 23일부터 와카마츠성 농성전에 들어갔다. 전세는 이미 기울었다. 열세라고 판단한 동맹의 주력번들이 차례차례 항복을 표명하면서 아이즈번도 두 손을 들었다. 항복 후 가타모리는 묘국사(妙国寺)에서 한 달간 근신한 후 도쿄 이케다번 저택에서 칩거에 들어간다. 맏아들 가타하루가 가문을 승계하면서 화족으로 인정받았다. 가타모리는 1880년 도쿠가와 가문의 선조인 이에야스를 주신으로 받들고 있는 닛코 도오쇼오구(日光東照宮)의 궁사(宮司)로 임명된다. 1893년 59세로 생을 마감했다.

일본 전도

하코다테(箱館)

센다이
(仙台)

아이즈(会津)

미토
(水戸)

후쿠이(福井)

에도(江戸) ──── 사쿠라(佐倉)

히코네(彦根)   슨푸
교토   (駿府)
(京都)

구와나(桑名)

효고(兵庫)   시모다
(下田)

히로시마   후쿠야마(福山)   오사카
(広島)   (大坂)

하기(萩)

고치(高知)

사가(佐賀)   우와지마
(宗和島)

나가사키
(長崎)

가고시마
(鹿児島)

장사를 하는 데 있어서 중요한 것은 경쟁하면서도 도덕을 지키는 일이다.

（商売をする上で重要なのは、競争しながらでも道徳を守るということだ。）

－시부사와 에이치（渋沢栄一）

14장

사자의 시대(獅子の時代) : 파리의 상투 튼 무사들
- 제18화 1980년 방송 -

"메이지에 관한 문명개화론은 두 가지로 나뉘어 있습니다. 메이지 정부가 있었기에 일본의 근대화가 가능했다는 논리가 있고, 다른 하나는 그와 같은 급속한 정치로 인해 군벌(軍閥)이 생겨 비극이 일어났다는 논리입니다. 메이지를 그린 소설은 많이 있습니다만, 모두가 한쪽에 치우쳐서 그려진 것이고 양자를 동시에 그린 작품은 없습니다. 나는 이 두 가지를 동시에 그리고 싶었습니다. 이 양자가 메이지시대였기 때문입니다. 적당한 원작이 없는 이상, 작가 야마다 타이치 씨에게 새롭게 원고를 의뢰할 수밖에 없었습니다."

- 〈NHK〉 곤도 스스무 프로듀서

"〈NHK〉로부터 대하드라마 제의를 받았을 때, 특정 인물이나 특정 사건을 테마로 하는 것이 아니라, 메이지시대 전체를 테마로 해서 쓰고 싶었습니다. 그래서 파리만국박람회도, 아이즈전쟁도, 오릉곽(五稜郭)전쟁도, 홋카이도 개척도, 나아가 자유민권운동도, 큰 사건은 모두 이 드라마에 넣고 싶었습니다. 게다가 그것을 다면적, 종합적으로 쓰려고 생각했습니다. 그런데 그렇게 하려면 실존의 특정인물을 주인공으로 내세워서는 아무래도 잘 되지 않죠. 가공의 인물을 주인공으로 하는 것이 쓰기가 쉽습니다."

– 각본 담당 작가 야마다 타이치

대하드라마 사상 처음으로 원작이 없는 대하드라마를 만든 제작진의 고민은 컸다고 한다. 가상의 인물을 주인공으로 설정한 '사자의 시대'(獅子の時代)는 메이지 유신의 승자인 사쯔마번의 무사 카리야 요시아키와 반대쪽의 아이즈번 무사 히라누마 센지가 살아가는 모습을 그리고 있다.

파리만국박람회, 치치부사건(秩父事件 : 사이타마현 치치부에서 발생한 농민 무장봉기 사건), 자유민권운동 등 지금까지 거론된 적이 거의 없었던 사건들이 그려진다. 기존의 대하드라마가 중앙정권 근처에 있는 유명 무장 등 걸출한 영웅들의 드라마였던 데 비해, 이 드라마는 지방에 사는 풀뿌리 서민들에게 스포트라이트가 맞춰져 있다. 그런 점에서 '역사에 농락당한 사람들의 이면사'라고 할 수 있다. 특히 메이지 유신에서 '조정의 적'이라는 오명을 쓴 아이즈번의 운명을 그리고 있다는 점에서 종전의 영웅담과는 명확하게 선을 긋고 있다.

1. 줄거리

프랑스 파리의 리옹역. 상투를 틀고 허리에 칼을 찬 사무라이 무리가 기차에서 내리면서 이야기는 시작된다. 배경은 1867년 파리만국박람회장.

1867년은 메이지 유신이 일어나기 1년 전이다. 당시 막부는 쇼군 도쿠가와 요시노부의 동생 아키타케를 파리만국박람회에 파견했다. 도막파인 사쯔마번은 이에 대항해 독자적으로 사절을 보냈다. 막부와 사쯔마, 두 개의 사절단 사이에 일촉즉발의 상황이 벌어진다. 아이즈번의 가신 히라누마 센지와 사쯔마번의 가신 카리야 요시아키는 이 박람회장에서 숙명적인 만남을 갖는다.

박람회를 마치고 귀국한 일본은 세상이 변해가고 있었다. 신정부군이 에도를 '접수'하려는 사태가 벌어졌다. 히라누마 센지는 고향 가족을 걱정하며 겨우 아이즈에 도착한다. 거기서 할머니와 어머니가 자해를 하면서 피로 얼룩진 모습을 보게 된다. 결국 아이즈번이 관군에 둘러싸여 필사적인 저항 끝에 함락된다.

고향에서 쫓겨난 센지는 겨우 여동생 치요와 재회하지만 가혹한 북쪽 땅은 안식처가 되지 못했다. 그는 츠루가성(鶴ヶ城)이 함락된 이후에는 에노모토 다케아키(榎本武揚)의 휘하로 들어가 하코다테전쟁의 부상병들을 돌본다. 이후 아이즈 번사들이 이주해 살고 있는 시모키타반도(下北半島) 두남(斗南)의 척박한 땅에서 가혹한 운명을 맞이한다.

한편, 영국에 유학 중이던 카리야 요시아키는 사쯔마번의 명령으로 파리로 건너가 박람회에 참가한 후 메이지시대의 일본으로 돌아온다. 요시아키는 메이지 신정부의 고관들을 섬기며 근무하게 되고 새로운 국가 건설에 마음이 들뜬다. 일본제국헌법 초안 작성을 담당하며 동분서주하지만 좀처럼 뜻대로 되지는 않는다. 에토 신페이의 부하인 요시아키는 때론 대척점인 오쿠보 도시미치와 이토 히로부미의 부하가 되기도 한다. 이상적인 헌법 작업을 위해선 어쩔 수 없는 선택이었다. 그러다 자객의 습격을 받곤 쓰러진다. 이야기는 두 사람의 가혹한 운명을 안은 채 정한논쟁에서 서남전쟁으로 이어진다.

2. 중요사건

1) 1890년 제국의회(帝国議会)

일본 국회는 '대일본제국헌법'을 통해 1890년 11월 29일, 제1회 일본 제국의회가 열렸다. 제국의회는 57년 후인 1947년 3월 31일, 제92회 의회를 마지막으로 끝이 났다. 당시 92회 의회에서 중의원이 해산하고 귀족원은 정회되었다. 두 달 뒤인 5월 3일, '대일본제국헌법'을 대신해 '일본국헌법'이 시행됐다. 아울러 제국의회를 대신한 국회가 설치됐다. 중의원과 참의원으로 구성된 양원제 국회가 설치되면서 제1회 국회를 개회하였다.

'대일본제국헌법'은 당시 입헌군주제를 실시하던 유럽 여러 나라 헌법에 비해 강한 군권주의적인 경향을 갖고 있었다. 따라서 의회의 지위는 낮고 그 권한은 극히 제한적이었다. 세습 귀족들의 귀족원과 국민 선출직인 중의원 간의 권한은 형식적으론 견제 관계였지만, 꼭 그랬던 것만은 아니다.

귀족원은 귀족원령이 정한 바에 의해 왕족, 화족 및 칙임의 의원으로 구성됐다. 귀족원령은 1889년 헌법과 동시에 제정되어 그 후 수차례 개정됐다. 1925년 개정에서는 다음과 같은 다섯 종류로 구분됐다. ① 황족 의원 ② 공작 · 후작 의원 ③ 백작 · 자작 · 남작 의원 ④ 종신 칙선의원(勅選議員 : 국가에 공훈이 있거나 학식 있는 자) ⑤ 제국학사원회원 의원(제국학사원 회원 중에서 호선). 귀족원은 선출된 의원으로 구성된 중의원을 견제하는 긍정적인 면도 있었지만, 천황제와 번벌정치의 바람막이 역할을 하는 부정적인 기능도 갖고 있었다.

중의원은 선출된 의원으로 조직됐는데, 당시 선거법은 선거권과 피선거권 모두를 일정한 납세액 기준으로 자격 요건을 제한하고 있었다. 1925년에 이르러서야 보통 선거제도가 채용되었다. 하지만 여전히 여성 참정권은 인정받지 못했다. 양원의 관계는 중의원의 예산선의권(予算先議權)을 제외하고는 대등했으며, 중의원의 우월성도 인정되지 않았다. 예산안에 관해서는 부결이 안 되고 수정만 가능했다. 더구나 예산편성권은 행정부만 갖고 있고 의회엔 없었기 때문에 수정도 예산액 삭감에 한정됐다. 다만, 추경예산안은 부결될 수 있었다.

2) 1867년 파리만국박람회

일본이 처음으로 참가한 국제박람회(1867년 4월 1일~11월 3일). 에도 막부, 사쯔마번, 사가번[71]이 각각 별도로 참가했다. 일본의 우키요에(浮世繪 : 서민계층에 유행한 목판화) 등이 소개되면서 자포니즘이 유럽에 크게 유행하는 계기가 됐다.

파리만국박람회 참가 당시, 에도 막부는 힘을 상실한 상태였다. 그러면서 사쯔마번과 사가번이 독자적으로 참가했다. 막부에서는 쇼군 도쿠가와 요시노부의 이복동생인 14세의 도쿠가와 아키타케(德川昭武)[72]가, 사쯔마번에서는 가로(家老) 이와시타 미치히라 등이 일행을 인솔했다. 특히 사쯔마번은 '일본 사쯔마류큐국 태수정부'(日本薩摩琉球国太守政府)라는 이름을 사용했다. 독자적인 훈장(사쯔마류큐국 훈장)까지 제작했다. 막부는 사쯔마번에 항의했지만 받아들여지지 않았다. 막부 역시 훈장외교를 실시하기 위해 훈장을 제작하기 시작하지만 막부체제가 무너지면서 시행하지 못했다.

만국박람회는 주최국이나 참가국에겐 의미있는 장(場)이었다. 주최국 프랑

---

71) 사가번 : 파리만국박람회에는 사가번과 사쯔마번이 도자기를 출품했다. 사가번은 정유재란 때 조선에서 끌려간 도공 이삼평(李參平)이 터를 잡은 곳이다. 이곳에서 만든 아리타(有田) 자기는 유럽에도 이름이 알려졌다.

72) 도쿠가와 아키타케(德川昭武) : 미토번의 마지막(11대)의 번주. 도쿠가와 나리아키(德川斉昭)의 18남이다. 도쿠가와 나리아키는 미토번 9대 번주이다. 또 막부 15대 쇼군이었던 도쿠가와 요시노부의 친아버지다. 그는 정실과 측실들 사이에서 무려 37명의 자녀를 둔 것으로 전해진다. 도쿠가와 요시노부는 정실에서 태어난 7남(37명 중 일곱 번째)이다. 요시노부는 아키타케의 이복형이다.

스는 황제(나폴레옹 3세)의 위신을 전 세계에 알리는 국가적인 행사였고, 참가국들은 산업기술을 겨루는 동시에 국제 문화를 교류하는 축제였다. 10대의 어린 나이에 막부를 대표한 도쿠가와 아키타케에겐 국제무대 데뷔이자 막부의 존재와 권위를 보여주는 외교의 장이었지만, 파리 체류 중에 막부는 무너지고 만다. 희망을 잃고 귀국한 그는 8년 후 23세 때 다시 프랑스 유학을 떠났다. '프린스 도쿠가와' 아키타케는 근대 일본에서는 보기 드문 국제인의 선구자였다.

박람회에서 일본 각 전시장의 반응은 어땠을까. 에도의 아사쿠사(浅草) 상인들은 일본 전통 찻집을 열었고, 게이샤들은 팽이를 돌리거나 담뱃대로 담배를 피우기도 했다. 이런 모습이 진기했던지 막부와 사쯔마, 사가번의 공식 전시장 이상의 인기가 있었다고 한다. 주목할 만한 사실 하나는 일본이 출품한 상품들로 인해 자포니즘(japonism)[73] 열풍이 일어났다는 점이다. 이밖에 엘리베이터와 직조기계, 색소폰 등이 박람회를 통해 세상에 널리 알려지게 되었다. 파리만국박람회는 정치, 경제, 문화면에서 그야말로 세기의 이벤트 현장이었다.

---

73) 자포니즘(japonism) : 19세기 중반 이후 서양 미술에 나타난 일본의 화풍이나 문화를 선호하는 현상을 말한다. 프랑스 미술평론가 필립 뷔르티(Philippe Burty)가 1872년 정의한 용어로 알려져 있다. 자포니즘에 가장 큰 영향을 미친 것이 일본의 우키요에(浮世繪 : 서민계층에 유행한 목판화)였다. 모네, 반 고흐 등 화가들이 우키요에를 모방하며 일본풍 그림을 즐겨 그렸다.

3. 주요 인물

• 오쿠마 시게노부(大隈重信)

생몰연도 : 1838~1922년

출신 : 히젠번(사가현)

직업 : 총리(8대, 17대), 교육자

사망 원인 : 병사

사망 당시 나이 : 85세

와세다대학 설립자이면서 총리를 두 번 역임한 오쿠마 시게노부는 이토 히로부미와는 대척점에 있었다. 그런 오쿠마 시게노부는 외무대신 시절(1889년), 극우단체 청년에게 폭탄 테러를 당해 오른쪽 다리를 잃었다. 와세다대학 캠퍼스에 지팡이 짚은 동상이 서 있는 이유다. 하지만 그는 다음과 같은 말로 범인을 오히려 칭송했다. "폭탄 던진 자를 미운 놈이라고 조금도 생각하지 않는다. 적어도 외무장관인 내게 폭탄을 던져 여론을 뒤집으려 했던 용기는 만용이든 뭐든 감탄한다. 무릇 젊은이라면 좀스럽지 않게 천하를 통째로 삼킬 정도의 기개가 있어야 한다."

히젠번(현재의 사가현 사가시) 상급무사 집안 출신인 오쿠마 시게노부는 일곱 살 때 사가번의 번교인 홍도관(弘道館)에 입학해 국학 교육을 받았다. 하지만 고리타분한 교육에 반발, 1854년 번교의 개혁을 호소하다 퇴학당했다(17세). 뜻한 바 있어 같은 번 출신의 소에지마 다네오미(副島種臣),[74] 에토 신페이(江藤新平) 등과 함께 존왕파단체인 의제동맹(義祭同盟)에 가입했다. 이후 사가번의 난학교(蘭学寮)로 옮겨 사가번주 나베시마 나오마사(鍋島直正)에게 네덜란드 법률을 강의했다.

홍도관이 난학교를 편입시키자 오쿠마는 교수로 부임해 난학을 가르쳤다. 그러면서 존왕양이사상이 싹트게 되었다. "죠슈번을 도와 막부와의 관계 개선을 중재하자"고 주장하지만 채택되지 않았다. 그러다 나가사키에 사가번이 만든 영어학숙 치엔칸(致遠館)에 소에지마 다네오미와 함께 교감으로 부임한다.

거기서 교장으로 있던 선교사 귀도 버벡(Guido Verbeck)으로부터 영어를 배울 기회를 얻게 된다. 교재로 신약성경과 미국 헌법이 사용되었는데, 이로 인해 여러 나라의 정치제도나 법제도의 해석과 강의가 병행됐다. 치엔칸에서 서구 정치사상 연구가 시작되면서 사가번뿐만 아니라 다른 번에서도 많은 학생들이 모여들었다. 그러면서 영어학원에서 정치학원으로 변모해 갔다. 이 영어학숙은 사이고 다카모리, 오쿠보 도시미치를 비롯해 이토 히로부미, 사카모토 료마, 이와쿠라 도모미, 가츠 카이슈 등이 왕래하면서 메이지 유신을

---

74) 소에지마 다네오미(副島種臣) : 사가번의 국학자의 아들로 태어났다. 메이지 유신 후 신정부에서 외무경(외무대신) 등의 관직을 역임하였다. 사이고 다카모리 등과 함께 강경하게 정한론을 주장하다가 물러났다.

위한 인재육성 기관으로 발돋움했다.

오쿠마가 세상 밖으로 나서기 시작한 건 1867년 무렵이다. 소에지마 다네오미와 대정봉환을 추진하기 위해 탈번했다가 사가현으로 돌아와 근신처분을 받았다. 이듬해인 1868년엔 막부 관리가 떠난 나가사키 재판소에 관리로 발탁돼 외국인과의 소송 처리를 맡았다. 여기서 오쿠마는 수완을 발휘해 영국공사 파크스와 교섭을 통해 수년간 밀린 안건을 단박에 해결했다. 메이지 정부 유력자들에게 오쿠마의 존재를 각인시키게 됐다.

1년 뒤인 1869년엔 다카나와 담판(高輪談判)[75]의 처리와 새 화폐조례 제정, 판적봉환 실무에도 종사했다. 그해 7월 대장성 차관으로 발탁됐다. 신정부의 실세 기도 다카요시가 그를 중용하면서 기도파의 2인자로 급부상했다. 막강한 권한을 가진 대장성의 실력자로서 지조개정 개혁과 식산흥업 정책을 추진해 나갔다. 동시에 방직공장, 철도, 전신, 건설 등에도 힘썼다.

정치적으론 정한론 파동(메이지 6년의 정변) 초기에는 정한론에 반대하지 않았다. 하지만 이후 반정한파로 돌아섰다. 그러면서 사가번의 선배였던 에토 신페이, 소에지마 다네오미 등과 결별했다. 정변 후 참의 겸 대장경으로 신분 상승했다.

1878년 5월 14일 오쿠보 도시미치가 암살당하는 기오이자카의 변(紀尾井

---

75) 다카나와 담판(高輪談判) : 1869년 도쿄 다카나와에서 개최된 메이지 신정부 정상과 미국, 영국, 독일, 프랑스, 이탈리아 등 5개국 주일공사 간의 회담. 근대화폐 제도의 도입을 국제적으로 약속받았다.

坂の変)이 일어났다. 정부의 주도권은 이토 히로부미에게 넘어갔다. 오쿠마는 회계검사원(会計檢査院)과 통계원 설립을 주도하면서 힘을 키워나갔다. 또한 정한론으로 하야한 이타가키 다이스케의 자유민권운동에 동조하여 영국식 의회정치를 모델로 한 헌법 제정과 국회 개설안을 제출했다. 하지만 독일식 체제를 선호하던 이토 히로부미와 대립하면서 관직에서 해임되고 정부에서 추방됐다.

이때부터 교육자의 길로 접어든다. 해임된 오쿠마는 국회 개설에 대비해 1882년 4월 입헌개진당(立憲改進党)을 창당하고, 그해 10월에는 도쿄전문학교(현 와세다대학)를 설립했다. 고등교육에 대한 열정은 여기서 그치지 않았다. 게이오기쥬쿠 설립에 분주하던 후쿠자와 유키치의 차용증 보증을 섰다. 또 도시샤대학 설립 자금을 모으던 니이지마 죠와도 친분을 쌓고 일본여자대학 설립 때는 창립위원회 위원장에 이름을 올렸다.

조약개정교섭에 난항을 겪던 이노우에 가오루가 사의를 표명하고 오쿠마를 추천하여 1888년 2월 외무대신에 취임했다. 이후 이토 내각을 이은 구로다 기요타카(黒田清隆) 내각에서도 외무대신으로 중용됐다. 그러다 50세가 되던 1889년 10월 18일, 일생일대의 위기를 맞는다. 외국과의 조약개정에 불만을 가진 극우단체 겐요샤(玄洋社)[76]의 구루시마 츠네키(来島恒喜)가 그

---

76) 겐요샤(玄洋社) : 일본 정계의 막후 거물 도야마 미쓰루(頭山満)가 후쿠오카를 중심으로 만든 단체로, 일본 극우의 원조로 일컬어진다. 처음에는 민족주의, 민권운동 노선을 추구했지만 이후 대외강경론 단체로 변질했다. 겐요샤는 명성황후 시해에도 가담했다. 이 단체의 토우 가츠아키(藤

에게 폭탄을 던지는 일이 발생한 것이다.

목숨은 건졌지만 수술을 받고 오른쪽 다리를 절단했다. 외무대신을 사임할 수밖에 없었다. 당시 수술은 베를린대학 의대에서 일본인 최초로 의학박사 학위를 받은 사토 스스무(佐藤進)와 오쿠마 시게노부의 독일인 주치의가 집도했다. 이후 정당 활동에 주력했다. 1896년 3월 입헌개진당은 대외강경파 정당들과 합당해 진보당을 결성했다. 1898년 3월 제5회 중의원 의원 총선거에서 진보당은 제1당에 오른다. 하지만 과반을 확보하지 못해 이타가키 다이스케가 이끄는 자유당과 합당해 헌정당을 결성한다. 그러면서 일본 최초의 정당내각을 꾸리게 된다. 사쯔마번과 죠슈번이 아닌 다른 번 출신이 총리에 오른 건 오쿠마 시게노부가 처음이었다.

하지만 이 내각은 내분이 끊이지 않았고 불과 4개월 후에 총사퇴했다. 메이지 40년(1907년) 오쿠마는 정계 은퇴를 표명하고 와세다대학 총장에 취임했다. 정계와 거리를 두고 지냈지만 욕심은 버릴 수 없었다. 죽기 8년 전인 1914년 정계에 복귀해 다시 총리가 돼 내각을 조직하기도 했다. 1922년 도쿄 와세다에서 85세로 사망했다.

勝顯는 명성황후를 시해한 48명의 낭인 중 하나로, 직접 명성황후를 시해했다고 전해진다.

• 시부사와 에이치(渋沢栄一)

생몰연도 : 1840~1931년

출신 : 사이타마현

직업 : 경제 관료, 기업가

사망 원인 : 병사

사망 당시 나이 : 92세

일본에 주식회사제도를 도입한 '일본 자본주의의 아버지' 시부사와 에이치는 "도덕과 경제는 수레의 두 바퀴처럼 서로 의지하며 굴러가야 진정한 근대 자본주의가 완성된다"며 '도덕경제합일설'을 주장했다. 그런 도덕 경영을 경영철학으로 삼았던 시부사와는 우리에게 《논어와 주판》(1916년)이라는 책으로 잘 알려져 있다. '현대 경영학의 아버지'로 불리는 피터 드러커조차 "시부사와 에이치에게 배웠다"고 할 정도였다. 2021년 〈NHK〉 대하드라마 주인공으로 내정됐으며, 2024년부터 사용되는 1만 엔권 지폐의 도안 인물로도 결정됐다.

1840년 사이타마현 부농의 맏아들로 태어난 시부사와 에이치는 어릴 때부터 《논어》, 《사서삼경》 등을 배우며 검술을 연마했다. 스무 살이던 1861년, 에도로 나가 북진일도류인 지바도장에 입문해 검술 수행과 더불어 근황지사들과 교우를 맺는다. 이후 교제가 있던 히도츠바시가(家) 가신 히라오카 엔시로의 추천으로 히도츠바시 요시노부를 섬기게 된다. 1867년 요시노부가 쇼군에 취임하면서 막부의 신하가 된다.

파리만국박람회에 쇼군을 대신해 참석하는 요시노부의 이복동생 도쿠가와 아키타케(德川昭武)를 수행한다. 직함은 회계 및 서무담당. 당시 아키타케는 14세의 어린 나이였다. 경호원으로 미토번에서 가신 7명이 선출됐다. 시부사와는 그들의 총괄 담당자로 동행한다. 게다가 그는 산수와 이재에 밝아 사업가적인 수완도 기대를 모았다.

파리박람회에 참가하고 나서도 유럽 각국을 방문하는 아키타케를 수행하면서 주식회사 조직, 금융(은행) 체계 등을 조사하고 연구했다. 이는 훗날 근대적 기업의 설립, 조세제도, 화폐제도 등의 개정과 개혁의 밑거름이 된다. 시부사와는 파리박람회 수행 중《항서일기(航西日記)》를 저술했다. 거기엔 박람회의 규모와 세계 각국의 참가 상황, 전시장 모습, 파리 시내의 형태, 각국 원수의 동정 등이 상세하게 적혀 있다.

이때 그에게 어학을 가르친 사람은 시볼트(Siebold)[77]의 장남으로 통역으로 동행했던 알렉산더였다. 귀국 후에도 두 사람의 교제는 계속되었고, 알렉산더는 동생 하인리히와 함께 훗날 시부사와가 일본적십자를 설립할 때 협조

---

77) 필립 프란츠 폰 시볼트(Philipp Franz Balthasar von Siebold) : 독일 출신 의사 겸 박물학자로, 네덜란드인들이 살았던 나가사키 데지마에서 5년간 근무했다. 일본의 다양한 물건들을 수집해 유럽으로 가져갔고, 국외 반출이 금지된 지도를 가져갔다가 추방을 당하기도 했다. 일본 최초의 여성 양의사인 이네의 아버지다.

를 한다. 한편 파리박람회와 유럽 각국 방문을 마친 후 아키타케는 파리로 유학을 떠난다. 하지만 막부가 막을 내리는 대정봉환으로 1868년 5월 신정부로부터 귀국 명령을 받고 귀국했다.

시부사와는 시즈오카에 칩거하고 있던 옛 주군 요시노부를 찾아간다. 요시노부는 "앞으로는 너의 길을 가라"는 말을 한다. 그때부터 시부사와는 경제관료로 거듭난다. 프랑스에서 배운 주식회사 제도를 실행하고 메이지 2년(1869년) 1월에는 시즈오카에 상법회소(商法会所 : 상공회의소)를 설립하고 초대소장에 취임한다.

그럴 즈음 실력자 오쿠마 시게노부가 그를 설득해 대장성(大蔵省)에 들어가게 된다. 시부사와는 대장성에서 개혁안 입안, 도량형 제정, 국립은행 조례 제정에 관여했다. 1872년에는 지폐국의 책임자로 취임했다. 관료 생활은 오래가지 못했다. 1873년 예산 편성을 둘러싸고 오쿠보 도시미치, 오쿠마 시게노부와 대립하면서 이노우에 가오루(井上馨)와 함께 퇴직했다.

이후 시부사와는 경제인의 길을 걷는다. 퇴임한 지 얼마 되지 않아 제일국립은행을 설립하고 1875년 총재에 취임했다. 시부사와는 1931년 사망 전까지 전 산업분야에 걸쳐 500개가 넘는 기업 설립에 참여했다. '일본 자본주의의 아버지'라는 별칭이 붙은 이유다. 그런데 시부사와는 한국에겐 악영향을 끼친 인물이다. 조선에 제일은행 지점과 농업척식회사인 한국흥업을 세웠다. 경부선 철도 부설에도 관여했다. 이를 통해 각종 이권을 침탈했다. 1931년

92세의 나이로 사망했다.

• 이타가키 다이스케(板垣退助)

생몰연도 : 1837~1919년

출신 : 도사번의 무사 집안

직업 : 무사, 관료, 민권운동가

사망 원인 : 병사

사망 당시 나이 : 82세

　이타가키 다이스케는 다소 생소한 사람일 수도 있겠다. 하지만 자유민권운동을 이끈 대표적인 지도자로 지명도가 높은 인물이다. "다이스케는 죽어도 자유는 죽지 않는다"는 유명한 말을 남긴 것으로 전해진다. 민권운동 외에 일본 정당의 출발이 이타가키 다이스케로부터 시작됐다는 평가도 있다.

　#

　이타가키 다이스케는 1837년 도사번(현재의 고치현) 무사 집안의 장남으로 태어났다. 게이오 원년(1865년) 번의 명령을 받아 에도에서 네덜란드식 기병술을 배운다. 당시 도사번의 상급 무사들은 공의정체론(公議政体論)이

주류였는데, 다이스케는 드물게 무력도막(武力倒幕)을 일관되게 주장했다.

게이오 3년(1867년)엔 상경해서 나카오카 신타로의 중개로 교토의 고마쯔 다테와키의 저택에서 도사번의 다니 간죠(谷干城), 사쯔마번의 사이고 다카모리 등과 무력도막을 논의한다. 다이스케는 "싸움이 일어나면 번의 여론과 관계없이 반드시 도사번의 병사들을 이끌고 사쯔마번에 합류한다"고 다짐하면서 사쯔도밀약(薩土密約 : 사쯔마와 도사번의 앞 글자를 딴 약속)을 맺는다.

그의 진가는 군대에서 드러났다. 이타가키 다이스케는 도바 · 후시미(鳥羽伏見) 전투에는 소극적으로 참전하지만 이후의 보신전쟁에서는 도사번의 군대를 인솔하여 총독부의 참모로 종군한다. 에도에서 동북 쪽으로 이동하며 그의 활약은 계속되었고 미하루번(三春藩 : 현재 후쿠시마현 미하루), 니혼마쓰번(二本松藩 : 현재 후쿠시마현 니혼마쯔시), 센다이번(仙台藩 : 현재 미야기현), 아이즈번(会津藩 : 현재 후쿠시마현 서부와 니이가타, 도치기현 일부)을 차례차례 공략하고, 1868년에는 도사번 육군 총독에 임명, 군인으로서의 두각을 드러냈다. 메이지 2년(1869년)엔 기도 다카요시, 사이고 다카모리, 오쿠마 시게노부와 함께 참여(参与)에 취임했고, 1871년엔 참의(参議)에 올랐다.

#

이타가키 다이스케의 인생행로가 바뀐 건 1873년 무렵이다. 그는 사이고 다카모리와 함께 정한론을 주장했다. 하지만 구미시찰에서 귀국한 이와쿠라 도모미 등 온건파에 의해 각의 결정이 취소된다(정한논쟁). 이에 격분한 이타가키는 사이고 다카모리 등과 함께 하야한다. 당시 이타가키와 사이고를 따라서 자리에서 물러난 관료가 600여 명에 이르렀는데, 이는 이타가키를 중심으로 도사번에서 자유민권을 주창하는 계기가 되었다.

하야 후, 다이스케는 메이지 7년(1874년) 애국공당을 결성하고 이듬해 오사카 회의에서 참의에 복귀했다. 하지만 몇 달 뒤 사임하고 민중의 의견이 반영되는 의회제 정치를 목표로 다시 자유민권운동에 투신했다. 1881년 국회 개설의 조칙(10년 후 제국의회 개설과 제국헌법 제정을 약속)이 나온 것을 계기로 자유당을 결성하고 당수에 취임한다. 자유당 당수로서 전국을 돌며 유세하고 당세를 확대해 가던 중 1882년 4월 기후현에서 유세 중 테러를 당해 부상을 입기도 한다.

#

이때 다이스케의 유명한 명언인 "다이스케는 죽어도 자유는 죽지 않는다"는 말이 나왔다. 그런데 정작 다이스케 본인은 "놀라서 소리도 나오지 않았다"고 말해 그 진위는 불분명하다. 하지만 이런 말이 퍼지면서 다이스케는 자유민권운동의 영웅으로 떠오르게 된다. 1884년 10월 자유민권운동의 격화로 일어난 도치기현령(栃木県令) 암살미수 사건으로 자유당 간부가 체포되면서 이타가키 다이스케는 책임을 지는 형태로 자유당을 일단 해산한다.

그 후 제국의회 개설을 앞두고 하야시 유우조(林有造) 등과 함께 고치현에서 다시 애국공당을 결성했다. 1890년 제국의회 개설 이후에는 구 자유당 각 파를 통합하여 입헌자유당(立憲自由党)을 설립하여 1891년에 자유당으로 개칭하고 당 총리에 취임했다.

잠시 내각에도 몸을 담는다. 1896년 제2차 이토 내각과 마쓰카타 내각에 입각했지만 곧바로 사임했다. 또 다시 정당 만들기가 거듭된다. 1898년 오쿠마 시게노부(大隈重信)의 진보당과 자유당을 합병하여 헌정당(憲政党)을 조직하고 일본 최초의 정당내각인 오쿠마 내각을 탄생시켰다. 내무대신으로 입각했지만 내각의 갈등이 커지면서 4개월 만에 총사퇴하고 1900년 입헌정우회의 창립과 함께 정계를 은퇴했다. 이후에는 화족의 세습 금지 및 대만과의 우호증진 등에 힘쓰다가 1919년 82세의 나이로 사망했다.

부록

메이지 유신 투어 일정

[일정표] 선박이용 카멜리아 3박 4일

DATE	CITY	TRSFT	TIME	ITINERARY	MEALS
제1일	부산		18:00	부산항 국제선여객터미널 카멜리아 앞 집결	
			19:00	부산항 출발	
				카멜리아 선내 숙박	
제2일			07:30	하카타항 도착	B : 선내식
			08:30	하카타항 출발 – 하기로 이동	
	후쿠오카		09:40	죠슈포, 단노우라전쟁터	
				조선통신사 상륙기념비	
		전용차량		아카마 신궁	
	시모노세키			일청강화기념관	
			12:00	중식 후	L : 자유식
			13:30	공산사, 초후마을 모리 저택	
				도고안, 도고(다카스기 신사쿠) 기념관	
	하기		16:00	하기로 이동	
			17:30	호텔 이동 및 석식 및 휴식 – 온천욕 –	D : 호텔식
				HOTEL : 하기시내 호텔	
제3일	하기	전용차량	09:00	호텔 조식 후 체크아웃	B : 호텔식
				쇼카손쥬쿠, 쇼인신사	
				이토히로부미 생가	
				가츠라타로 구택	
			12:00	중식 후	L : 현지식
				하기죠카마치(다카스기 신사쿠, 기도다카요시의 생가)	
				중앙공원(구사카겐즈이, 야마가타 아리토모의 동상)	
				하기박물관	
			15:00	기타큐슈로 이동	
	기타큐슈		17:00	칸몬대교 통과	
			17:30	호텔 체크인	D : 호텔식
				HOTEL : 기타큐슈시내 호텔	
제4일	후쿠오카	전용차량	09:00	호텔 조식 및 체크아웃 후 출발	B : 호텔식 (뷔페)
			09:30	기타큐슈 혹은 후쿠오카시내 관광	
			11:00	하카타항 도착	
			12:30	하카타항 출발 – 부산으로 이동	L : 선내식
			18:00	부산항 도착 해산	

[일정표] 항공이용 사쯔마 2박 3일

날짜	장소	교통편	시각	일정
제1일 (금)	인천		07:00	인천국제공항 3층 집결
		KE785	09:20	인천국제공항 출발
	가고시마		10:55	가고시마국제공항 도착
		전용버스	11:30	입국수속 후, 사이고 공원
			12:30	중식
			13:30	가지야마을, 유신후루사토관[메이지 유신 기념관], 레이메이칸[여명관] 가고시마성, 사이고 다카모리 현창관, 남주묘지, 신사, 시로야마공원 전망대 [가고시마 전경 감상]
			18:00	호텔로 이동
			18:30	호텔 체크인 후 석식 및 휴식 – 온천
	[호텔] 가고시마시내 호텔 [식사] 중식 : 현지식 (흑돼지 샤브샤브), 석식 : 호텔식			
제2일 (토)	가고시마	전용버스	08:30	호텔 조식 후 체크아웃, 호텔 출발
			09:00	유신지사군상(가고시마 중앙역광장)
			10:00	심수관도요 견학
	치란			치란으로 이동
				치란특공평화회관[가미가제특공대기념관]
			12:30	중식
				치란무사마을 견학
				이브스키로 이동
	이브스키			이브스키시내 호텔 체크인
			18:00	모래찜질온천 체험 및 자유시간
	[호텔] 이브스키시내 호텔 [식사] 조식 : 호텔식, 중식 : 현지식(화정식), 석식 : 호텔식(뷔페)			
제3일 (일)	이브스키	전용버스	09:00	호텔 조식 후 체크아웃, 호텔 출발
	가고시마		10:00	센간엔, 상고집성관
			11:30	기리시마로 이동
	기리시마		12:00	기리시마료마공원 & 자료관
			12:30	중식
			13:30	가고시마공항으로 이동
			13:50	가고시마공항 도착, 탑승수속
		KE786	15:55	가고시마공항 출발
	인천		17:30	인천국제공항 도착 후 해산
	[식사] 조식 : 호텔식, 중식 : 현지식			

[일정표] 항공이용 죠슈번 2박 3일

일자	도시	교통	시간	일정	식사
제1일	인천			인천국제공항 집합	
		KE787	08:00	인천국제공항 출발	
	후쿠오카		09:25	후쿠오카국제공항 도착	
			13:00	하기 이동 후 중식	L : 현지식
	하기	전용차량		하기반사로, 에비스가하나조선소	
				하기성터, 하기박물관	
			18:00	호텔 이동 및 석식 및 휴식 – 온천욕 –	D : 호텔식
				HOTEL : 하기시내 호텔	
제2일	하기	전용차량	09:00	호텔 조식 후 체크아웃	B : 호텔식
				쇼카손쥬쿠 , 쇼인신사	
				이토히로부미 생가	
				하기조카마치(다카스시 신사쿠, 기도다카요시의 생가)	
				중앙공원(구사카겐즈이, 야마가타 아리토모의 동상)	
				중식	L : 현지식
				시모노세키 이동	
	시모노세키			공산사, 초후마을 모리 저택	
				도고앙, 도고기념관	
				석식	D : 현지식
				호텔 체크인	
				HOTEL : 시모노세키시내 호텔	
제3일		전용차량		호텔 조식 및 체크아웃 후 출발	B : 호텔식
				시모노세키 해협포대	
				일청강화기념관 – 춘범루	
				중식	L : 현지식
				후쿠오카로 이동	
	후쿠오카		14:30	후코오카공항 도착	
		KE782	16:25	후코오카공항 출발, 인천국제공항 이동	
			17:55	인천국제공항 도착 후 해산	
	비고				

[일정표] 항공이용 죠슈 + 사쯔마 5박 6일

DATE	CITY	TRSFT	TIME	ITINERARY	MEALS
제1일	인천	ZE 641	06:00	인천국제공항 1청사 3층 이스타항공 카운터 앞 집합	
			08:05	인천국제공항 출발	
	후쿠오카		09:25	후쿠오카국제공항 도착	
			12:30	하기 이동 후 중식 – 하기도자기회관	
		전용차량		가쓰라 다로 탄생지	
	하기			쇼카손쥬쿠 , 쇼인신사	L : 현지식
				이토히로부미 생가, 하기역사민족사료관	
				하기조카마치(다카스시 신사쿠, 기도다카요시의 생가)	
				중앙공원(구사카겐즈이, 야마가타 아리토모의 동상)	
			18:00	호텔 이동 및 석식 및 휴식 – 온천욕 –	D : 호텔식
				HOTEL : 하기시내 호텔	
제2일	하기	전용차량	09:00	호텔 조식 후 체크아웃	B : 호텔식
				시모노세키 이동	
	시모노세키		10:30	공산사, 초후마을 모리 저택	
			12:30	중식 후	L : 현지식
				죠슈포, 단노우라전쟁터	
				조선통신사 상륙기념비	
				아카마 신궁	
				일청강화기념관	
				칸몬대교	
				후쿠오카 쿠시다신사	
			17:00	석식 – 야키니쿠뷔페	D : 현지식
			18:00	호텔 체크인	
				HOTEL : 후쿠오카시내 호텔	
제3일		전용차량	09:00	호텔 조식 및 체크아웃 후 출발	B : 호텔식
	후쿠오카		10:00	도산신사, 이삼평도요지, 이시바신사, 아리타미술관	
			12:00	중식	
	아리타		13:00	나가사키에 이동	L : 현지식
			15:00	평화공원, 원폭자료관	
			16:30	가메야마샤츄	
	나가사키		18:00	호텔 체크인	
				HOTEL : 나가사키 일승관호텔	

DATE	CITY	TRSFT	TIME	ITINERARY	MEALS
제4일	나가사키	전용차량	09:00	호텔 조식 및 체크아웃 후 출발	B : 호텔식 (뷔페)
				오우라천주당, 구라바엔	
			10:40	데지마 사료관	
			12:00	중식 – 이즈미야평화공원앞점	L : 현지식
	구마모토		13:00	시마바라항으로 이동(1시간 40분)	
			15:00	카페리로 구마모토항 이동(30분)	
	기리시마		16:00	기리시마에 이동	
			17:30	호텔 이동 및 석식 및 휴식 – 온천욕 –	D : 호텔식
				HOTEL : 기리시마관광호텔	
제5일			09:00	호텔 조식 후 체크아웃	B : 호텔식 (뷔페)
	기리시마			기리시마신궁	
				사카모토료마공원	
	가고시마			흑식초 제조공장 – 츠보바타케	L : 현지식
			12:00	중식	
			13:30	페리 이용, 가고시마시내로 이동	
			14:30	레이메이칸[여명관], 사이고 다카모리 현창관	
			16:00	남주묘지, 남주신사, 사이고동굴	D : 현지식
			18:00	석식 후 호텔 이동 및 자유시간	
				가고시마 썬로얄호텔	
제6일	가고시마	전용차량	09:00	호텔 조식 후 체크아웃	B : 호텔식 (뷔페)
				텐몬칸 번화가 산책	
				유신후루사토관[메이지 유신 기념관]	
				센간엔, 상고집성관	
			13:30	중식	L : 현지식
			15:00	가고시마공항으로 이동	
	인천	ZE 652	17:30	가고시마공항 출발	
			19:00	인천국제공항 도착	

[일정표] 항공이용 도쿄 2박 3일

일자	도시	교통	시간	일정	식사
제1일	인천		07:00	인천국제공항 집합	
		KE703	10:10	인천국제공항 출발	
	도쿄		12:30	나리타국제공항 도착	
			14:30	도쿄 이동	L : 현지식
		전용차량		사쿠라다문	
				도시번 저택터 – 도쿄국제포럼	
				사쯔마번 저택터 – 에도무혈개성담판	
				오다이바 – 레인보우브릿지	
			18:00	호텔 체크인	D : 호텔식
				HOTEL : 도쿄도내 호텔	
제2일	도쿄	전용차량	09:00	호텔 조식 후 체크아웃	B : 호텔식
				우에노공원 – 사이고 다카모리 동상	
				에도도쿄박물관	
				중식	L : 현지식
				구 사쯔마번 저택	
				구 미토번 저택	
				기오이자카 언덕	D : 현지식
				호텔 체크인	
				HOTEL : 도쿄도내 호텔	
제3일		전용차량		호텔 조식 및 체크아웃 후 출발	B : 호텔식
	도쿄			요코하마에 이동	
				요코스카 -페리기념관, 페리상륙기념비	
				중식	L : 현지식
				요코하마 개항자료관	
		KE002	17:25	나리타공항 출발, 인천국제공항 이동	
			19:25	인천국제공항 도착 후 해산	
비고					

[일정표] 항공이용 교토 2박 3일

일자	도시	교통	시간	일정	식사
제1일	인천			인천국제공항 집합	
		KE723	09:35	인천국제공항 출발	
	오사카		11:20	오사카국제공항 도착	
			13:00	교토 이동 후 중식	L : 현지식
	교토	전용차량		호국신사, 료젠사료관	
				야사카신사	
				이케다야 – 신센구미 습격으로 금문의 변 발발	
				신센구미 주둔지 – 야기 저택	
			18:00	호텔 체크인	D : 호텔식
				HOTEL : 교토시내 호텔	
제2일	교토	전용차량	09:00	호텔 조식 후 체크아웃	B : 호텔식
				니시혼간지	
				교토고쇼 – 하마구리고몬 총탄 흔적	
				도시샤대학 – 구 사쯔마번 저택	
				중식	L : 현지식
				스야 – 사카모토 료마와 해원대 숙박지	
				데라타야 – 료마와 오료의 만남	
				석식	D : 현지식
				호텔 체크인	
				HOTEL : 교토시내 호텔	
제3일		전용차량		호텔 조식 및 체크아웃 후 출발	B : 호텔식
	교토			니죠성 – 대정봉환의 현장	
				무린안 – 야마가타 아리토모의 정원	
				중식	L : 현지식
				오사카로 이동	
	오사카			오사카성	
		KE726	18:40	오사카공항 출발, 인천국제공항 이동	
			20:30	인천국제공항 도착 후 해산	
비고					

일본은 우리를 어떠한 이웃으로 생각하고 있는가?

2018년 10월 30일, 우리나라 대법원 전원합의체는 일제 강제징용 피해자 4명이 낸 손해배상청구 소송 재상고심에서 "피해자들에게 1억 원씩을 배상하라"고 판결했다.

2019년 7월 1일, 일본 정부는 "7월 4일부터 반도체, 디스플레이에 쓰이는 플루오린 폴리이미드, 레지스트, 에칭가스(고순도 불화수소) 등 3개 품목에 대한 한국 수출을 규제할 예정이다"고 발표했다.

2019년 8월 2일, 일본의 경제산업성은 '화이트국가' 리스트에서 한국을 빼기 위해 수출무역 관리령 개정안을 고시한 후, 한국을 '화이트국가' 대상에서 제외했다.

2019년 9월 11일, 우리 정부는 핵심소재 3개 품목에 대한 일본의 수출규제 조치에 대해 세계무역기구(WTO)에 제소했다.

2019년 11월 22일, 지소미아의 종료 시간을 단 6시간 남긴 채 종료유예를 발표하여 한일 양국의 외교관계는 파국만은 면하게 되었다.

대법원은 소송이 제기된 지 13년 8개월 만에 일본의 책임을 부정한 자국의 판결은 우리 헌법에 어긋나 효력을 인정할 수 없다고 결론을 내렸다. 이 판결 이후 강제징용 피해자들은 미쯔비시중공업 등을 상대로 진행 중이던 손해배상청구 소송에서도 승소했지만 대부분의 소송은 일본 기업측의 불복으로 다시 상급심 판단을 기다리고 있다. 이에 강제징용 피해자와 유족 등 180여 명은 여전히 소송을 이어가고 있다. 법원은 일본제철의 국내 주식을 압류했지만 일본제철이 절차에 응하지 않고 있어 강제매각에 나서지 못하고 있는 상황이다.

일본 경제산업성이 고시한 '한국에 관한 수출 관리상의 분류 재검토' 관련 문건에는 규제 강화의 목적과 필요성을 적시하고 있다. 경제산업성은 이 문건에서 "수출관리 제도는 국제적인 신뢰관계를 토대로 구축되는데, 관계부처 검토 결과 한일 간의 신뢰관계가 현저히 손상됐다고 말하지 않을 수 없는 상황"이라고 밝혔다. 이어 "이런 와중에 한국과의 신뢰관계를 토대로 수출관리를 하는 것이 곤란하게 되고, 한국 관련 수출관리를 둘러싼 부적절한 사안이 발생한 일도 있다"며 규제 강화 배경을 설명했다.

일본의 수출제한 조치는 표면적으로는 신뢰관계를 들고 있다. 하지만 일본 정부의 각료급 인사들이 수차례 언급한 데서 드러난 것처럼 우리 대법원의 강제징용 판결과 관련한 정치적인 동기로 이루어졌다는 것을 누구나 알고 있다.

그에 대해 우리는 일본제품 불매운동과 일본 여행을 가지 않는 것으로 대응했다. 한편으로는 부품, 소재, 장비의 개발에 혼신의 노력을 기울여 가시적인 성과를 거두었다.

　지난 1년간의 한일관계를 돌아보면 역대 어느 시기보다 첨예한 대립이 계속되고 있다. 한 해 700만 명이 일본을 방문했다는 사실이 아득히 먼 일처럼 느껴진다. 일본은 우리를 어떠한 이웃으로 생각하고 있는 것일까?

　계속되는 일본과의 마찰에 대해 의문이 생긴다. 일본이라는 나라를 좀 더 알게 되면 이러한 의문을 풀 수 있을까?

　메이지 유신의 주역을 존경하는 세력과 그 주역의 후손들이 현재의 일본을 움직이는 한 축이라고 한다. 메이지 유신을 통해 일본을 들여다 보면 방법을 찾을 수 있을 것이다. 오늘 우리가 남의 나라 역사인 메이지 유신에 대하여 관심을 가져야 하는 이유이다.

〈참고문헌〉

1. 최승표, 메이지 이야기 1, 북갤러리, 2006

2. 최승표, 메이지 이야기 2, 북갤러리, 2012

3. 최승표, 메이지 이야기 3, 북갤러리, 2015

4. 박훈, 메이지 유신은 어떻게 가능했는가, 민음사, 2014

5. 도몬후유지, 사카모토 료마, 2001

6. 다나카 아키라, 현명철(역), 메이지 유신과 서양문명, 소화, 2006

7. 장인성, 메이지 유신 현대일본의 출발점, 살림출판, 2007

8. 다카시로 고이치, 일본의 이중권력 쇼군과 천황, 살림출판, 2006

9. 기타 야스토시, 후쿠자와 유키치, 講談社文庫, 2010

10. 다카야마 시노부, 만화일본사 32, 페리, 아사히신문출판, 2010

11. 시로쯔메 쿠사, 만화일본사 36, 기도 다카요시, 아사히신문출판, 2010

12. 우오토 오사무, 만화일본사 37, 후쿠자와 유키치, 아사히신문출판, 2010

13. 오오노 준지, 만화일본사 40, 이토 히로부미, 아사히신문출판, 2010

〈온라인 참고자료〉

http://www.nhk.or.jp/archives/search/special/comic/?movie#vol07

ja.wikipedia.org/wiki/花燃ゆ

ja.wikipedia.org/wiki/黒船来航

ja.wikipedia.org/wiki/日米和親条約

ja.wikipedia.org/wiki/吉田松陰

ja.wikipedia.org/wiki/久坂玄瑞

ja.wikipedia.org/wiki/花の生涯_(NHK大河ドラマ)

ja.wikipedia.org/wiki/日米修好通商条約

ja.wikipedia.org/wiki/戊午の密勅

ja.wikipedia.org/wiki/安政の大獄

ja.wikipedia.org/wiki/桜田門外の変

ja.wikipedia.org/wiki/生麦事件

ja.wikipedia.org/wiki/薩英戦争

ja.wikipedia.org/wiki/八月十八日の政変

ja.wikipedia.org/wiki/参預会議

ja.wikipedia.org/wiki/島津斉彬

ja.wikipedia.org/wiki/禁門の変

ja.wikipedia.org/wiki/長州征討

ja.wikipedia.org/wiki/薩長同盟

ja.wikipedia.org/wiki/木戸孝允

ja.wikipedia.org/wiki/龍馬伝

ja.wikipedia.org/wiki/四侯会議

ja.wikipedia.org/wiki/船中八策

ja.wikipedia.org/wiki/討幕の密勅

ja.wikipedia.org/wiki/岩崎弥太郎

ja.wikipedia.org/wiki/トーマス・ブレーク・グラバー

ja.wikipedia.org/wiki/徳川慶喜

ja.wikipedia.org/wiki/大政奉還

ja.wikipedia.org/wiki/王政復古_(日本)

ja.wikipedia.org/wiki/岩倉具視

ja.wikipedia.org/wiki/新選組!

ja.wikipedia.org/wiki/戊辰戦争

ja.wikipedia.org/wiki/土方歳三

ja.wikipedia.org/wiki/勝海舟_(NHK大河ドラマ)

ja.wikipedia.org/wiki/神戸事件

ja.wikipedia.org/wiki/東京奠都

ja.wikipedia.org/wiki/佐久間象山

ja.wikipedia.org/wiki/福澤諭吉

ja.wikipedia.org/wiki/西郷どん_(NHK大河ドラマ)

ja.wikipedia.org/wiki/版籍奉還

ja.wikipedia.org/wiki/廃藩置県

ja.wikipedia.org/wiki/岩倉使節団

ja.wikipedia.org/wiki/西郷隆盛

ja.wikipedia.org/wiki/月照

ja.wikipedia.org/wiki/花神_(小説)

ja.wikipedia.org/wiki/学制

ja.wikipedia.org/wiki/徴兵制度

ja.wikipedia.org/wiki/地租改正

ja.wikipedia.org/wiki/高杉晋作

ja.wikipedia.org/wiki/山縣有朋

ja.wikipedia.org/wiki/翔ぶが如く_(NHK大河ドラマ)

ja.wikipedia.org/wiki/征韓論

ja.wikipedia.org/wiki/士族反乱

ja.wikipedia.org/wiki/西南戦争

ja.wikipedia.org/wiki/大久保利通

ja.wikipedia.org/wiki/川路利良

ja.wikipedia.org/wiki/秩禄処分

ja.wikipedia.org/wiki/桐野利秋

ja.wikipedia.org/wiki/板垣退助

ja.wikipedia.org/wiki/新島八重

ja.wikipedia.org/wiki/大日本帝国憲法

ja.wikipedia.org/wiki/伊藤博文

ja.wikipedia.org/wiki/松平容保

ja.wikipedia.org/wiki/獅子の時代

ja.wikipedia.org/wiki/パリ万国博覧会_(1867年)

ja.wikipedia.org/wiki/帝国議会

ja.wikipedia.org/wiki/大隈重信

ja.wikipedia.org/wiki/渋沢栄一